JN213997

三訂

生涯学習概論

国立教育政策研究所
社会教育実践研究センター

はじめに

近年、VUCAの時代などとも言われ、将来的な予測が困難な変化の激しい時代となっていることが指摘されています。新型コロナウイルス感染症の拡大による様々な影響や社会的な変化と対応は、まさにこのような時代を象徴する出来事でした。

その中で、多様な個人がそれぞれの幸せや生きがいを感じるとともに、地域や社会が幸せや豊かさを感じられるようにするため、ウェルビーイング（well-being）という概念が注目されています。また、多様な人材の社会参画を促進するため、誰一人取り残さず、全ての人の可能性を引き出す共生社会や社会的包摂の実現も目指されており、そのために生涯学習・社会教育が果たすべき役割は、非常に大きいと言われています。

令和６年６月に、中央教育審議会生涯学習分科会社会教育人材部会が取りまとめた「社会教育人材の養成及び活躍促進の在り方について（最終まとめ）」では、社会教育主事は、社会教育行政及び実践の取組全体を牽引し、地域全体の社会教育振興の中核を担う「地域全体の学びのオーガナイザー」であることが示されました。また、社会教育士は、社会教育の手法を用いて、様々な活動に学びの色彩を加えるような工夫やコーディネートを行ったり、人々の活動を支援したりする「各分野の専門性を様々な場に活かす学びのオーガナイザー」であるとされました。そして、「社会教育人材をハブにした人づくり、つながりづくり、地域づくりの実現」こそが、多様性の時代とも言われるこれからの社会を豊かにしていくことにつながると考えられています。

本書は、平成30年３月に刊行された「二訂　生涯学習概論」の内容を大幅に改訂し、最新の動向等に基づいて、生涯学習・社会教育の基礎を学ぶことができるよう編集したテキストです。初学者の方はもちろんのこと、既に生涯学習・社会教育関連の業務や実践に携わっている方も、理論的なことを学び直したい場合に手に取っていただきやすいよう、取り扱う内容を精選し、理解を深めるための工夫を施しました。多くの方にとって学びの拠り所となれば幸いです。

結びに、本書の作成に当たり、御指導くださいました原義彦委員長をはじめ調査研究委員各位、並びに御執筆の先生方に厚く御礼申し上げます。

令和７年３月

国立教育政策研究所社会教育実践研究センター長　　佐藤　貴大

目　次

第3章　生涯学習社会の構築に向けた家庭・学校・地域の役割

参考資料

(1) 本書では、学習上のポイントとなる事項を、以下の項目に分類し、枠囲みで示しています。

「★法令チェック」… 学習を進める上で、確認しておくべき法律・政令・省令・規則などを表します。

「◆用語解説」… 本文中に登場した重要な用語や関係する用語についての説明や定義、解説などを表します。

「●参考」… 本書で学んだことをより深く理解するための参考情報として知っておくべき内容などを表します。

(2) 図表のタイトル（キャプション）については、図のタイトルは図の「下」に、表のタイトルは表の「上」に付しています。

(3) 本文中の「市町村」という表記には、特別区も準ずる扱いとして含まれるものとします。

(4) 本文中にURLが記載されている箇所には、二次元コードを示し、参照できるようにしています。

(5) 本文中、略称について記載がある場合は、当該の「節」において有効です。

第1章
生涯学習の現代的意義と生涯学習振興施策

　この章では、生涯学習という概念の発展や変遷をたどりながら、現代社会における意義や今後の施策の方向性等について学びます。

　第1節では、生涯学習・生涯教育・社会教育という用語の違いや相互の関連性を整理しながら、国内外での生涯学習に関する理論的展開やその動向について理解を深めましょう。

　第2節では、我が国の生涯学習振興のための施策がどのように展開されてきたのか、重要な法律や答申等と関連付けながら理解するとともに、生涯学習の振興・推進のために必要となる今後の望ましい体制等について考えてみましょう。

第１節　生涯学習の現代的意義と生涯学習論の系譜

1　社会の変化と多様な学習活動

(1) 多様な学習活動とその構造

①　生涯学習とは

近年、日本の行政文書では「生涯学習・社会教育」というように、生涯学習と社会教育を区別せずに使うことが多くなっている。このため「生涯学習」の定義が曖昧となり、一般の人々の間でもこの用語の認知度は低くなっていると見られる。「生涯学習」については従来から様々な説、考え方がある。ここでは国際的に普及している生涯学習の概念について見ていこう。

生涯学習とは、学びと生活を統合した概念で、あらゆる年齢の人々が、様々なニーズに応じて、生活の中に広がる多様な場で取り組む学習活動を包括している。個人の人生は、人生の準備段階と成人になってからの次なる行動の段階に区分されるのではなく、生涯の各期にわたり学びが継続するということを示す概念である。学習は正規の学校教育や職業訓練の場だけでなく、多様な進路につながる様々な学びの場で多種多様な方法で行われる、という考え方でもある。

一言で言えば“生涯にわたり、生活の中で広く行われる学習（活動）”のことである。あくまでも「人々」が主体となって行う学習活動であり、正に「ゆりかごから墓場まで」、誕生から死に至るまでの全ての年齢集団を対象とし、就学前の保育・教育から大学・大学院での学びや、社会人になってからの学び直しや自己学習を含む概念である。生涯学習には、フォーマル学習（制度化されていて意図的・組織的で正規の教育修了証や学位の取得に結び付くもの）、ノンフォーマル学習（制度化されていて組織的であるが補充的で規制が弱いもの）、インフォーマル学習（個人、家庭、地域社会等がベースとなる、無意図的・偶発的な学びを含むもの）がある。あらゆる場や空間が学びの場となり得る。学びの目的は、人によって異なり、目的達成のための方法や形態も多種多様である。

②　多様な学習活動の実態

子供は家庭で保護者のしつけを受けて生活習慣や社会のルール等を学び、学校では教師の下で仲間とともに学んでいる。家庭・学校外でもスポーツ教室、学習塾、稽古事等の多様な機会で学習している。成人の学習活動の場合も、内閣府が行った世論調査の結果から分かるように、学習内容、学習の理由、共に多種多様である（図１-１-１、図１-１-２）。この調査結果を性別、年齢別、地域別に見ていくと、更に多様な状況が明らかとなる。

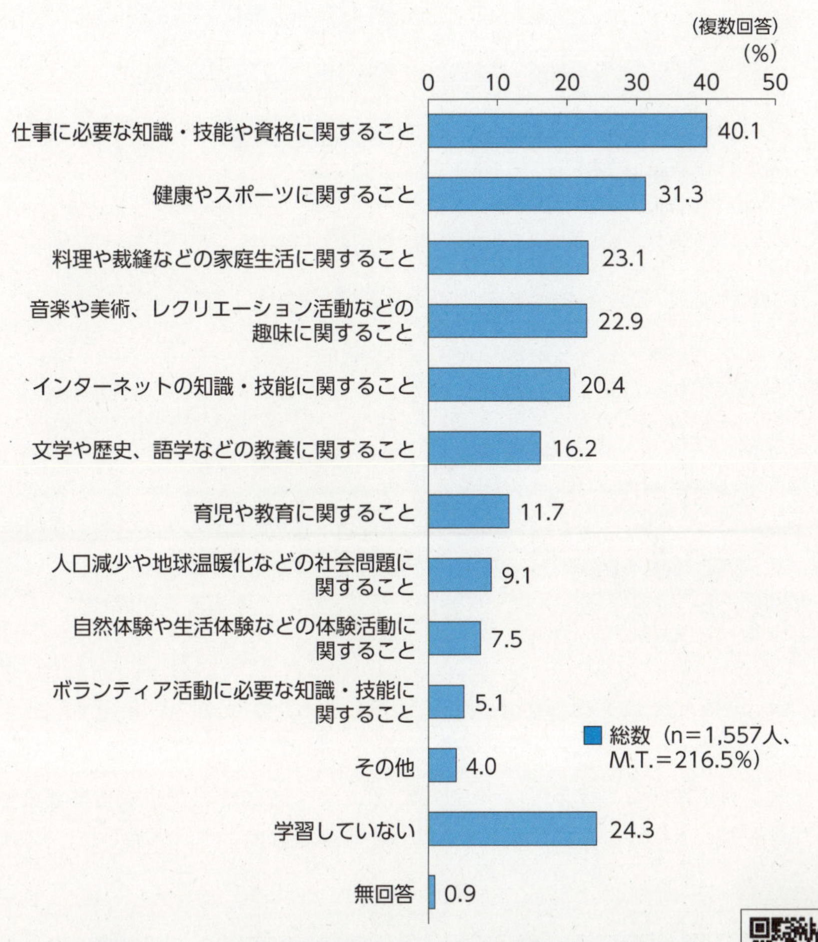

図１-１-１　この１年間の月１日以上の学習の状況（複数回答）

（出典：「生涯学習に関する世論調査（令和４年７月調査）」（内閣府）（https://survey.gov-online.go.jp/r04/r04-gakushu/2.html））

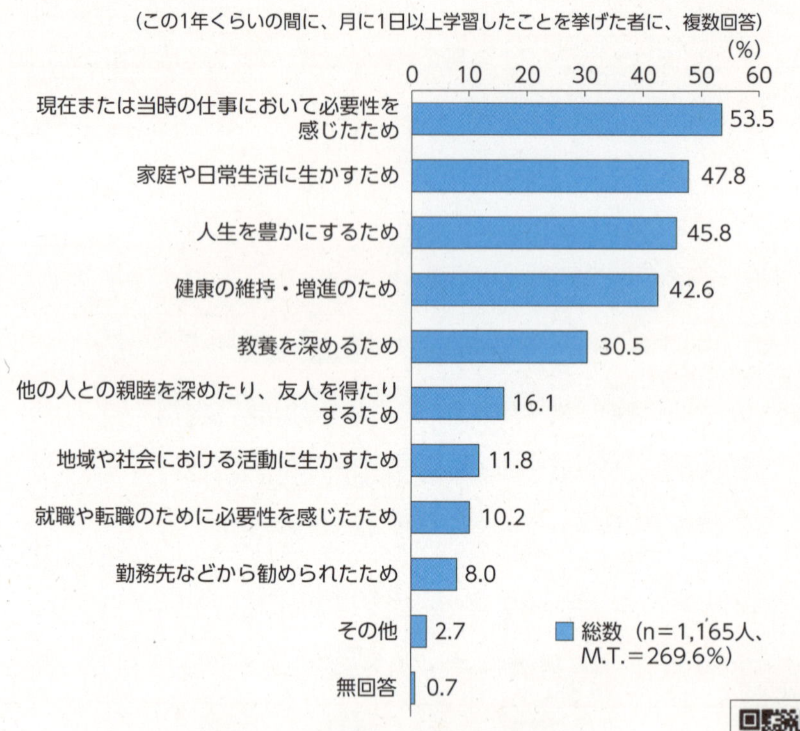

図１－１－２　学習した理由（複数回答）

（出典：「生涯学習に関する世論調査（令和４年７月調査）」（内閣府）（https://survey.gov-online.go.jp/r04/r04-gakushu/2.html））

(2) 行政上の生涯学習と生涯教育

①　生涯学習とは

行政上の生涯学習の捉え方については、平成２（1990）年の中央教育審議会（以下「中教審」という。）答申「生涯学習の基盤整備について」において、次のように述べられている。

●参考：中央教育審議会答申「生涯学習の基盤整備について」平成２（1990）年より

> 今後生涯学習を推進するに当たり特に次の点に留意する必要があろう。
> ⅰ　生涯学習は、生活の向上、職業上の能力の向上や、自己の充実を目指し、各人が自発的意思に基づいて行うことを基本とするものであること。
> ⅱ　生涯学習は、必要に応じ、可能なかぎり自己に適した手段及び方法を自ら選びながら生涯を通じて行うものであること。
> ⅲ　生涯学習は、学校や社会の中で意図的、組織的な学習活動として行われるだけでなく、人々のスポーツ活動、文化活動、趣味、レクリエーション活動、ボランティア活動などの中でも行われるものであること。

ⅲでは、学校教育の下で行われる学習活動、社会教育や各種研修等で行われる学習活動はもちろんのこと、スポーツ活動、文化活動、趣味、レクリエーション活動、ボランティア活動等の中で行われる学習をも含む幅広い活動が生涯学習である、としている。スポーツ活動、文化活動、趣味、レクリエーション活動、ボランティア活動等は元々学習そのものを目的とした活動ではない。例えば、ボランティア活動は社会や他者のために行うものである。しかし、ボランティア活動を行うためには知識・技術を身に付けなければならないこともあれば、ボランティア活動を通して学習することもある。したがって、ⅲでは「……の中でも行われるもの」と言っているのである。

このような多様な形態で行われる生涯学習の例を以下に挙げた。行政がどこまでを生涯学習支援の対象とするかは時代によっても変わるであろう。それぞれの自治体で実情に応じて検討すれば良いであろう。

【生涯学習の例】

〈学校で行われる学習活動〉

・学校教育の下で行われる子供の学習
・学校開放講座、公開講座等で行われる学習
・大学、専修学校等の学び直しの機会で行われる社会人の学習

〈家庭で行われる学習〉

・家庭教育の下で行われる保護者や子供の学習

〈社会で行われる学習（社会教育の下で行われる学習を含む）〉

・教育委員会、首長部局、公民館をはじめとする社会教育施設等の学級、講座、

講演会等で行われる学習
- グループ・サークル・団体活動の中で行われる学習
- 民間教育機関が行う講座や通信教育で行われる学習
- 企業、職業訓練施設等の教育訓練の下で行われる学習

〈場所を問わず個人で行う学習〉
- 書籍、インターネット、テレビ、ラジオ等を活用して行われる学習
- 図書館、博物館、美術館等の社会教育施設利用の学習

〈諸活動の中で行われる学習〉
- スポーツ活動、文化活動、趣味、レクリエーション活動、ボランティア活動等の中で行われる学習

②　生涯教育と生涯学習

「生涯教育」と「生涯学習」について、昭和56（1981）年の中教審答申「生涯教育について」では次のように述べられており、行政上は整理されている。

生涯学習：自発的意思に基づき、必要に応じ、自己に適した手段・方法を自ら選んで、生涯を通じて行うもの

生涯教育：国民の一人一人が充実した人生を送ることを目指して生涯にわたって行う学習を助けるために、教育制度全体がその上に打ち立てられるべき基本的な理念

生涯教育の考え方：生涯学習のために、自ら学習する意欲と能力を養い、社会の様々な教育機能を相互の関連性を考慮しつつ総合的に整備・充実しようとするのが生涯教育の考え方

生涯学習と社会教育は同一のものとして混同されることが多いが、両者は全く異なるものであることに注意したい（次の※１・※２参照）。

●参考：社会教育、社会教育行政について（※１）

◆社会教育は、国民の生活の多様な機会と場所において行われる各種の学習を教育的に高める活動を総称するもの

（出典：社会教育審議会答申「急激な社会構造の変化に対処する社会教育のあり方について」昭和46（1971）年）

◆社会教育行政は、（略）人々の生涯にわたる自主的な学習活動の支援に努めていかなければならない。

◆社会教育行政は、生涯学習社会の構築を目指して、その中核的な役割を果たしていかなければならない。

（出典：生涯学習審議会答申「社会の変化に対応した今後の社会教育行政の在り方について」平成10（1998）年）

●参考：生涯学習と社会教育・学校教育の関係について（※２）

生涯学習と社会教育・学校教育の関係を整理すれば、各個人が行う組織的ではない学習（自学自習）のみならず、社会教育や学校教育において行われる多様な学習活動を含め、国民一人一人がその生涯にわたって自主的・自発的に行うことを基本とした学習活動が生涯学習である、ということができる。この場合、概念的には、社会教育や学校教育そのものではなく、そこで行われる多様な学習活動が、生涯学習に包含される対象であることに留意する必要がある。

（出典：中央教育審議会答申「新しい時代を切り拓く生涯学習の振興方策について〜知の循環型社会の構築を目指して〜」平成20（2008）年）

(3) 生涯教育、生涯学習の必要性

“生涯教育”は昭和40（1965）年にユネスコ（UNESCO：国際連合教育科学文化機関）の成人教育推進国際委員会により提唱され、翌年には我が国に紹介されている。この時期は、先進諸国では科学技術の進歩により学校教育で取り上げる教育内容が飛躍的に増え、また我が国の団塊の世代などの戦争直後に生まれた世代が教育期にあるなど、質的にも量的にも教育に対するニーズが高まり、教育爆発の時代と呼ばれていた。しかし、そのニーズに学校が十分に応えられず、学校をめぐる問題や青少年をめぐる問題が急増した時期でもあった。そのため、教育を学校後にも引き延ばし生涯にわたるものとする必要があったのである。さらに我が国の場合、生涯学習の必要性が言われた当初は行き過ぎた受験競争と学歴社会の弊害の是正という課題があった。

一方、時代を超えて常に主張されてきたことは、社会の変化に対応するためには生涯学習が必要不可欠ということであった。それについて、個人の側からと社会の側から見てみることにしよう。

〈個人の側から見た場合〉

ア　科学技術の発達により社会の変化が加速化されているため、常に学習することが求められている。一つの知識・技術の陳腐化する速度が速まっており、学校で

最新の知識・技術を学んでも卒業後数年で役に立たなくなることもある。

イ　生涯学習を通して自己実現を図ったり生きがいを追求したりする人々が増えている。大別すると二つの傾向が見られる。一つは長寿化する中で退職後の人生を充実させるための学習活動で、もう一つは精神的豊かさを求めての学習活動である。

〈社会の側から見た場合〉

ウ　現代にあってはグローバリゼーションに伴う競争から逃れることはできず、常に新たな価値を生み出していくことが求められている。気候変動に伴う自然災害や新たな感染症等の世界的大流行（パンデミック）への備え、戦争など地球規模の諸問題への対応も急務となっている。そのため常に新しい知識を取り入れ技術を磨き革新を生み出す人材を養成する必要があり、生涯学習の推進は社会の課題とされている。

エ　競争社会は所得格差の拡大、環境破壊、地域文化の崩壊等の問題を生じさせ、孤独・孤立に悩む人も増えている。そのため、人間同士の信頼や紐帯（ちゅうたい）を回復し、地域文化の継承と創造に取り組む新たなコミュニティが必要とされ、生涯学習や学習成果の活用による効果が期待されている。

オ　総務省の人口推計によると令和６（2024）年９月の我が国の高齢化率は29.3％で、今後も上昇すると予測されている。その上人口は2070年には現在のおよそ３分の２の8,700万人になり、高齢化率は約39％の水準になるという国立社会保障・人口問題研究所の推計もある（国立社会保障・人口問題研究所「日本の将来推計人口（令和５年推計）」）。100歳以上の人口は令和６（2024）年には95,119人となり、54年連続で増加している。少子高齢化と人口減少が進行する中で労働力不足、財政難による行政サービスの縮小等はますます進行し、社会の活力の維持と発展を図っていくことが課題となっている。そのために、高齢期になっても健康を維持すること、地域住民が自ら地域課題の解決に参画すること、さらには老若男女が互いに協力し合うことなどが必要とされ、人々の学習や学習成果を生かした社会参画が期待されている。

2　生涯学習社会構築の意義と課題

(1) 生涯学習社会とは

平成18（2006）年に教育基本法が改正され、第３条に「生涯学習の理念」がうたわれた。この条文は生涯学習社会の実現を目指すことを生涯学習の理念とした条文で、生涯学習社会を「生涯にわたって、あらゆる機会に、あらゆる場所において学習することができ、その成果を適切に生かすことのできる社会」としている。

●参考：「生涯学習の理念」とは生涯学習社会を目指そうという考え方のこと

平成15（2003）年の中教審答申「新しい時代にふさわしい教育基本法と教育振興基本計画の在り方について」では、「生涯学習社会の実現」について、「時代や社会が大きく変化していく中で、国民の誰もが生涯のいつでも、どこでも、自由に学習機会を選択して学ぶことができ、その成果が適切に評価されるような社会を実現することが重要であり、このことを踏まえて生涯学習の理念を明確にする」と述べられている。

また、田中壮一郎監修、教育基本法研究会編著『逐条解説 改正教育基本法』（第一法規、2007年）では、「生涯学習の理念」について、「人々が、生涯のいつでも、自由に学習機会を選択して学ぶことができ、その成果を適切に生かすことのできる社会（生涯学習社会）を目指そうという考え方、理念を指すものである」（p. 63）と解説されている。さらに、「生涯学習社会においては、各個人が、生涯にわたっていつでも学習することができ、その成果が適切に評価され、かつ生かされることが大切である」（p. 65）と述べられている。

このような生涯学習社会像は既に平成３（1991）年の中教審答申「新しい時代に対応する教育の諸制度の改革について」で示されており、同答申は「生涯のいつでも自由に学習機会を選択して学ぶことができ、その成果を評価するような生涯学習社会を築いていくことが望まれる」と提言している。

（2）生涯学習支援と生涯学習社会の構造

図１-１-３は、誰一人取り残さず、全ての人が生涯学習を実現することを目指す生涯学習社会における学びのエコシステムの枠組みを示すことを試みた図である。縦軸が生涯にわたる全てのライフステージにおいて継続する学びを示すライフロングの次元、横軸が生活の中に広がる幅広い学びの場や形態を示すライフワイドの次元、そして奥行きを示す軸が状況に応じて取り組む学びの深さを示すライフディープの次元である。生涯学習社会においては、学習者の多様性とそれぞれが置かれている状況を考慮した上で、このような三次元に広がる多様な学びを垂直的・水平的・立体的に統合

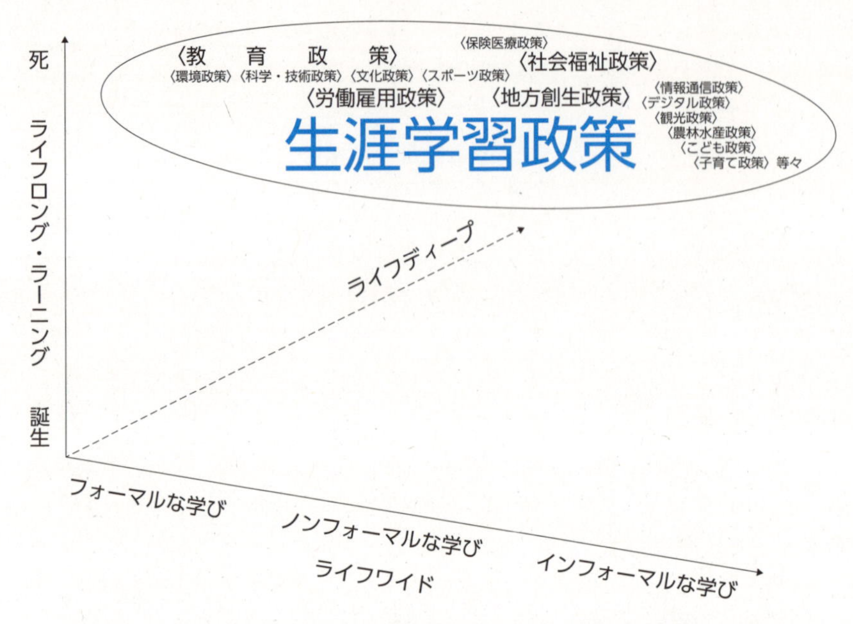

図１-１-３　生涯学習社会における学びの三次元と生涯学習政策（筆者作成）

したものとして「生涯学習」を捉え、その実態を把握し、部門横断的な総合政策として生涯学習政策を策定し、状況に応じて優先的な支援の対象を定め、重層的・包括的な生涯学習支援を行うことが重要となる。

その際、多様な学びを管轄する行政部門が連携・協力し、それぞれの施策と事業を調整・総括し、責任を分担していくことが求められる。地方行政のレベルでは、首長部局と教育委員会事務局が連携して地域の実情に応じた生涯学習推進計画や施策・事業を立案・予算化し、生涯学習推進センター等が学習需要の把握と学習プログラムの研究・開発、関係機関との連携・協力、指導者・助言者の養成・研修、生涯学習の成果に対する評価等を実施することが望ましい。

(3) 学習成果の活用と生涯学習社会

教育基本法第３条により生涯学習社会は学習することができるとともに学習成果を生かすことができる社会として示された。これにより学習成果の活用支援も生涯学習支援の範疇（はんちゅう）に含まれることになった。それまでの生涯学習振興・推進は、どちらかと言えば個人のニーズに応えることを重視してきたが、財政難の中で公費をかける場合にはアウトカムとしてどれほど社会の形成に寄与するかが問われるようになったからである。

平成30（2018）年の内閣府の調査によれば、過去１年間に何らかの学習を行った者の94.8％は、学習の成果を生かしている（生かせる）と回答している。その内容は性別や年齢別、居住地の人口規模によって異なるが、全体としては自分の人生を豊かにするため（50.5％）、家庭や日常の生活（40.0％）や健康の維持・増進（31.5％）など、学習成果を個人的に生かしている場合が多い。近年、社会人のリスキリングが盛んになっていることを反映して、仕事で役立つスキルや資格を身に付けた、給与面で優遇を受けた、就職活動に役立ったなど「仕事や就職の上で生かしている（生かせる）」（47.9％）を上げた人も半数近くに上る。その一方で、地域や社会での学習活動、スポーツ文化活動などの指導やボランティア活動などに生かしている（生かせる）人は21.2％と比較的少なかった（図１-１-４）。

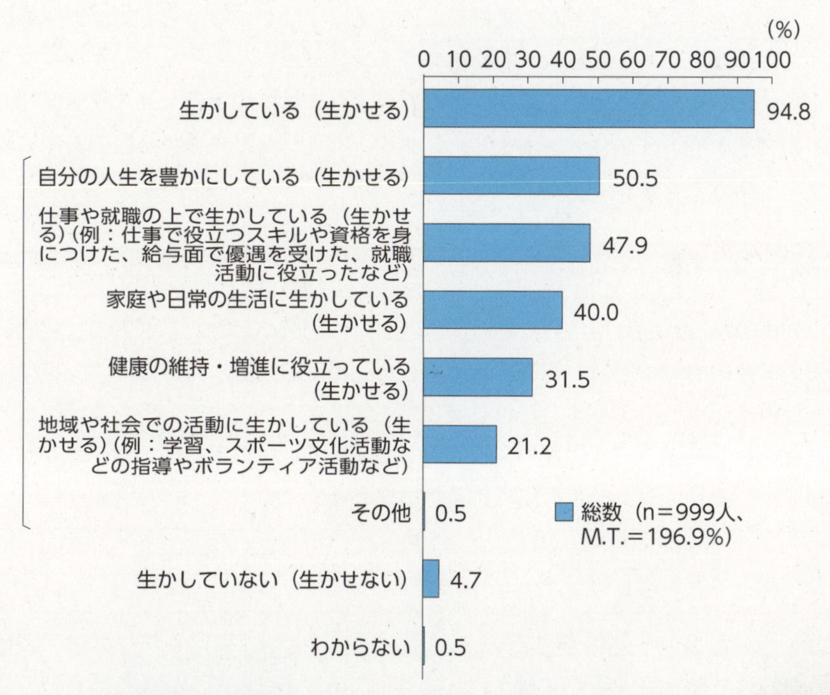

図１-１-４　学習成果の活用状況（この１年の間に「学習したことがある」とする者に、複数回答）

（出典：「生涯学習に関する世論調査（平成30年７月調査）」（内閣府）（https://survey.gov-online.go.jp/h30/h30-gakushu/zh/z03.html））

◆用語解説：リスキリング

第11期中教審生涯学習分科会における議論の整理では、現在の職務の延長線上では身に付けることが困難な、時代のニーズに即した能力・スキルを身に付けることを「リスキリング」としている。これと似た概念に、キャリアチェンジを伴わずに現在の職務を遂行する上で求められる能力・スキルを追加的に身に付ける「アップスキリング」がある。さらにこの両者を含み、職業とは直接的には結びつかない技術や教養等に関する学び直しをも含んだ、広い意味での学び直しを「リカレント教育」という概念に整理している。

多様な生涯学習の成果を職場や地域社会で積極的に活用するには、学びの成果を他者にも分かりやすく可視化することが有効となる。日本では、生涯学習は学習者の主体性に任せて自由に行うべきものであるため評価にはなじまないとして学習成果の評価の導入に消極的な向きもあるが、今後は、ノンフォーマル・インフォーマルな学びを含む多様な学習成果の認定、並びに短期間の学びによって習得した成果を記録して累積するマイクロ・クレデンシャルやデジタル・バッジなどの履修証明の国際的動向を踏まえた改善が必要となるだろう。

◆用語解説：マイクロ・クレデンシャル

小規模の学び、細分化された学びの学習成果の記録のこと。学習者の社会的・個人的・文化的・労働市場的ニーズに応じた、特定の知識・スキル・コンピテンスを提供するようにデザインされる学びが対象であるとされている。透明性が高く明確な規準によって評価され、独立のものである場合もあれば、組み合わせてより大きなクレデンシャルズにできる場合もある。

◆用語解説：デジタル・バッジ

学習成果を証明する電子証明のこと。これまで様々な講習や研修の修了者には、紙媒体で修了証書等が送付され、それを保持することで学習の証明を行っていたが、データで発行されるデジタル・バッジをオンライン上で自己管理することにより、学習の履歴をデータ化したり共有したりすることが目指されている。

(4) 生涯学習社会構築の課題

①　加速化する社会の変化への対応

生涯学習は20世紀後半の社会の急速な変化に対応するための適応力を身に付ける上でも重視されてきたが、2020年前後から変化のスピードが更に加速化し、先の予測が益々困難な時代に入った。こうした中、ソ連解体により冷戦構造が消滅した1990年代に、米国の軍隊が用いたVUCAという言葉が、日本の行政文書の中でも頻用されるようになった。

◆用語解説：VUCA（ブーカ）

> VUCAとは、Volatility（変動性）、Uncertainty（不確実性）、Complexity（複雑性）、Ambiguity（曖昧性）の頭文字をとった言葉であり、「予測困難で不確実、複雑で曖昧な状態」を意味する。

VUCAという言葉が用いられるようになった背景には、新型コロナウイルス感染症（以下「COVID-19」という。）の世界的流行、戦争・紛争、気候変動に伴う自然災害の増加、第４次産業革命の進展、デジタル・トランスフォーメーション（DX）、AIテクノロジーの革新などがある。このため、常に新しい知識・技術・態度（コンピテンス）を身に付けることの必要性が増し、社会人の学び直しを可能とする「リカレント教育」の制度化とともに、働き続けるためのアップスキリングとリスキリングが生涯学習社会の課題としても重要視されるようになった。

また、VUCAの状態は人々を不安に陥れ、ソーシャル・メディアを利用した偽情報や誹謗中傷が流布しやすく、子供から大人まで心身の健康に影響が現れるケースが増えている。健康とウェルビーイングの改善のためにも、人々の情報リテラシーの教育・学習は生涯学習社会の重要な課題である。

②　人生100年時代への対応

日本は平成19（2007）年に高齢化率が21％を超え、「超高齢社会」となった。厚生労働省「令和５年簡易生命表の概況」によれば、平均寿命は、女性が87.14歳、男性が81.09歳に達し、健康寿命も延びている。今後も100歳近くまで長寿化が進み、「人生100年時代」の到来が予想されていることから、それに対応した人生設計への転換が求められている。人生100年時代においては、従来の「教育⇒仕事⇒引退」という３ステージの人生から、教育⇒仕事のサイクルを３～４回繰り返し、高齢期に入ってからも転職して働き続ける「マルチステージの人生」への転換が求められる。次のステージに進むためのリ・クリエイション（再創造）は各人の生涯学習とその支援の新たな課題である。

人生100年時代を提唱したイギリスのリンダ・グラットンとアンドリュー・スコットの著書『LIFE SHIFT：100年時代の人生戦略』（東洋経済新報社、2016年）では、100歳まで生きるための資金などの有形資産の形成に加えて、仕事で生産性を高めて成功するための資産（専門的スキル、知識、人脈、人間関係、良い評判）、身体的・精神的な健康と幸福（健康、友人・パートナー・家族との良い関係）並びに多くの変身を遂げるために必要な資産（自己理解、多様な人的ネットワーク、新しい経験に対してオープンな姿勢）といった無形資産の構築が重要となると述べている。これらを身に付ける上では、教養（リベラル・アーツ）、探究的・体験的学習や旅が有効であるという。

③　社会的包摂への対応

「誰一人取り残さない」ことを原則に掲げる国連の「持続可能な開発のための目標（Sustainable Development Goals：SDGs）」（以下「SDGs」という。）が普及したこともあり、日本においても、多様な文化、考え方を受容し、出自や年齢、ジェンダー、傷病や障害の有無、学歴、社会的・経済的状況などにかかわらず、あらゆる人々の包摂（インクルージョン）を可能にする地域づくりが求められている。これまで十分な生涯学習支援が行われていなかった障害児・者や外国に背景を持つ人々など、社会的に弱い立場の人々に対する生涯学習支援にもようやく光が当てられるようになった。これからの生涯学習社会の構築においては、多様な人々の共生と共創、人々の絆の醸成を通した持続可能な社会の創り手の育成に、一層の配慮が必要となるだろう。

3　生涯教育論、生涯学習論の歴史的展開

生涯学び続けることの重要性については、世界の様々な文化圏で古くから諺や格言などにより伝承されているが、教育改革のマスター・コンセプトとして「生涯教育」と「生涯学習」が各国で導入されるようになるのは、20世紀後半になってからのことである。その概念の形成と普及に貢献した代表的な国際機関として、ここでは日本の生涯学習政策の形成にも大きな影響を及ぼしてきたユネスコとOECDを取り上げる。

ユネスコは、第二次世界大戦終了直後の昭和20（1945）年11月、教育、科学、

文化及び通信の分野における国際協力を促進することによって人々の心の中から平和構築を図ることを目的として創設された。令和６（2024）年現在、194の加盟国のほか、12の準加盟地域が参加している。一方のOECD（経済協力開発機構）は、第二次世界大戦後にヨーロッパの復興を目的として創設されたOEEC（欧州経済協力機構）を前身として昭和36（1961）年に発足した。先進諸国間の自由な情報と意見の交換を通じて経済成長、貿易自由化と開発途上国支援に貢献することを目的としている。教育政策委員会と教育研究革新センター（CERI）があり、各国の教育政策分析や教育改革推進のための国際比較調査を行っている。令和６（2024）年現在の加盟国は38か国である。ユネスコもOECDも本部は共にフランスのパリにある。生涯学習政策について、ユネスコは人権尊重と民主主義の理念を、OECDは経済発展の観点からの戦略をそれぞれ提案してきたが、近年はSDGsの達成に向けた取組など、連携・協力しながら進めている部分も多い。

(1) ユネスコの生涯学習論

1960年代には世界各地で若年層と成人との間の教育格差の増大が問題となり、民主主義と経済の発展のためにも、学歴の低い成人に最低限の知識と実践的能力を習得させるための具体的な手段と方法を整備することが緊急の課題とされた。また、教育、科学、社会・政治、文化に関わる事業を幅広く担ってきたユネスコには、組織全体として共通の概念的枠組みを設けることの必要性が生じていた。こうした中で、昭和40（1965）年12月にパリで開催されたユネスコ成人教育推進国際委員会において、当時ユネスコ成人教育課長であったフランス人のポール・ラングランが、教育を人間の可能性を導き出す生涯にわたる活動として捉える「永続的教育」の概念を提唱した。この言葉は、英語ではlifelong integrated educationやlifelong educationと訳され、日本では「生涯教育」が定訳となった。

ラングランは昭和45（1970）年に『生涯教育入門』を著し、当時の社会において生涯教育を必要とする背景となっている社会の様々な課題を「現代人に対する挑戦」と表現し、その分析を基に生涯教育の意義、目的と範囲を導き出し、具体的な生涯教育振興策を提案した。

昭和47（1972）年にユネスコの教育開発国際委員会（委員長はフランスの元教育大臣、エドガー・フォール）は、ラングランの『生涯教育入門』を基礎に行った２年間の調査研究と議論の成果を『未来の学習（Learning to Be）』と題する報告書（通称「フォール・レポート」）にまとめた。この報告書の基調となっているのは、人間の内面にある学ぶ意欲に根ざし、より人間味のある新しい社会の構築に役立つ「新しいヒューマニズム」という哲学だった。同報告書は、未来の教育の目標として、「科学的ヒューマニズム」、「創造性」、「社会への関与」と「完全な人間」を掲げ、生涯教育のみがこれらを実現できるとした。

生涯教育のこうした考え方は、国際理解と平和構築を目標とするユネスコの使命に一致していることから、ユネスコ総会においても支持を受けた。加盟各国においても、先進国であるか開発途上国であるかにかかわらず、また社会体制の相違を超えて、教育政策の鍵概念として受け入れられた。先進国では、生涯教育の概念を導入することによって予算のかさむ初期教育の年限を引き延ばす必要がなくなり、教育を労働生活のニーズにより適合したものとすることが可能になるとみなされた。また、開発途上国では、全体的な開発の枠組みの中で、新しいアプローチからの教育を実施することが可能になるとして歓迎された。だが、70～80年代に「生涯教育」の名の下で実際に行われたことと言えば、開発途上国では識字教育事業であり、先進諸国では伝統的な成人教育への支援に限られていた。

1990年代に入ると、平成元（1989）年11月のベルリンの壁の崩壊と平成３（1991）年12月のソビエト社会主義共和国連邦の消滅に伴う国際情勢の大きな変化の中、各国は経済危機に直面し、失業問題が深刻化し、社会不安が大きくなった地域では民族間の紛争も頻発した。このためユネスコは、21世紀へ向けた教育改革のための提言をまとめることを目的とし、平成５（1993）年に「21世紀教育国際委員会」を結成した。委員長には、フランスの元経済・財務大臣で、欧州共同体（EC）の議長を務めたジャック・ドロールが就任した。元文部省事務次官の天城勲を含む14人の有識者をメンバーとした同委員会は、世界各国の教育の現状を２年間にわたり調査し、議論の成果を『学習：秘められた宝（Learning：The Treasure Within）』（通称「ドロール・レポート」）にまとめ、平成８（1996）年に発表した。この報告書は、農夫だった父親の遺言により地中に埋められている宝を探して息子たちが畑を掘り起こすが宝は見つからず、代わりに農産物の大収穫が得られたというフランスのラ・フォンテーヌの寓話に基づき、労働を学習に喩え、人々が内面に持っている未知の可能性という宝を掘り起こすために、生涯にわたる学びを推進することが重要であるとしている。そして、21世紀を開く鍵として「学びの４本柱」を示した。

●参考：ドロール・レポートが提唱する生涯学習の４本柱

１）知ることを学ぶ（Learning to know） 知識の獲得の手段そのものを習得すること ２）為すことを学ぶ（Learning to do） 専門化した職業教育ではなく、様々な実用的能力を身に付けること ３）（他者と）共に生きることを学ぶ（Learning to live together, Learning to live with others） 他者を発見、理解し、共通目標のための共同作業に取り組むこと ４）人間として生きることを学ぶ（Learning to be） 個人の全き完成を目指すこと

21世紀に入り、ユネスコは、世界の複雑性、不確実性と脆弱性が増していると捉え、この文脈の中で教育はどうあるべきかを再考し、2050年以降の世界を念頭に、知識と学びによって人類と地球の未来をどのように形作ることができるか、そのイメージを作り直すことを目的として、令和元（2019）年11月にエチオピア初の女性

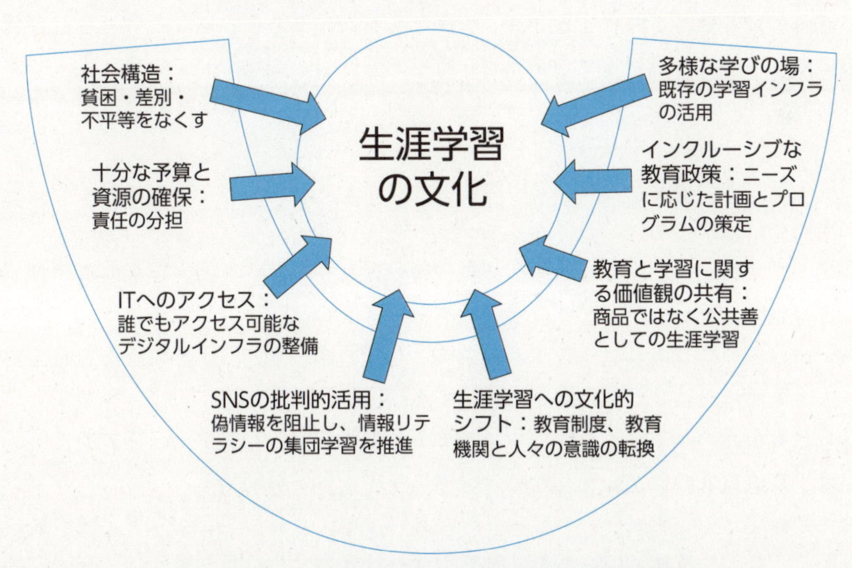

図１-１-５　2050年までの生涯学習社会構築の課題

（出典：UNESCO Institute for Lifelong Learning, 2020, Embracing a culture of lifelong learning：Contribution to the Futures of Education initiative, p. 16の図を基に筆者翻訳・作成）

大統領だったサーレワーク・ゼウデを委員長とする「教育の未来国際委員会」を結成した。同委員会の18人のメンバーの中には日本の元文化庁長官で考古学者の青柳正規・東京大学名誉教授も含まれた。

同委員会は、委員長をはじめとして脱植民地主義を標榜（ひょうぼう）するアフリカ、中東、南米のいわゆるグローバル・サウスを代表する構成員が約３分の１を占めたことや、各国のユネスコ・スクールや大学を通じて子供や青少年の意見を聴取し、ウェブサイトからも子供を含む一般の視聴者より未来の教育に関するアイディアを公募したことでも注目された。しかしながら同委員会が結成されて間もなく、COVID-19が世界的に流行し、議論の方向性やまとめ方に多大な影響を及ぼした。令和３（2021）年11月に発表された同委員会の最終報告書は『私たちの未来を共に再想像する：教育のための新たな社会契約（Reimagining Our Futures Together：A New Social Contract for Education)』をテーマとした。ここでの「社会契約」とは、共有する利益のために社会の構成員が協力するための暗黙の合意を意味している。同報告書は「教育のための新たな社会契約」として、まず公教育の目的を再考し、今後何を継続し、何を廃止し、何を新たに創り出すべきかを議論している。教育の社会契約を支える原則としては、「生涯を通じて質の高い教育の権利が保障されること」と「公共の取り組みや共通善として教育を強化すること」が掲げられた。そして、新たな教育の社会契約構築に向けて対話を続けるべき論点として以下の５点が提案されている。

① 教育学から差別と個人主義的競争を廃し、協働と団結の原則のもとに変革する。

② 人類共通の遺産としての知識の習得と、新しい知識と新たな未来の可能性を集団的に創造するものとしてカリキュラムを策定する。

③ テクノロジーは良い人間の教師の代替とはなり得ないため、協働的専門職としての教師がチームワークで有意義な学習指導を行えるようにする。

④ より広い教育のエコシステムの中心としての学校を守り、学校建築、時間割や生徒集団の分け方等を再考し、変革する。

⑤ 教育が行われる場と時間についての概念を幅広くし、誕生から高齢期まで、正規の学校以外の様々な場で任意の時間に学ぶことを奨励する。

全体としては学校教育への十分な公費配分によって格差を是正し教育全般の質の改善を図ることを強く訴えているが、教育の新たな社会契約の原則として「ライフロングとライフワイドな学びの権利」を認めることの重要性も強調され、教育の未来に関する今後の国際共同研究の課題として生涯学習の在り方が筆頭に挙げられている点が注目される。

(2) OECDの生涯学習論

OECDはユネスコがフォール・レポートを発表した翌年の昭和48（1973）年に『リカレント教育：生涯学習のための戦略』と題する報告書を発表した。この報告書は、教育の提供者側よりも学習者個人を重視し、国の支援の重点を「生涯教育」から「生涯学習」へ移したことが注目される。当時OECDに加盟していた先進各国では、第二次世界大戦後の高度経済成長期における社会の大きな変化に対応するため、学校教育を質的にも量的にも拡充することが求められていた。だが中等教育については、知識の増大に対応するために在学年数を長期化させ教育費が増大しているにもかかわらず、生徒の中退率が高く、卒業しても就職が難しいなど、効率が悪いことが批判されていた。教育制度面の課題に加えて、科学・技術の発展に伴い、「知識の急速な拡張と陳腐化」のスピードも加速化された。さらに、若い頃に十分な教育を受けることができなかった成人に学び直しの機会を与え、世代間の教育格差を埋めることも課題となった。そこで、OECDは、職場に有給教育休暇制度を導入するとともに高等教育機関に社会人学生への特別入学制度を設け、社会人が一定期間職場を離れて大学・大学院を含むあらゆる教育機会を利用できるようにする「リカレント教育」の制度化を提案した。当時の報告書のタイトルにもなった「リカレント教育」は、「教育－仕事－レジャー－隠居」という従来の人生の流れを変え、若年層のみを対象とする行き止まりの学校制度を改革し、いつでも学校に戻ることができる教育制度を表した。OECDは、初等中等教育についても、学校と仕事の世界、その他の社会的活動との関係を改善することを提唱した。こうして、あらゆる段階で多様な形態で提供される教育と職業訓練が、「生涯学習」の推進という一つの政策の枠組みの中に位置付けられることとなった。しかしながら、その後の石油ショックによる経済危機に直面した各国ではリカレント教育の実現に不可欠の有給教育休暇制度の導入が大きな論争の種となり、生涯学習の推進も後退した。

OECDにおいて、再び「生涯学習」が脚光をあびるのは、ユネスコに「21世紀教育国際委員会」が結成されたのと同じ年、平成５（1993）年のことである。同年に先進国教育大臣会合において生涯学習がテーマとされ、共同大臣声明において、産業・経済の発展と失業率の低下に貢献するために生涯学習を振興するという方針が打ち出された。平成８（1996）年１月には、パリで開催されたOECDの教育大臣級会議において、21世紀へ向けた教育改革の目標として「万人のための生涯学習の実現」

を唱えた公式声明文が採択された。声明文の中で、「生涯学習」の概念については、成人教育やリカレント教育を中心とした従来の考え方を改め、知識や実践的能力の向上のために、学習活動に参加を希望する全ての個人のためのあらゆる学習活動を包括する、より総合的な概念にすることとされた。これにより、まさに「ゆりかごから墓場まで」のライフサイクルを包括し、フォーマル、ノンフォーマル、インフォーマルのあらゆる形態の学びを、つながりあったシステムとみなすこととなった。生涯学習政策の形成に当たっては、学習者を中心に据え、生涯にわたる「学び方の学習」や学習への動機付けに配慮することが重要とされた。

具体的な「生涯学習戦略」としては、1）生涯学習の基礎の強化、2）学習と仕事のつながりを一貫性あるものとする、3）政府を含む学習機会を提供する全てのパートナーの役割と責務を見直す；国、地方、企業、市民団体（NPO、ボランティア団体など）の役割分担と連携・協力、並びに4）個人、雇用主並びに教育・訓練提供者が生涯学習にもっと多く投資し金銭的価値を伝えたくなるようにする；教育・訓練にかかる費用を、個人と雇主、企業、行政機関等と分担するための方法を検討することが挙げられた。

「万人のための生涯学習」の方針は、その後、雇用、社会福祉、財政などの各担当大臣級会議においても採択され、OECD 全体の最重要課題として位置付けられた。教育の分野については、CERI が中心となり、個人の生涯学習を支援するための財政制度の研究、生涯学習において育むべき力としてのキー・コンピテンシーや21世紀型スキルに関する研究、生涯学習の基礎を育む幼児教育や家庭教育に関する比較研究、学習の社会的・経済的効果に関する研究など、万人のための生涯学習の実現に向けた国際比較に力が入れられている。成人の学習能力に関する調査研究として、90年代には「国際成人リテラシー調査（IALS）」、2010年代には「国際成人力調査（PIAAC）」をそれぞれ実施し、各国の生涯学習推進に資するビッグデータが収集された。平成12（2000）年から15歳児を対象に３年に１度実施されている「OECD 生徒の学習到達度調査（PISA）」も、国別平均点の順位にばかり注目が集まる傾向があるが、義務教育終了時の子供たちが生涯にわたって学び続ける基礎的能力をどの程度身に付けているか、その後の経済格差につながるような学力格差がどの程度生じているのかを調べ、各国の生涯学習振興政策に生かすことが本来の目的である。

開発途上国を加盟国に多く含むユネスコでは「教育」の普及を重視する傾向が強いのに対し、先進国の集まりである OECD では生涯学習における学習者の自発性と自己責任が強調される傾向があるが、共にグローバリゼーションに伴う社会・経済の諸問題を教育と学習によって解決していこうとする点では共通している。

(3) SDGsとウェルビーイングの潮流

平成27（2015）年９月に開催された第70回国連総会において、2030年を目標年とする17の持続可能な開発の目標（SDGs）を定めた「我々の世界を変革する：持続可能な開発のための2030アジェンダ」が採択された。SDGsは、平成12（2000）年に平成27（2015）年を目標年として定められたミレニアム開発目標（MDGs）を引き継ぎ、世界を持続的かつ強靭な道筋に移行させるために、先進国においても開発途上国においても「誰一人取り残さない」、世界全体の普遍的な目標として定められた。SDGsのうちの目標４は就学前教育から成人教育までを視野に入れて「すべての人に包摂的（インクルーシブ）かつ公正な質の高い教育を確保し、生涯学習の機会を促す」ことを目指している。ユネスコは、平成27（2015）年11月に「SDG4-Education 2030行動枠組」を定め、OECDを含む他の国際機関とともに、この目標の実現に向けて指標を開発してモニタリングを行うとともに、誰もがいつでも学ぶことができるように、フォーマルな学びとノンフォーマルな学びをつなぎ、柔軟で多様な生涯学習の機会を推進するとともに、多様な学びの成果の評価と認定、質保証の具体的手法の開発等を行っている。しかしながら、令和２～３（2020～21）年に多くの国で実施されたCOVID-19パンデミックに伴う学校閉鎖等の影響により学びの継続が困難となった者が多く、2030年までに全世界でSDG4の10のターゲットを実現することは不可能であることが明らかになっている。

COVID-19の経験により関心が高まったことに健康とウェルビーイングがある。SDGsでは目標３「あらゆる年齢のすべての人々の健康的な生活を確保し、福祉を促進する」があり、「福祉」と訳されている原語がwell-beingである。「幸福」と和訳されることもあるが、心豊かに「よく生きる」といった幅広い概念である。これまでも、健康とウェルビーイングは、就労や市民としての地域社会への参画に並ぶ生涯学習のアウトカムとみなされてきたが、パンデミックの影響により注目が集まっている。令和３（2021）年12月には世界保健機関（WHO）がヘルス・プロモーション会議において「ジュネーブ・ウェルビーイング憲章」を採択した。同憲章は健康と生態系の危機が予測される中で、ウェルビーイング社会で必要とされる行動として、以下の５点を掲げている。

① プラネタリー・バウンダリー（地球圏を定める境界線）の内側で人類の発展に寄与する公平な経済を設計する

② 共通善のための公共政策を創造する
③ ユニバーサル・ヘルス・カバレッジ（すべての人が、適切な健康増進、予防、治療、機能回復に関するサービスを、支払い可能な費用で受けられる）の実現
④ デジタル変革に対処し、害と無力化を打ち消すとともに、恩恵を強化する
⑤ 地球を大切にし、守る

日本の第４期教育振興計画に含められたウェルビーイングの概念よりかなり具体的で、諸外国では、COVID-19流行後に、長く心身に不調を来している多世代の人々の状況を改善するための指標としても活用されている。

（澤野　由紀子）

※本節第１項「社会の変化と多様な学習活動」及び第２項「生涯学習社会構築の意義と課題」は、『二訂　生涯学習概論』において、浅井経子氏が執筆された原稿を基に、本人の了承を得て大幅に加筆したものである。

第２節　生涯学習振興施策の動向

１　生涯学習振興法の制定

生涯学習の振興に当たって、公式文書として初めて生涯学習の概念を規定したのは、昭和56（1981）年中央教育審議会（以下「中教審」という。）答申「生涯教育について」である。そこでは、「今日、変化の激しい社会にあって、人々は、自己の充実・啓発や生活の向上のため、適切かつ豊かな学習の機会を求めている。これらの学習は、各人が自発的意思に基づいて行うことを基本とするものであり、必要に応じ、自己に適した手段・方法は、これを自ら選んで、生涯を通じて行うものである。その意味では、これを生涯学習と呼ぶのがふさわしい。」とした。その後、昭和59（1984）年に総理大臣の諮問機関として設置された臨時教育審議会において教育改革が議論されることとなる。昭和61（1986）年の第二次答申から昭和62（1987）年の第四次（最終）答申の中で、改革原理の一つとして「生涯学習体系への移行」が位置付けられた。そこでは、学校中心の考え方を改め、生涯学習体系への移行を主軸とする教育体系の総合的再編成を図る必要性が説かれた。それは従来の学校教育の自己完結的な考え方から脱却し、学歴偏重社会の状況を改めることを意味した。これらの答申を受け、文部省（当時）の組織改編で生涯学習局（昭和63（1988）年）が筆頭局となり、生涯学習社会の実現に向けた基盤整備が行われることとなる。

平成２（1990）年になると「生涯学習の振興のための施策の推進体制等の整備に関する法律」（以下「生涯学習振興法」という。）が制定され、以降、急速に生涯学習振興行政（定義についてはp. 25参照）が展開されることとなる。生涯学習振興法第１条の目的には、都道府県の事業に関する推進体制の整備や特定の地区における生涯学習機会の総合的提供を視野に入れながら、生涯学習審議会等の設置や生涯学習振興施策の推進体制及び学習機会の整備を図ることで、生涯学習振興に寄与することが記された。第２条には、個人の自発的意思を尊重しつつ、職業能力の開発及び向上や社会福祉等に関する生涯学習関連施策と連携しながら、効果的な生涯学習の振興が図られるよう、行政間の連携に配慮することが求められた。第５条及び第８条には関係民間事業者の能力を活用することにも触れられており、公と民との新たなパートナーシップの構築も行政の役割とされた。

生涯学習振興法の制定のねらいは、法律名が表しているように、施策の推進体制等の整備であった。第３条には、地域における学習活動や文化活動の機会に関する情報の収集・整理・提供、住民の学習需要や学習成果の評価に関する調査研究、地域の実情に即した学習方法の開発、住民の学習に関する指導者及び助言者に対する研修の実施、地域の教育機関・団体間の連携促進に関する援助、講座の開設等の都道府県教育委員会が行う事業を明記し、これらの事業を従来の枠組みを超えて相互に連携させて推進するために必要な整備を行うよう示した。第５条では、都道府県の生涯学習の振興に資する基本的な構想を、民間事業者の能力を活用する視点も含めて作成することができるとし、実質的に生涯学習振興に向けた基本構想の作成を求めた。第10条では都道府県生涯学習審議会を置くことができると定め、都道府県の教育委員会又は知事の諮問に応じて重要事項を調査審議できる環境を整えた。国には、法律制定直後に生涯学習に係る機会の整備に関する重要事項を調査審議する「生涯学習審議会」が文部省に設置されることとなる。

文部省としては、昭和56（1981）年の中教審答申「生涯教育について」の翌年から、都道府県に対して「教育委員会・首長部局・教育関係者等で構成される生涯学習推進会議等の連絡調整機関の設置」を勧奨していた。また、生涯学習振興法と前後して、昭和63（1988）年から開始された「生涯学習モデル市町村事業」や平成元（1989）年から開始された「生涯学習フェスティバル」などの政策も功を奏し、都道府県のみならず市町村においても生涯学習推進体制が整備されていった。首長を本部長とする生涯学習推進本部が整備され、生涯学習推進への全庁的な組織づくりが進められた。同じく、生涯学習推進計画等の策定も行われ、行政、民間、学識経験者等で構成された生涯学習推進協議会が、当該計画の進捗状況について検証し改善につなぐなど、生涯学習の推進に向けた条件が整えられた。

●参考：「生涯学習モデル市町村事業」と「生涯学習フェスティバル」

昭和63（1988）年度から補助事業として始まった「生涯学習モデル市町村事業」は、「生涯学習のまちづくり推進本部の設置」と「生涯学習のまちづくり推進事業」からなっており、後者は学社連携や学習情報提供・相談、ボランティア、学習サークル、学習プログラムの開発・実践、勤労者の学習機会の拡充、生涯学習を進める住民大会の実施、地域ぐるみの社会参加活動の実施、施設のネットワークづくり等のメニューの中から２以上選んで実施することが条件となっていた。平成９（1997）年まで続いた。

平成元（1989）年度に開始された「生涯学習フェスティバル」とは、国民一人一人の生涯学習への意欲を高めるとともに生涯学習の一層の振興に資することを目的として文部省が地方公共団体等との共催により開催したものである。平成22（2010）年より全国生涯学習フォーラムへ、翌年からネットワークフォーラムへと、地域の課題解決のためのステークホルダーのネットワーク化を図る方向へと転換した。

2　生涯学習振興行政の役割

(1) 生涯学習振興行政の定義

生涯学習振興行政とは、生涯学習施策について全庁的に取り組む総合行政と位置付けられ、従来の社会教育行政の枠組みを超えて、一般行政と緊密に連携しつつ、あるいは一般行政においても、人々の生涯学習に資する諸活動を支援することを指している。平成20（2008）年の中教審答申「新しい時代を切り拓く生涯学習の振興方策について～知の循環型社会の構築を目指して～」では、生涯学習振興行政は、教育基本法で示す生涯学習の理念を実現するために、社会教育行政・学校教育行政・一般行政において個別に実施される生涯学習に資する施策等について、「その全体を総合的に調和・統合させるための行政が（略）、生涯学習振興行政の固有の領域である」と示されている。

ネットワーク型行政という概念も生涯学習を振興する上で重要な概念である。首長部局の業務の中心は、社会に顕在する問題や課題について、法律や条例に基づき適切に対処（監督・規制・指導等を含む。）することにある。加えて、問題や課題を広く周知させ、未然に防ぐ啓発活動も含まれる。一方、社会教育行政には、問題や課題について組織的な学習が行われるよう働きかけ、地域住民の意識の高まりにつなげ、地域住民自らが課題解決に向けた取組へと展開できるよう支援することが求められている。方法は異なっていても、より良い社会を築こうとする方向性は合致している。それぞれの取組を個別に行うより、連携して行う方が合理的かつ効果的であることは明らかである。生涯学習振興行政とはここにメスを入れる役割を担っていると言っても良い。

◆用語解説：ネットワーク型行政

平成10（1998）年９月の生涯学習審議会答申「社会の変化に対応した今後の社会教育行政の在り方について」によって新たに示された、縦割り行政にとらわれない生涯学習振興の考え方である。「人々の学習活動・社会教育活動を、社会教育行政のみならず、様々な立場から総合的に支援していく仕組み」としており、「社会教育行政は生涯学習振興行政の中核として、学校教育や首長部局と連携」することや、「生涯学習施設間や広域市町村間の連携等」に努めることが示された。

(2) 生涯学習振興行政の体制整備

上述のような経過で、生涯学習振興行政の体制が整備されていったが、その中核的役割を担っていた施策の転換によって潮目が変わっていった。具体的には、生涯学習モデル市町村事業と派遣社会教育主事制度に関わる国の補助金制度が解消されたことにある。（後者については、補助金が地方交付税交付金に含められることでその使途は地方公共団体の判断に委ねられることとなった。）体制整備に当たっては、派遣社会教育主事の果たした役割が大きく、生涯学習意識調査の実施や分析、それを拠り所にした生涯学習推進計画づくり、進捗管理の事務局として中心的な役割を担っていた。そのようなこともあり、派遣が途絶えた地方公共団体の中には推進体制が徐々に形骸化したところも見られた。また、首長や教育委員会へ答申や提言を行う組織である生涯学習審議会と社会教育委員の会議との棲（す）み分けや、役割分担も行政的には難しい課題であった。さらに、平成18（2006）年の教育基本法の改正により、地方公共団体に対しては「教育振興基本計画」の策定が努力義務（第17条）とされた。文部科学省の調査（https://www.mext.go.jp/a_menu/keikaku/doc.htm）によると、令和５（2023）年３月31日現在で、全47都道府県と全20指定都市、全62中核市において教育振興基本計画は策定済みである。また、全市区町村（中核市含む）においても、策定率は89%と高くなっている。かつて策定された生涯学習推進計画も、近年は教育振興基本計画へ一本化されているところが大半である。

このような各地方公共団体の体制整備の過程においては、興味深い議論が交わされた。それは、「生涯学習のためのまちづくり」と「生涯学習によるまちづくり」のどちらの立場で生涯学習を振興するか、という議論であった。人口増加により発展して

きた都市部と過疎化によって衰退の危機に瀕する地方部との対立でもあった。地方部の中には、地域住民の学習やつながりをテコにしてまちづくりに取り組み、活気づいた地域も少なからず出てきた。地域住民の主体性を引き出す振興方策が持続可能なまちづくりにとって重要であることが明らかとなった。

(3) 生涯学習振興の基本的考え方

平成20（2008）年、中教審は前掲の答申「新しい時代を切り拓く生涯学習の振興方策について」をとりまとめ、生涯学習振興方策の基本的考え方を示した。その中で配慮すべき視点として示された３項目は、振興方策の方針を改めて確認する上で有効である。①「個人の要望」と「社会の要請」のバランスの視点、②「継承」と「創造」等を通じた持続可能な社会の発展を目指す視点、③連携・ネットワークを構築して施策を推進する視点、である。①については、既に平成18（2006）年の教育基本法の改正における「社会教育」（第12条）の中で触れられ、③についても、同法の「学校、家庭及び地域住民等の相互の連携協力」（第13条）の中で限定的ではあるが規定された。

生涯学習振興法の制定以降、生涯学習の振興がややもすると個人の学習要求に応える環境醸成に偏向しすぎたことへの反省に立ち、それ以降学習成果を社会活動や地域づくり等へ積極的に活用することにも重きを置き、両者のバランスを図りつつ施策を展開することが求められるようになってきた。同答申では人間的価値・社会的価値・経済的価値という価値概念を用い、それぞれに該当する生きがい・社会貢献・職業的能力の向上等がバランス良く高まることの重要性が説かれた。このように生涯学習の理念が社会に浸透することで、「各個人が、自らのニーズに基づき学習した成果を社会に還元し、社会全体の持続的な教育力の向上に貢献するといった『知の循環型社会』を構築すること」につながっていくのである。その実現に向け、関係者や関係機関を巻き込むネットワークの構築が急がれ、総合的な推進力を発揮することが求められた。同答申は、方向転換がなされた生涯学習振興の方針を受け継ぎ強化する役割を果たし、着実に既存の施策へとつながっている。

その他、同答申の約１年前にまとめられた同名の中間報告にも触れておきたい。そこには、国民の学習活動を促進するために必要な５つの視点が示されている。①国民全体の人間力の向上、②「公共」の視点の重視、③人の成長段階に即した多様な選択肢を提供する政策の重点化、④実社会のニーズを生かした多様な学習機会の提供、⑤情報通信技術の一層の活用、である。社会において達成される個人の豊かな暮らし、社会の構成員として必要な資質や能力、それらを適切に支援する社会の仕組みづくりが基底をなすことが分かる。また、社会教育推進の文脈で捉えられる家庭と地域の教育力向上が特出しされている。家庭の教育力向上に必要な３つの視点（①親と子どもの主体的な「育ち合い」（共育）、②地域全体での子育ての「支え合い」（共同）、③多様性の認識の「分かち合い」（共生））と、地域の教育力向上に必要な３つの視点（①地域全体での子育て「支え合い」（共同）、②地域の課題解決は地域自身の手で「助け合い」（共生）、③家庭や地域の教育力と学校教育の効果的な連携「つながり合い」（共育））である。

生涯学習の振興によって、国民一人一人が心身ともに健康で豊かであり、地域の担い手として多様な能力を発揮し、社会の持続的な発展に寄与できる存在になることが望まれる。より良い社会を創るために、生涯にわたり学習できる環境が不可欠であり、その中で人間性が磨かれ、人間力も向上する。さらに、その成果を生かし、同じ思いを持つ仲間と地域づくりに関わることで、自己有用感や生きがいにもつながってくる。このように、生涯学習振興は個人の能力開発と新しい社会づくりとを、学習活動によって循環させる営みであると言える。

●参考：一般行政と教育行政との連携の必要性

子育て支援策は、一般行政（労働・福祉・少子化対策等を扱う部署）で取り扱われ、共働き世帯のみならずこれから結婚し子供を産み育てようとする若い世代にとっても深く関係する施策である。実際に多くの地方公共団体で手厚いサービスが提供されている。サービスの充実が保護者の行政依存（子育ての外部委託の意識）に向かわないように、子供の健やかな成長発達を中心に据えた家庭教育の質を高める施策も同時に展開されなければならない。これを行政内の役割分担（縦割り）と捉えて個別に考えるのではなく、緊密な連携による総合的な行政とすることで施策のバランスがとれ、個人と社会が共に育つことにつながっていく。生涯学習振興行政が関係施策をつなぎ、行政間の連携を推進する役割を果たすことが求められている。

(4) 地方と国の役割分担

市町村は住民に最も身近な行政機関であり、直接的な住民サービスの提供機関である。生涯学習振興においては、繰り返しとなるが、個人の要望と社会の要請のバランスを保ちつつ、多様な学習機会の提供を行うことが期待されている。市町村教育行政は、公民館や生涯学習センター、図書館、博物館等の設置や管理運営を通して、住民の生涯学習活動を促進したり、地域課題解決学習を行ったり、地域づくりに取り組んだりしている。一般行政では、例えば環境や防災、交通安全等をテーマとした体験型施設や、市民活動や子育て支援、職業訓練等の施策の下に設置された施設等において、体験学習や啓発活動が行われている。部署は違えども、住民と向き合い、安全安心な生活や暮らしとなるよう支援していることに変わりない。

一方で住民は行政サービスの受け手であるだけではなく、担い手でもあることが期待される。特に行政サービスではカバーし切れない分野において、住民相互の新しい共助関係の構築が必要となっている。加えて、住民と行政との協働関係の構築についても近年の行政課題である。生涯学習分野であれば、住民の自主的、主体的な取組を促し、協働の機運を高めるための行政職員研修や地域人材の育成研修等の積極的な取組が求められる。

都道府県の役割は基本的に市町村支援が中心となる。現状では、市町村と緊密な連携を図りながら、地域の課題や特性に応じた取組、地域活性化、地域住民の絆づくり、課題解決等を目的としたモデル事業等を実施し、その成果を圏域に普及させることなどに努めている。市町村の生涯学習・社会教育担当職員や施設職員の専門研修、民間指導者や実践者の資質向上に資する研修やネットワークを構築する集会など、広域で取り組むことで高い効果が期待される事業なども展開している。今後は地域学校協働活動や家庭教育支援、消費者教育等におけるコーディネーターやファシリテーターの養成・研修についても市町村との連携を図りつつ、高い専門性の獲得や地域を越えたネットワークづくりに取り組む必要がある。

国は、都道府県や市町村の主体的な取組に対する支援がその主務となる。一方で、国は教育基本法に基づき教育振興基本計画を策定し、着実に実現することが求められている。その計画策定の根拠資料として、各種教育調査の実施や関連する事例研究、中教審での答申や審議のまとめ等が示されている。これらは地方公共団体が同様に教育振興基本計画を策定する際の資料になるとともに、都道府県が調査をする際の参考にもなり、間接的な支援とも考えられよう。平成16（2004）年3月の中教審生涯学習分科会「今後の生涯学習の振興方策について（審議経過の報告）」では、国として地方公共団体の支援を行う場合の重点項目として、「行政上の喫緊の課題として重点的に取り組むべき課題に対応するための施策」や「図書館の司書等の専門職や指導者等の研修と研修教材の作成など、生涯学習振興を担う人材の養成」、「生涯学習による地域づくりの分野をはじめ、市町村等の現場の実態把握、先進事例の収集・情報提供、及び、これらに関連しての都道府県や市町村と、大学や民間教育事業者、NPOなどのコーディネート」が列挙されている。

(5) 生涯学習振興行政の現状と課題

総合行政やネットワーク型行政については、あるべき考え方のみならず、実態を伴うことが求められる。文部科学省では、いくつかの施策において関係する府省庁との間で、連携のための協議会を設けるなど、建設的な情報交換や意見交換等を行い、連携の強化に努めている。例えば、放課後子ども総合プランの推進においては厚生労働省と、消費者教育の推進においては消費者庁と、キャリア教育の推進においては経済産業省や厚生労働省との連携が図られている。また、こども家庭庁の設置は「こども基本法」の理念を実現するために府省庁の機能をつなぐものとして創設されている。このような連携の在り方は地方公共団体にも波及する。様々な困難は立ちはだかるが、縦割り行政の弊害を解消するため、ネットワーク型行政への転換に向けた更なる取組が期待される。

現状を見てみると、上述のように国が率先して連携の姿を示している施策等については、当該委員会や会議の一部に関連部局から職員が出席し、情報共有をすることが多くなっている。しかしながら、そうでない分野での連携は未だに不十分である。その背景には、生涯学習振興に含まれる内容が広範囲にわたっており、業務の一つ一つを連携の視点で見直し、連携に相応しい部局を見つけてつなぐ経験に乏しかったことが挙げられる。行政として取り組むべき課題に対しては、いち早く担当部局を決めて、責任体制を明確にする方が効率的であり、効果的であると考えられていた。例えば、人づくりや地域づくりは地方公共団体にとっては最重要課題であって、それらは教育行政だけで、あるいはまちづくり行政だけで完結するものではない。しかし、それらに対して関連部局が連携して取り組もうとするよりは、それぞれに目的を設定し、それに至る手段やプロセスを決め、責任を持って取り組む方が機動性を発揮できると考えられていたのではなかろうか。

総合行政としての生涯学習振興施策の着実な実行のために、縦割りを超えた取組を通して成果を上げていくことが、中長期的な展望において部局間連携やネットワーク型行政の意義や重要性を浸透させる上で重要となる。教育行政内で言えば、コミュニティ・スクール（学校教育）と地域学校協働活動（社会教育）の一体的推進により、地域に応じた成果や効果を導くことにほかならない。

３　生涯学習振興施策の展開

(1) 国における生涯学習振興施策

生涯学習振興法の制定によって設置された国の生涯学習審議会は、その後の生涯学習振興施策を推進するための方針づくりに向けた審議を行い、平成４（1992）年７月に「今後の社会の動向に対応した生涯学習の振興方策について」という答申をまとめた。この答申では、リカレント教育、ボランティア活動、青少年の学校外活動、現代的課題の４項目について、その重要性と取組の指針を示した。答申されてからかなりの年数を経過しているが、その理念はなお現在の施策につながっている。

リカレント教育は、大学開放等についての教職員の意識改革を促した。公開講座等の拡充や大学開放に関する専門機関として、「継続的な公開講座の実施や学習情報の提供、学習相談、生涯学習に関する調査研究等を行う機関として生涯学習教育研究センター等」の設置が促された。高等教育機関に期待される生涯学習振興のターゲットが、社会人や職業人にも向けられ、より高度で体系的な学習機会が提供されることが求められた。

◆用語解説：リカレント教育

リカレント教育については、生涯学習審議会答申「今後の社会の動向に対応した生涯学習の振興方策について」の中でも取り上げられている。文部省は平成３（1991）年度からリカレント教育推進事業に取り組み、リカレント教育を「高等教育機関の高度な教育研究機能等により推進するための先導的パイロット事業」と位置付けた。委嘱を受けた地域では、高等教育機関、産業界、地方公共団体等で構成される推進協議会が設置され、「社会人や産業界等の学習ニーズに対応した体系的・継続的な」教育プログラムが提供された。

一方、教育再生実行会議の第六次提言で想定されているリカレント教育は、「社会人の学び直し」や「女性の再就職支援」、「高齢者等の活躍支援」、「再チャレンジ可能な社会」等と関連付けて語られることが多い。いずれも労働市場と直結する実践的な職業教育に軸足を置いている。他方で、地方の持続可能性を高めるためのイノベーションや地域課題の解決につながる学びを軽視してはならない。地方創生を実現するためには有能な人材が不可欠であり、その社会人人材育成のカギを握るのが教育であり、リカレント教育という制度的枠組みなのである。

ボランティア活動は、従来ともすると社会福祉分野という認識が強かったものを「教育、文化、スポーツ、学術研究、国際交流・協力、人権擁護、自然環境保護、保健・医療、地域振興など多岐にわた」るとし、ボランティア概念の拡大を図った。この背景には、学習成果をボランティア活動に生かす視点と、ボランティア活動を通して新たな課題発見や学習意欲を引き出す視点とがあり、両者が循環することで更なる生涯学習の促進につながるという考え方が含まれていた。

青少年の学校外活動の充実は、「学校教育への過度の依存の傾向とともに、家庭での生活体験や、学校の外における直接体験的な活動の不足」が要因とされる様々な青少年問題への対応と、平成４（1992）年から開始された学校週５日制への対応という、二つの側面から導かれる。それ以前からも高度経済成長、都市化、核家族化、高学歴化等の社会変化とともに、多くの青少年問題が顕在化してきたが、家庭や地域、社会教育施設等での総合的な推進が求められた。

現代的課題に関する学習機会の充実については、従来の学習課題の中では必要課題に属するもので、「学習者が学習しようと思っても学習機会がなかったり、自己の学習課題に結び付かなかったり、学習課題として意識されないものも多い」社会的側面の強い課題である。具体的な例示として、生命、健康、人権、消費者問題、まちづくり、高齢化社会、男女共同参画型社会、国際貢献・開発援助、人口・食糧、環境、資源・エネルギー等が挙げられている。

(2) 今日的な課題に関わる国の動向と施策

中教審答申「新しい時代の教育や地方創生の実現に向けた学校と地域の連携・協働の在り方と今後の推進方策について」（平成27（2015）年12月）は、「未来を創り出す子供たちの成長のために、学校のみならず、地域住民や保護者等も含め、国民一人一人が教育の当事者となり、社会総掛かりでの教育の実現を図る」という理念を掲げ、様々な取組を通じて「新たな地域社会を創り出し、生涯学習社会の実現を果た」すことを目指している。

同答申では、これまで文部科学省の施策として推し進められてきた「コミュニティ・スクール」と、「学校支援地域本部事業」や「放課後子ども教室」等の活動を総称した「地域学校協働活動」について、一体的・効果的な推進のための組織体制や統括コーディネーターの具体的な在り方が示され、それに従って法整備がなされた。様変わりした地域に新たな絆と秩序を構築するために、子供や学校を中心に据えたコミュニティ再生が他の方法よりも有効であることが実証されつつある。この取組の中で、地域の有用な人材の発掘や育成、地域の魅力ある風土づくりが展開されることに期待が寄せられる。

平成27（2015）年３月、教育再生実行会議から提言された「『学び続ける』社会、全員参加型社会、地方創生を実現する教育の在り方について（第六次提言）」からは次のことが読み取れる。生涯学習の必要性を経済社会や職業の近未来に求め、急速な変化の中で生き抜くためには、不断に学び続けることが不可欠であるとする。一方で、働き方改革や働き方の多様化がもたらす、仕事と生活の調和（ワーク・ライフ・バランス）を考え、生き方を主体的に選択していくことが求められ、そのための学習も大いにあり得るとする。人生において、教育と労働（育児を含む）と余暇を柔軟に組み合わせ、豊かで創造的な生活を送れるかどうかが問われている。これはまさにリカレント教育の考え方でもあり、経済価値一辺倒ではない心豊かな生き方を支援する役割を、生涯学習振興行政が担えるということでもある。にわかに訪れるものではないかも知れないが、成熟社会をより豊かにする重要な方策とも言えるだろう。

中教審答申「個人の能力と可能性を開花させ、全員参加による課題解決社会を実現するための教育の多様化と質保証の在り方について」（平成28（2016）年５月）では、「誰もが社会に出た後も、時代の変化に応じて新たな知識・技術や技能を身に付けることができる『学び続ける』社会を実現」することの重要性を説いている。産業界においては「より高い付加価値を生み出し、世界と競争しつつ、成長・発展を持続してい」かなければならないため、「創造力と実践力の豊かな専門人材を育て、その力を最大限に引き出」す新たな仕組みが求められているとする。地域社会においては、「地域住民が互いにネットワークを構築し、社会貢献や地域課題解決に取り組む」必要があり、そのために「個人の学びの活性化」と「その成果を職業や地域活動と関連付けて社会的に活用」することの重要性が増しているとする。

これらは多分に高等教育政策と労働市場・経済発展に関連が深く、社会教育行政からは距離を感じるかも知れない。しかし、見方を変えればあながち無縁ではないことが理解してもらえるだろう。社会教育行政では、地域コーディネーターや家庭教育支援員、消費者教育サポーター等の養成講座やフォローアップ研修等の人材育成研修を実施している。その講師には、その分野での専門性を有する大学教員や関係機関の専門職員が起用される。高等教育機関や専門機関での教育研究の内容を、実践者向けに再編し、提供しており、これは正に社会教育における専門人材の育成と言える。また、生涯学習振興行政の範疇（はんちゅう）で高等教育機関との連携を行っていたり、職業能力開発行政に携わっていたりすれば、その関連性に気付けるであろう。改めて、業務上のネットワークの可能性を洗い出し、さらに関係者が相互にメリットを享受できるような仕組みを構築する必要がある。

●参考：地方創生と高等教育

地方創生とは、1）若い世代の就労・結婚・子育ての希望の実現、2）「東京一極集中」への歯止め、3）地域の特性に即した地域課題の解決、の3点を基本的視点に据えた。第2次安倍政権の政策の一つである。平成26（2014）年9月に「まち・ひと・しごと創生本部」が設置され、同年12月に「まち・ひと・しごと創生法」が施行された。この法律に基づき、同年同月に日本の目指すべき将来の方向性を提示した「長期ビジョン」と、平成27（2015）年度から5か年にわたる施策の基本的な方向と具体的な施策を提示した「総合戦略」が閣議決定された。

当時の地方創生担当大臣のコメントには、「地方における安定的な雇用を創出する」、「地方への新しいひとの流れをつくる」、「働き方改革」、「若い世代の結婚・出産・子育ての希望をかなえる」、「時代に合った地域をつくり、安心な暮らしを守るとともに、地域と地域を連携する」等の言葉が並んでいる。文部科学省では関連する事業として、平成27（2015）年度から「地（知）の拠点大学による地方創生推進事業」を実施し、大学教育改革を断行し若者が地方に定着できる環境を整備する取組に乗り出すほか、「文化財総合活用戦略プラン」や「学校を核とした地域力強化プラン」等の地域の教育資源を活用した地方活性化政策に取り組んだ。

(3) 生涯学習振興に関する基本法令及び主要答申

本節の冒頭に記述したように、平成2（1990）年に生涯学習振興法が制定されたこと等により、文部省に生涯学習に係る機会の整備に関する重要事項を調査審議する生涯学習審議会が設置された。生涯学習審議会は生涯学習の振興方策を中心に審議し、設置期間中6つの答申と中間まとめや審議報告等を出している。紙幅の関係で、それぞれについて解説することはできないが、以下、列挙しておく。

表１-２-１　生涯学習審議会等で取りまとめられた答申等（筆者作成）

平成２（1990）年１月	生涯学習の基盤整備について（答申）（中央教育審議会）
平成２（1990）年７月	生涯学習の振興のための施策の推進体制等の整備に関する法律（施行）
平成４（1992）年７月	今後の社会の動向に対応した生涯学習の振興方策について（答申）（生涯学習審議会）
平成８（1996）年４月	地域における生涯学習機会の充実方策について（同上）
平成10（1998）年９月	社会の変化に対応した今後の社会教育行政の在り方について（同上）
平成10（1998）年９月	今後の地方教育行政の在り方について（答申）（中央教育審議会）
平成11（1999）年６月	生活体験・自然体験が日本の子どもの心をはぐくむ（答申）（生涯学習審議会）
平成11（1999）年６月	学習の成果を幅広く生かす－生涯学習の成果を生かすための方策について－（同上）
平成12（2000）年11月	新しい情報通信技術を活用した生涯学習の推進方策について（同上）

平成13（2001）年には中央省庁再編がなされ、文部省は科学技術庁とともに文部科学省となった。組織としては、生涯学習局が生涯学習政策局へ、生涯学習審議会が中央教育審議会生涯学習分科会へ再編された。

表１-２-２　審議会再編後に取りまとめられた答申等（生涯学習関連）（筆者作成）

平成18（2006）年12月	教育基本法（施行）
平成20（2008）年２月	新しい時代を切り拓く生涯学習の振興方策について～知の循環型社会の構築を目指して～（答申）（中央教育審議会）
平成20（2008）年４月	教育振興基本計画について－「教育立国」の実現に向けて－（同上）
平成23（2011）年８月	スポーツ基本法（施行）
平成24（2012）年７月	共生社会の形成に向けたインクルーシブ教育システム構築のための特別支援教育の推進（報告）（中央教育審議会）
平成27（2015）年３月	「学び続ける」社会、全員参加型社会、地方創生を実現する教育の在り方について（教育再生実行会議第六次提言）
平成27（2015）年12月	新しい時代の教育や地方創生の実現に向けた学校と地域の連携・協働の在り方と今後の推進方策について（答申）（中央教育審議会）
平成28（2016）年５月	個人の能力と可能性を開花させ、全員参加による課題解決社会を実現するための教育の多様化と質保証の在り方について（同上）
平成29（2017）年６月	文化芸術基本法（施行）

平成30（2018）年には、総合的な教育改革を推進するために、生涯学習政策局と初等中等教育局、高等教育局の３つの局の業務を整理統合した。そして、省内にあった生涯学習政策局を、総合教育政策局へとその機能強化を図った。

表１-２-３　総合教育政策局の新設以降に取りまとめられた答申等（生涯学習関連）（筆者作成）

平成30（2018）年７月	公立社会教育施設の所管の在り方等に関する生涯学習分科会における審議のまとめ
平成30（2018）年12月	人口減少時代の新しい地域づくりに向けた社会教育の振興方策について（答申）（中央教育審議会）
平成31（2019）年３月	障害者の生涯学習の推進方策について－誰もが、障害の有無にかかわらず共に学び、生きる共生社会を目指して－（報告）（学校卒業後における障害者の学びの推進に関する有識者会議）
令和元（2019）年６月	視覚障害者等の読書環境の整備の推進に関する法律（施行）
令和２（2020）年４月	社会教育士称号付与開始
令和２（2020）年９月	第10期中央教育審議会生涯学習分科会における議論の整理
令和４（2022）年３月	障害者の生涯学習の推進を担う人材育成の在り方検討会 議論のまとめ（報告）
令和４（2022）年８月	第11期中央教育審議会生涯学習分科会における議論の整理
令和５（2023）年６月	第４期教育振興基本計画
令和６（2024）年６月	第12期中央教育審議会生涯学習分科会における議論の整理

近年の動向としては、障害者の生涯学習への取組が強化されている。背景には、平成18（2006）年に国連総会にて採択された「障害者の権利に関する条約」があり、日本は翌年に署名し、平成26（2014）年に批准した。この期間に障害者制度改革が急速に進み、平成23（2011）年には「障害者基本法」、平成24（2012）年には「障害者の日常生活及び社会生活を総合的に支援するための法律」、平成25（2013）年には「障害を理由とする差別の解消の推進に関する法律」と「障害者の雇用の促進等に関する法律」等、矢継ぎ早に法律が整えられた。文部科学省は、平成24（2012）年に「共生社会の形成に向けたインクルーシブ教育システム構築のための特別支援教育の推進」（中教審初等中等教育分科会報告）をまとめ、①共生社会の形成に向けて、②就学相談・就学先決定の在り方について、③障害のある子供が十分に教育を受けられるための合理的配慮、④多様な学びの場の整備と学校間連携等の推進、⑤特別支援教育を充実させるための教職員の専門性向上等について方向性が示された。この場

合、インクルーシブ教育とは社会的包摂を意味し、障害のある者もない者も共に学ぶ仕組みであり、誰しもが排除されない教育を指している。

真の共生社会の実現には、障害のある者も合理的配慮の下に積極的に社会参加・貢献のできる環境が整わなければならない。そのためには学校教育の段階から共に学び、卒業後も特性に応じた職業選択と就労ができ、生涯にわたり学び続けることができることが重要である。最近では、飛躍的な技術革新によりICT環境が大きく進展しており、障害者もICTリテラシーを身に付けることで、教育・労働・生涯学習・余暇活動のあらゆる場面でICT活用の余地が広がってくる。一方で、障害者への卒業後の支援は充実しているとは言えず、社会的に孤立してしまうケースが少なくない。そこで必要となるのは橋渡しの機能であり、関連する行政・民間機関やNPO、ボランティアの介在である。令和４（2022）年３月の「障害者の生涯学習の推進を担う人材育成の在り方検討会 議論のまとめ（報告）」では、社会教育人材（社会教育主事や各種社会教育施設職員等）、専門性を有する支援者（特別支援学校教員や経験豊かな講師等）、学習支援者（ボランティアや情報保障を行う人等）が担い手として想定されている。いずれにしても、支援人材の育成は障害者の生涯学習を豊かにする環境づくりにおいて重要な役割を果たす。

(4) 生涯学習振興の関連領域の動向

生涯学習振興の関連領域として、スポーツ振興・文化芸術振興・消費者教育・環境教育を取り上げよう。

スポーツ振興に関しては、平成23（2011）年に「スポーツ基本法」が制定された。スポーツは、趣味・教養・レクリエーションと並び称される、日本の生涯学習の中心的な活動の一つである。競技スポーツのみならず、生涯スポーツは住民の健康づくりや関係づくりにも大いに貢献してきた。平成27（2015）年にはスポーツ庁も設置され、スポーツを通して「国民が生涯にわたり心身ともに健康で文化的な生活」の実現に向けた環境が整えられつつある。スポーツ基本計画は現在第３期（令和４（2022）年度から５か年）に当たり、新型コロナウイルス感染症と東京オリンピック・パラリンピック競技大会を経て、「多様な主体におけるスポーツの機会創出」や「スポーツ界におけるDXの推進」、「スポーツの成長産業化」、「スポーツによる地方創生、まちづくり」、「スポーツを通じた共生社会の実現」など、総合的かつ計画的に取り組む12の施策が掲げられている。

文化芸術振興に関しては、平成13（2001）年に「文化芸術振興基本法」が制定され、同法に基づき、文化芸術の振興に関する基本的な方針が４次にわたり定められた。平成28（2016）年には、文化審議会から「文化芸術立国の実現を加速する文化政策（答申）」が提出され、文化芸術が、観光やまちづくり、国際交流、福祉、教育、産業その他の幅広い関連分野との連携を視野に入れた総合的な施策の展開に寄与し、文化芸術により生み出される様々な価値を文化芸術の継承、発展及び創造に活用する視点が明確にされた。その翌年には、国の文化芸術推進基本計画の策定を義務付ける「文化芸術基本法」へと改正されることとなった。現在は第２期（令和５（2023）年度から５か年）に当たり、重点取組として「ポストコロナの創造的な文化芸術活動の推進」や「多様性を尊重した文化芸術の振興」、「文化芸術のグローバル展開の加速」、「デジタル技術を活用した文化芸術活動の推進」等が掲げられている。

消費者教育に関しては、平成24（2012）年に「消費者教育の推進に関する法律」が制定され、消費者市民社会（個々の消費者の特性及び消費生活の多様性を相互に尊重しつつ、自らの消費生活に関する行動が現在及び将来の世代にわたって内外の社会経済情勢及び地球環境に影響を及ぼし得るものであることを自覚して、公正かつ持続可能な社会の形成に積極的に参画する社会）の理念が示された。消費者教育が単に詐欺被害に遭わない消費者や賢い消費者になるための手段ではなく、豊かで健全な未来社会を主体的に創る消費者市民の育成を目指しているところに関心を向けたい。現在第３期に当たる「消費者教育の推進に関する基本的な方針」（令和５（2023）年度から７か年、SDGs の目標年まで）では、超高齢社会や成年年齢の引き下げ、デジタル化の進展等、消費者問題の背景を踏まえつつ、消費者一人一人の意識と行動が社会課題の解決に結び付くことを自覚するために、幼児から高齢期までの体系的・総合的な教育機会の提供を促している。

環境教育に関しては、平成16（2004）年に完全施行された「環境教育等による環境保全の取組の促進に関する法律」により、持続可能な社会を構築するために、国民、民間団体等が、①環境保全活動、②環境保全の意欲の増進及び環境教育、③協働取組、にアクセスできるよう必要な事項が定められた。とりわけ②については、各種情報提供や体験の機会の提供であったり、家庭、学校、職場、地域その他のあらゆる場において、環境と社会、経済及び文化とのつながりも含めた理解を促したりする教育及び学習の充実を求めている。「環境保全活動、環境保全の意欲の増進及び環境教育並びに協働取組の推進に関する基本的な方針」（令和６（2024）年度から５か年）では、上記①～③の取組を通じて「公正で持続可能な社会への変革と一人ひとりの変容を実現し、地域循環共生圏の創造と、人々のウェルビーイングにつなげていくこと」が必要であるとしている。

現代社会の複雑で深刻な課題は、テクノロジーの進展によるイノベーションだけでは到底解決できない。そこには人々の意識や行動を変容させる取組が欠かせない。そのようなときに、常に教育と学習の必要性に注目が集まる。生涯学習関連領域として挙げた４つの施策はその代表的なものであり、一つの省庁の取組だけでは解決が困難であったり、効果が限定的であったりする領域である。効果を最大化するために、多様なステークホルダーを巻き込み、目標を共有して、協働して取り組むことが、今後更に求められることになる。生涯学習振興行政とは、他省庁や他部局との関係の中で浸透していくことが望まれる。

（清國　祐二）

第2章
社会教育の意義と展開

この章では、社会教育という概念の発展や変遷をたどりながら、その意義について確認するとともに、社会教育を展開していくのに重要な体制・人材・施設等について学びます。

第1節～第4節では、社会教育の意義や特質について、歴史的な展開や国際的な動向も含め、理解を深めましょう。

第5節～第7節では、社会教育を担う行政の役割や体制について、関連法令や主要答申と関連付けながら理解を深めましょう。

第8節～第10節では、社会教育に関わる様々な人材や求められる資質・能力について学び、それぞれの立場に応じて果たすべき役割等について考えましょう。

第11節～第15節では、公民館・図書館・博物館をはじめとする社会教育施設について学び、各施設を中心に様々な地域でどのような実践が生み出されているかや、今後の社会の動向の中で社会教育施設が果たすべき役割について考えましょう。

第1節　社会教育の概念

1　社会教育とは何か

(1) 社会教育とは

社会教育は、「学校教育と家庭教育を除いて、広く社会において行われる教育活動」の総称である。これは、社会教育が行われる範囲、あるいは領域を示したものに過ぎない。社会教育は、その目的、内容、方法・形態など実態は多様であり、社会教育を一義的に定義するのは難しい。そのため、社会教育の定義では、狭義の社会教育と広義の社会教育という言い方で説明される場合が多い。冒頭で示している社会教育の定義は、広義の社会教育ということができる。これに対して、狭義の社会教育は、広義の社会教育に対象と目的を加え、「主として青少年や成人の意識と行動の変容を目指す学校教育と家庭教育以外の組織的な教育活動」ということができる。

このような定義とは別に、社会教育という用語の使われ方も様々で、実態としての社会教育を広義に捉えて使う場合と狭義に捉える場合がある。例えば、教育を第一義的な目的としている活動に限定して使う場合と（狭義の社会教育）、教育を第一義的な目的としていない活動も含めて使う場合がある（広義の社会教育）。教育を第一義的な目的とする活動とは、その活動を通じて、人間形成や成長・発達を促し、知識技術等の習得を図ることを主な目的とした活動のことである。

(2) 教育基本法と社会教育法における社会教育

社会教育とは何かを考えるにおいては、社会教育の法的規定を見る必要がある。教育基本法では、第６条に「学校教育」、第10条に「家庭教育」があり、第12条に「社会教育」が規定されている。第12条第１項には「個人の要望や社会の要請にこたえ、社会において行われる教育」とあり、社会教育の内容的性格と社会教育が広く社会において行われる教育であることが規定されている。なお、ここで示されている社会教育は、後段にあるように国及び地方公共団体が教育行政の立場から奨励する社会教育として捉える必要がある。

さらに、社会教育法では、第２条に「社会教育の定義」が置かれている。ここでは、この法律でいう社会教育を、「学校の教育課程として行われる教育活動を除き、主として青少年及び成人に対して行われる組織的な教育活動（体育及びレクリエーションの活動を含む。）」と示している。「学校の教育課程を除き」という部分は、本節冒頭で示した広義の社会教育の定義に通じるが、「主として青少年及び成人に対して」という対象と、教育活動に「組織的な」という限定が加わっている。この「組織的な」とは、計画的であることと言って良い。このように広義の社会教育の考え方に条件を加えている点では、これを狭義の社会教育と理解することができる（※１参照）。なお、ここでいう社会教育も、次の第３条に「国及び地方公共団体の任務」がある通り、社会教育行政が所管する社会教育が前提となっている（※２参照）。

★法令チェック：教育基本法の「社会教育」と社会教育法の「社会教育の定義」（※１）

教育基本法（社会教育）
第十二条　個人の要望や社会の要請にこたえ、社会において行われる教育は、国及び地方公共団体によって奨励されなければならない。
２　国及び地方公共団体は、図書館、博物館、公民館その他の社会教育施設の設置、学校の施設の利用、学習の機会及び情報の提供その他の適当な方法によって社会教育の振興に努めなければならない。

社会教育法（社会教育の定義）
第二条　この法律において「社会教育」とは、学校教育法（昭和二十二年法律第二十六号）又は就学前の子どもに関する教育、保育等の総合的な提供の推進に関する法律（平成十八年法律第七十七号）に基づき、学校の教育課程として行われる教育活動を除き、主として青少年及び成人に対して行われる組織的な教育活動（体育及びレクリエーションの活動を含む。）をいう。

(3) 社会教育と生涯学習

社会教育と生涯学習は、とかく類似した概念として捉えられるきらいがあるが、異なる概念である。これは「教育」と「学習」の違いに通じるものである。教育は、学習者に対して働きかける作用のことであり、学習とは、何らかの活動を通じて意識や考え方、行動様式を変容すること、あるいはその過程のことである。言い換えれば、教育とは学習者の学習を支援することである。ただし、学習には教育がない、あるいは教育を必要としない学習もある。例えば、一人で読書をする活動は、通常、教育を必要としない。

社会教育と生涯学習の関係もこれと同じである。生涯学習は、人の生涯を通じた学習のことであり、これを支援する関係にあるのが社会教育である。生涯学習を支援するのは社会教育だけでなく、学校教育や家庭教育なども同様に生涯学習を支援する働きがある。社会教育の対象は乳幼児から高齢者までの全ての世代の人を対象としていること、また、社会教育は広く社会で行われ得ることからも、生涯学習を支援する中心的な役割を果たすのが社会教育であるということができる。

なお、国や地方公共団体が果たす社会教育に関する任務について言えば、社会教育法第３条第２項において、生涯学習の振興に寄与するよう努めることが示されている。

★法令チェック：社会教育法第三条（※２）

（国及び地方公共団体の任務）

第三条　国及び地方公共団体は、この法律及び他の法令の定めるところにより、社会教育の奨励に必要な施設の設置及び運営、集会の開催、資料の作製、頒布その他の方法により、すべての国民があらゆる機会、あらゆる場所を利用して、自ら実際生活に即する文化的教養を高め得るような環境を醸成するように努めなければならない。

2　国及び地方公共団体は、前項の任務を行うに当たつては、国民の学習に対する多様な需要を踏まえ、これに適切に対応するために必要な学習の機会の提供及びその奨励を行うことにより、生涯学習の振興に寄与することとなるよう努めるものとする。

3　（略）

2　社会教育の特質

(1) 社会教育の諸領域

①　人生各期の教育

社会教育の活動は多様であるため、社会教育の対象を網羅する示し方の一つが、生涯にわたる人の成長・発達の時期をいくつかの段階に分けて社会教育の領域を設定する方法である。具体的には、生涯の時期を乳幼児期、青少年期、成人期、高齢期のように分けたとき、それぞれの時期にある人を対象とした教育の各領域が、

「乳幼児教育」、「青少年教育」、「成人教育」、「高齢者教育」である。自治体によっては、社会教育計画の領域としてこれらを設定し、領域ごとに計画内容や社会教育事業を計画している。

乳幼児教育（０歳から５歳程度）は、乳幼児の知性、情緒、運動能力等の発達を援助する教育活動である。しかし、乳幼児を社会教育の対象として、直接的に学習活動を支援するということは日常的には難しい。そのため、社会教育では、間接的な働きかけとして、親や保護者を対象とした家庭教育支援が重要となる。

青少年教育（６歳程度から25歳程度）は、青少年の自主性や自立心、創造性の育成や発達を支援する教育活動である。青少年は、少年期と青年期で特徴が異なるため、少年教育（６歳程度から14歳程度）と青年教育（15歳程度から25歳程度）に区分される。少年教育の一つに、子ども会活動、ボーイスカウト・ガールスカウト、スポーツ少年団等の団体活動がある。青年教育には、青年の幅広い興味や関心に基づくグループやサークル活動の支援、YMCA 等の社会教育関係団体の団体活動がある。少年や青年を対象とした社会教育施設には、青少年自然の家や青少年交流の家などの青少年教育施設がある。

成人教育（20歳程度から65歳程度）は、最も年齢幅の広い世代を対象としており、その目的も内容も多様である。成人教育には、その一つに女性教育も含まれる。この時期は、職業生活を行い、中には家庭を持つ人もいる。また、地域社会における役割もあり、そこでの仕事や生活、役割遂行が充実することを意図した教育が展開される。成人教育の主要な形態として、学級・講座、団体活動、グループ・サークル活動がある。学級・講座は、教育委員会や社会教育施設、カルチャーセンターなどが実施するほか、大学が提供する大学公開講座などもある。団体活動を行う社会教育関係団体にはPTA、婦人会があるほか、体育・レクリエーション、芸術・文化等に関する団体が活動を行っている。グループ・サークル活動では、各種の趣味、教養、芸術、スポーツ等の多くのグループが活動を展開している。

成人教育においても、社会教育施設を利用した活動は多い。公民館、図書館、博物館等は成人教育に限らず、幅広い年代の人が利用している。女性教育という点では、国立では唯一の国立女性教育会館があり、自治体によっては女性教育センターが設置されている。

高齢者教育（65歳程度以上）は、平均寿命や健康寿命が伸びて高齢期を過ごす期間が長期化している現代において、高齢者自身の健康の維持、生きがいの創出や向上、仲間づくりなどを図る上で、ますます重要になっている。また、この時期は身体機能の低下や役割の喪失、家族や友人との死別など、あらゆるものの喪失に見舞われる時期でもある。高齢者教育には、高齢者が生きる意味を自覚し、自身の存在が意味あるものと捉えて生きていけるような支援が求められる。

高齢者対象の学習機会としては、教育委員会や公民館等が、趣味、教養、レクリエーションなどを内容とする高齢者学級を数多く実施している。高齢者はこのような高齢者を対象とした学習機会だけでなく、成人対象の学習機会にも参加している。また、高齢者が持つ知識や技術を地域で生かすことを目的に、高齢者の指導者養成のための講座も行われている。今後は、働く高齢者も増えていくことから、高齢者を対象とした職業知識・技術に関する学習機会の充実も課題となるであろう。

②　社会と関わる様々なテーマの教育

人は生涯を通じて、それぞれの必要と要請に応じ、家庭、地域、職場など社会の様々な場で、様々な学習を行う。社会教育には、このような学習を推進し、その充実を図る役割がある。例えば、国際化、情報化、高齢化、多文化共生、社会的包摂、地域の歴史・文化・芸術、環境問題など、社会との関わりが深い学習は社会教育との結び付きが強い。さらに、社会教育には、地域社会の担い手となる人材の育成やボランティア活動を促進する側面がある。例えば、子ども会活動や社会教育施設でのボランティアへの参加が社会教育活動につながる場合や、地域の伝統芸能の保存に関する社会教育活動を進めることによりボランティアとして関わる人が拡大・充実する場合がある。

また、このような社会教育が対象とする領域は、時代や社会の状況によって変化する場合もある。例えば、社会教育法の改正により、「家庭教育支援」や「地域と学校の連携・協働」に関する事務が、市町村の教育委員会の事務に追加されている。社会教育の理解を深めるには、幅広い視野と社会の動向に対する関心を高めることが求められる。

(2) 学習者の特性

①　発達段階の視点

人生各期の成長・発達に関わる学習者の一般的な特性は、それぞれの教育を展開する上で理解しておくことが必要である。前に述べたように、一般的には乳幼児期、青少年期、成人期、高齢期のように発達段階を分けるが、青少年期を少年期と青年期に、成人期と高齢期もそれぞれ前半と後半に分けることで、各期の特性が鮮明になる。各期の学習者の主な特性は（1）①で示しているので、ここでは省略する。

②　生涯キャリア形成の視点

平均寿命の延伸によって、人の生涯におけるキャリア形成の期間も長期化し、また、その在り方も多様化している。「人生100年時代」と言われる社会では、従来の「教育⇒仕事⇒引退」という3つのステージが単線的に続くキャリアから、今後は、これまでは仕事だけ、あるいは引退だけのステージとされてきた期間に、起業や副業、フリーランス、教育、ボランティア活動、休息などが並行して行われたり、これらを自由に移行したりするという、一人一人が異なる多様なキャリアを形成することになる。学校卒業後や就労中の専門的職業分野に関わるリスキリングやリカレント教育などは、生涯にわたって適切な時期に行われることになるであろう。

学習者の特性において、前項の発達段階の視点に基づく内容は、人の成長・発達という点での基盤となるものである。生涯キャリア形成がますます多様化していく社会においては、この視点からの学習者の特性も合わせて考えていく必要がある。

③　グローバル化及び社会的包摂の視点

グローバル化が進展する現在、出入国在留管理庁の調査によれば、日本における在留外国人の数は、約341万人（令和5（2023）年末）に及び、10年前の1.7倍となっている。これに伴って、日本語を学ぶ外国人も増加しており、外国人に対する日本語教育の充実が急務となっている。外国人学習者の母国語や在留に至る経緯、日本語を必要とする理由などは、外国人数の増加とともにますます多様化している。

このほか、貧困の状況にある子供、障害者、孤独・孤立の状態にある者など、多様な学習者に多様な学習ニーズがあることを踏まえ、社会的包摂の観点から、誰一人として取り残すことなく、その学習支援を充実することの必要性・重要性は高まっている。

(3) 学校教育との違い

社会教育は、学校教育と対比させることで、その特徴が顕著となる。その観点として、1）学習者の学習動機、2）教育の対象（学習者）、3）教育・学習の内容、4）指導者を取り上げて、それぞれを比較してみる（表2-1-1）。

学習者の学習動機では、学校教育の場合、特に義務教育においては動機の有無に関係なく入学する必要がある。また、授業においては、児童・生徒の学習動機にはあまり関係なく教育が進められるのに対して、社会教育の場合は、一般的に学習者の学習動機は強い。教育の対象は、学校教育に年齢等の条件があるのに対して、社会教育の

表2-1-1　学校教育と社会教育の比較（筆者作成）

	学校教育	社会教育
学習者の学習動機	・義務教育では、学習動機に関係なく、一定の年齢に達すれば入学しなければならない。 ・学習動機の有無はあまり関係なく学習指導が進められる。	・一般的に、学習者の学習動機は強く、学習意欲も高い。学習動機がなければ、学習機会に参加する必要はない。
教育の対象（学習者）	・義務教育の場合は、基本的には同学年は同じ年齢の集団となる。 ・高校や大学は、年齢条件に加えて、原則、入学試験に合格することが条件となる。	・性別、年齢を問わず、全ての人が対象となる。ただし、学習機会によっては、参加や受講に条件が加わることがある。
教育・学習の内容	・国の統一的な基準として学習指導要領や幼稚園教育要領が定められており、これに基づいて教育課程（カリキュラム）が編成されている（大学などを除く）。	・個人学習の場合は、学習者自身で学習内容を決める。 ・学習機会に参加する場合、学習プログラムの学習内容は既に決められていることが多いが、通常、それを選択するかどうかは学習者に委ねられている。
指導者	・主に教員免許を有する者が指導する（大学などを除く）。	・特定の資格・免許が必要とされることは少ない。

場合は全ての人が対象となる。教育・学習内容については、学校教育では国が示す学習指導要領等に基づいて編成される教育課程（カリキュラム）の下で学習指導が行われるのに対して、社会教育では学習者自身が決めたり、関心のある内容の学習機会を選択したりすることができる。指導者は、学校教育の場合は教師で、社会教育では特定の資格や免許が必要とされることは少ない。

これらを見ると、学校教育に対して社会教育には、個人の自主性や自発性、対象と教育・学習内容及び指導者の多様性のそれぞれの度合いが大きいことが分かる。

(4) 社会教育をめぐる動向

世界的に見れば、各国・地域の国際競争力の向上と気候変動等に対処して持続可能な社会の実現に貢献できる人材の育成が、これからの成人教育の共通項と言えるであろう。EUでは、雇用を創出しながら気候変動や再生エネルギーへの転換を図ることを目指す成長戦略「欧州グリーンディール」が打ち出された。さらに、これに沿って示された基本原則の第一が「教育、訓練、生涯学習」である。ここで求められるのが、カーボンニュートラルへの移行（GX：グリーントランスフォーメーション）とデジタル社会への移行（DX：デジタルトランスフォーメーション）に適応できるスキルの向上（アップスキリング）や、新たな分野で活躍できるスキルの習得（リスキリング）となっている。

この点に関して、近年、日本ではリスキリングへの関心とその必要性が言われ、特にDX人材の育成が様々な分野で加速している。GXに関しては、今のところはまだヨーロッパほどの取組までには至っていないが、社会教育施設を自治体が進めるGXの拠点として整備していく実践が見られる。これまでのSDGsの取組を生かしたGXの取組を進めている事例もある。リスキリングや学び直しへの注目も相まって、今後の進展が予想される。

国内を見ると、少子高齢化と人口減少が進む中で、持続的な地域コミュニティの形成がこれまで以上に重要な課題となる。そのためには、住民同士のつながりづくりが必要となる。地域における様々な学習活動や課題解決の活動は、住民相互の関係性の構築と強化に大きな役割を果たす。また、地域でこのような学習活動を支援する地域の人材を発掘、または育成していくことは、地道ながら確実な方策であると考えられる。

（原　義彦）

第２節　社会教育の内容・方法・形態

１　社会教育の内容

(1) 社会教育の内容と分類

①　発達課題の視点から

社会教育の内容を捉える第一の視点として、発達段階や発達課題という考え方がある。発達段階とは、乳幼児期、青少年期、成人期、高齢期等の人の生涯にわたる発達をその時期によって分類した段階のことである。また、例えば乳幼児期であれば愛着の形成などのように、青少年期に移行する前の乳幼児期の段階で達成することが必要であったり、達成することが望ましかったりする課題がある。このような課題のことを一般に発達課題と呼んでいる。発達課題は、それを乗り越えることが、次の発達段階への移行を可能にするものである。

発達課題を提唱した心理学者には、ハヴィガーストやエリクソンなどがいる。彼らはそれぞれ６段階と８段階の独自の分け方による発達段階を設定し、発達段階ごとに発達課題を示している。社会教育の内容は、乳幼児期や青少年期など、それぞれの発達段階で求められる発達課題に基づいて設定することができる。ただし、発達課題は社会によって異なり、また、時代とともに変化するものであるため、ハヴィガーストやエリクソンなどが示した発達課題には、現代社会の人間に当てはまるものと、そうでないものとがある。発達課題の視点から社会教育の内容を捉える場合、その時代や社会に適した課題を的確に捉えることが必要である。

②　個人の要望と社会の要請の視点から

社会教育の内容を捉える第二の視点として、教育基本法第12条に記述がある「個人の要望」と「社会の要請」の視点がある。

ここでいう「個人の要望」とは、一人一人が自覚して何かを学びたいと考える個人の要求に基づく内容である。これは、人々が学習することを求める課題であることから要求課題ともいう。

このような一人一人の要求課題の実態は、個人を対象とした生涯学習調査によって、その一端を明らかにすることができる。内閣府が令和４（2022）年に行った「生涯学習に関する世論調査」では、「あなたは、これから学習するとした場合、どのようなことを学習したいと思いますか。」という質問において、要求課題の選択肢として、図２-２-１の項目が取り上げられている。

これらは、個人が要求する学習内容の分類であるとともに、個人の要望に基づく社会教育の内容の分類でもある。

一方、「社会の要請」とは、公共的、社会的、現代的な観点から、社会において必要とされる課題のことで、**必要課題**ということができる。社会教育において必要課題を取り上げることの重要性が大きなインパクトとともに示されたのは、平成４（1992）年に出された生涯学習審議会答申「今後の社会の動向に対応した生涯学習の振興方策について」である。この答申は、臨時教育審議会以降、個人の要求に

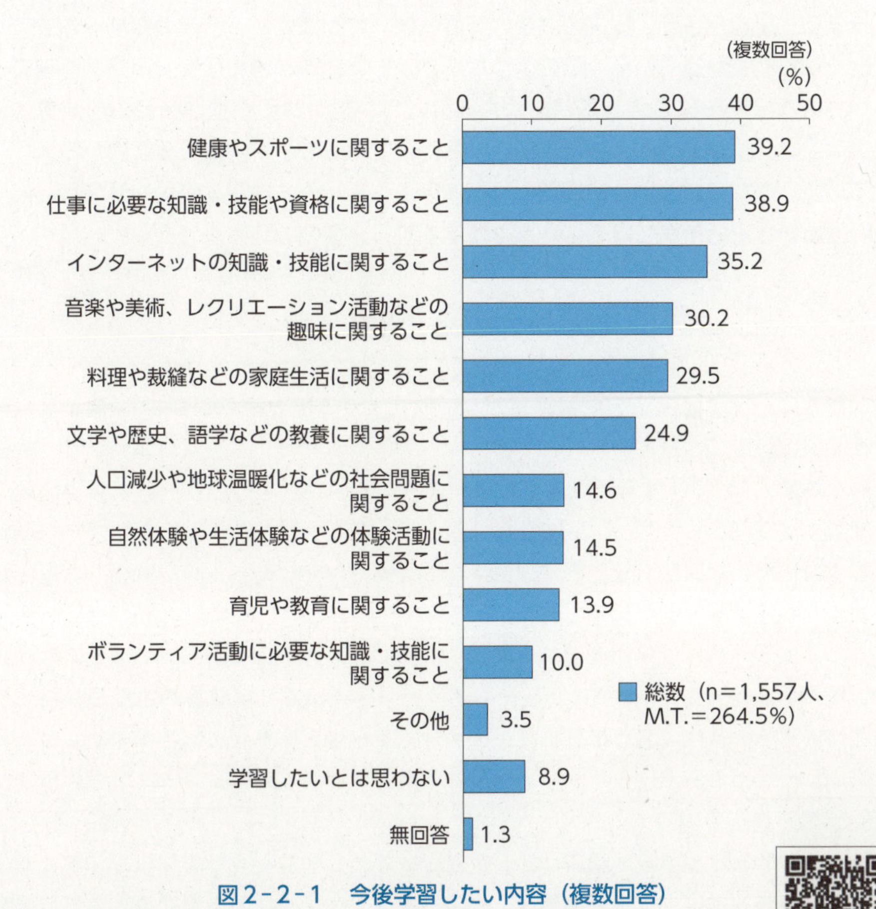

図２-２-１　今後学習したい内容（複数回答）

（出典：「生涯学習に関する世論調査（令和４年７月調査）」（内閣府）（https://survey.gov-online.go.jp/r04/r04-gakushu/2.html））

対応するなど個人尊重の政策が進められてきた中にあって、国や行政として社会の課題に応えた学習機会の充実が必要なことを提起した。ここでは、このような社会の課題のことを「現代的課題」と呼び、その学習の必要性について、答申の中では次のように述べられている。

●参考：現代的課題の学習の必要性について

> 今日の我が国の社会は、（略）、科学技術の高度化、情報化、国際化、高齢化の進展等により、急激な変化を遂げつつある。そのことが人間の生き方、価値観、行動様式を変化させ、従来の生き方、価値観、行動様式が、時代の要請するものとそぐわなくなっている。このようなことから、地球環境の保全、国際理解等の世界的な課題をはじめ、高齢化社会への対応、男女共同参画型社会の形成等、人々が社会生活を営む上で、理解し、体得しておくことが望まれる課題が増大している。ここで言う現代的課題とは、このような社会の急激な変化に対応し、人間性豊かな生活を営むために、人々が学習する必要のある課題である。
> （出典：生涯学習審議会答申「今後の社会の動向に対応した生涯学習の振興方策について」平成4（1992）年）

さらに、現代的課題を学習課題として取り上げる際の観点として、「豊かな人間性」「社会性・公共性」「現代性・緊急性」が挙げられた。これらに基づいて、具体的な課題として、「生命、健康、人権、豊かな人間性、家庭・家族、消費者問題、地域の連帯、まちづくり、交通問題、高齢化社会、男女共同参画型社会、科学技術、情報の活用、知的所有権、国際理解、国際貢献・開発援助、人口・食糧、環境、資源・エネルギー等」が例示された。

ここに示された現代的課題には現在にも通じるものがあるが、今ではここにはない新たな課題も生じている。「社会の要請」の視点から社会教育の内容を検討する際には、その時代における社会性・公共性、現代性・緊急性の観点が求められる。

(2) 学級・講座の内容

社会教育における学級・講座は、公民館をはじめとする社会教育施設などが行うほか、学校の開放講座や大学公開講座、カルチャーセンターなどの民間の生涯学習施設の講座、企業の研修講座など、多様な実施主体によって提供されている。学級・講座

表２-２-１　学級・講座の内容

分野		学習内容
教養の向上		外国語、文学、歴史、自然科学、映画鑑賞、芸術鑑賞（音楽・演劇等）、自然観察・天体観測、その他
	趣味・けいこごと	華道・茶道・書道、俳句・短歌・川柳、将棋・囲碁・カルタ、音楽実技（合唱・演奏・演劇等）、ダンス・舞踊、芸能（日舞・詩吟・民謡等）、美術実技（絵画・版画・彫刻等）、手工芸・陶芸、工作・模型、写真・ビデオ、パソコン・IT、その他
体育・レクリエーション		球技（テニス・卓球・バレーボール・サッカー等）、ランニング・ウォーキング、水泳、武道（柔道・剣道等）、体操・トレーニング・ヨガ・エアロビクス、ニュースポーツ、ゴルフ・スキー・スケート、ハイキング・登山、野外活動、その他
家庭教育・家庭生活		育児・保育・しつけ、くらしの知恵・技術、読書・読み聞かせ、生活体験・異年齢交流、健康・生活習慣病予防・薬品、料理・食品・食生活、年中行事・冠婚葬祭、介護・看護、生活設計・ライフプラン、安全・災害対策、洋裁・和裁・編み物・着付け、園芸（ガーデニング・盆栽等）、その他
職業知識・技術の向上		農業水産技術、工業技術、コンピュータ・情報処理技術、情報リテラシー、経営・経理・事務管理、編集・制作、その他
市民意識・社会連帯意識		自然保護・環境問題・公害問題、国際理解・国際情勢問題、科学技術・情報化、男女共同参画・女性問題、高齢化・少子化、障害者、同和問題・人権問題、教育問題、消費者問題、地域・郷土の理解、まちづくり・住民参加、ボランティア活動・NPO、自治体行政・経営、地域防災対策・安全、その他
指導者養成		施設ボランティア養成、各種リーダー養成、団体育成・運営技術、その他

（出典：文部科学省「令和６（2024）年度社会教育調査の手引」を基に筆者作成）

は、一定の期間に継続的に行われる教育活動の形態の一つで、通常は定員数が決められた中で、指導者による参加者に対する教育や学習支援が行われるとともに、参加者同士の相互の教え合いや学び合いが期待できる。

学級・講座の内容の分類の一例として、文部科学省が行っている社会教育調査における分類を取り上げる。表２-２-１は、令和６（2024）年度の社会教育調査で用いられている学級・講座の内容の分類をまとめた表である。分野には、「教養の向上」「趣味・けいこごと」「体育・レクリエーション」「家庭教育・家庭生活」「職業知識・技術の向上」「市民意識・社会連帯意識」「指導者養成」がある。

(3) 地域課題解決と社会教育

教育の役割には、一人一人の人間形成や人格形成を促すことと、社会形成に寄与することという二つの役割がある。このことは、教育基本法第１条（教育の目的）において、我が国の教育では、人格の完成を目指し、国家及び社会の形成者として必要な資質を備えることが期待されている点からも読み取ることができる。この役割には、学校教育と社会教育の区別はなく、いずれの教育にも当てはまるものである。学校教育の場合は、児童・生徒、学生の人間形成が第一に優先される目的であり、社会形成に寄与する目的は、彼らが将来的に社会の形成者となって達成することが期待されている。社会教育では、学習者一人一人の人間形成と、地域づくりやまちづくりなどの社会形成に資することをその目的として捉えることができる。ここでの違いの一つに、社会形成の目的を達成することが学校教育では将来に猶予されているのに対して、社会教育における社会形成には長いスパンで考えるものと短いスパンでその結果が求められるものがあることが挙げられる。そのため、社会教育では、地域づくりやまちづくりの活動が社会形成につながるように、常に念頭に置くことが必要である。

社会教育の目的である社会形成に寄与することの具体的な取組の一つが、地域課題の解決である。社会教育にとっては、自明とも言える地域課題解決への貢献は、2000年代以降の中央教育審議会答申や文部科学省の研究報告書等において頻繁に登場する。これらのうちで、平成29（2017）年に、学びを通じた地域づくりの推進に関する調査研究協力者会議がとりまとめた「人々の暮らしと社会の発展に貢献する持続可能な社会教育システムの構築に向けて　論点の整理」においては、地域コミュニティに関わる解決すべき地域課題の学習を「地域課題解決学習」と捉え、学びを通じた地域づくりへの貢献を求めた。

また、平成30（2018）年の中央教育審議会答申「人口減少時代の新しい地域づくりに向けた社会教育の振興方策について」では、地域課題解決に取り組む人材の育成や地域課題解決の在り方などが示された。

社会教育において取り上げる地域課題としては、地域活性化、まちづくりや防災の拠点づくりに関わることや、表２－２－１中の「市民意識・社会連帯意識」の分野に取り上げた学習内容について、地域の実態に合わせた学習プログラムを編成し、学習機会として提供することが考えられる。

★法令チェック：教育基本法第一条

（教育の目的）
第一条　教育は、人格の完成を目指し、平和で民主的な国家及び社会の形成者として必要な資質を備えた心身ともに健康な国民の育成を期して行われなければならない。

◆用語解説：地域課題解決学習

地域住民が地域コミュニティの将来像や在り方を共有し、その実現のために解決すべき地域課題とその対応について学習し、その成果を地域づくりの実践につなげる「学び」を「地域課題解決学習」として捉え、社会教育の概念に明確に位置付け、公民館等においてその推進を図ることにより、住民の主体的参画による持続可能な地域づくりに貢献することが求められる。
（出典：学びを通じた地域づくりの推進に関する調査研究協力者会議「人々の暮らしと社会の発展に貢献する持続可能な社会教育システムの構築に向けて　論点の整理」平成29（2017）年より）

2　社会教育の方法・形態と学習の方法・形態

(1)　社会教育の方法・形態

社会教育の内容や対象は範囲が広く、その方法や形態は目的や内容、対象に合わせて、多様に展開されている。社会教育の方法には、例えば、大教室に大人数が集合する形態では、方法が講義法などに限定されるなど、方法と形態が不可分な面もある。そのため、社会教育の方法と形態をあえて分けずに、社会教育の方法・形態という表現をすることが多い。

また、社会教育の方法・形態と学習の方法・形態はそれぞれ異なるため、厳密には区別して捉える必要がある。社会教育の方法・形態は、例えば講義法、投影法、実物提示法など、教育活動としての方法・形態のことをいう。一方、学習の方法・形態は主に社会教育の中や社会教育を通じて行われる学習活動の方法・形態のことである。社会教育では学習者の主体性や多様性を重視することから、以下では、学習の方法・形態について、その分類を示すことにする。

(2) 個人学習

個人学習は、個人が学習目的の達成を目指して、学習媒体を用いて一人で行う学習の形態である。個人学習の利点は、学習者自身の関心や問題をそのまま学習内容として取り上げて、自身に適した方法を選び、自身のペースで学習を進められることである。その一方、個人学習には、学習内容に関する疑問や学習に困難が生じた場合でもその解決は主として学習者自身で行う必要があること、学習の継続には学習者自身の強い意志が求められることなどの特徴がある。個人学習の方法には「施設利用学習」「メディア利用学習」「個人教授による学習」などがある。

①　施設利用学習

施設利用学習は、個人で公民館や図書館、博物館などの社会教育施設等の資料、情報、設備などを利用して計画的に行う学習である。公民館は小学校区や中学校区のエリアに設置されていることが多く、学習者には身近な社会教育施設である。公民館は学級・講座に参加しての利用やグループ・団体での利用が多いが、公民館図書室の利用や所蔵する資料の利用など個人学習による利用の促進が期待される。図書館では個人による資料の閲覧や資料を用いた調査、博物館では個人での作品や展示物の鑑賞などがある。

②　メディア利用学習

メディア利用学習は、主に個人でテレビ、ラジオ、PC、携帯端末、書籍、雑誌などを用いて行う学習である。これには、テレビやラジオの放送を利用した学習やインターネットを活用した学習（PCや携帯端末を利用）、書籍、雑誌、新聞など印刷メディアを利用した学習、録音・録画されたコンテンツをPCや携帯端末等を利用して行う学習などがある。メディアを利用した学習は、比較的、場所を問わずに学習者個人の都合の良い場所を選んで行うことができることに利点がある。

③　個人教授による学習

伝統的な茶道、華道、芸事などの稽古事などの学習に多く用いられる方法で、個人単位による直接的な指導の下で行われる学習のことである。学習者個人の学習の進度や習熟度に合わせて進められるのが特徴である。指導者と学習者が実際に対面して学習が進められるこれまでの形態に加え、現在は指導者と学習者がオンライン上で対面して行われる語学学習なども広がりを見せている。

(3) 集合学習

個人学習に対して、二人以上が特定の場所に集まって行う学習形態を集合学習という。一般的に、集合学習の利点として、１）学習者相互に情報の入手や交換がしやすい、２）学習の動機づけとその継続がしやすい、３）感情の浄化作用があり仲間意識が形成されやすい、４）相互援助により知識や技術の習得がしやすい、５）学習の理解が深まりやすい、などが挙げられる。一方、集合学習の難しい点として、１）自身の学習ペースを全体に合わせる必要がある、２）決められた時間と場所に集合する必要があるなど、個人学習の利点となることが、集合学習にとっては欠点となることがある。

集合学習は、この中で展開される学習形態や学習者のかかわり方の違いによって、集会学習と集団学習に分類される。

①　集会学習

集会学習は、講演会、展示会、映画会、演奏会などのように、その機会だけに集まる集団で行われる学習形態である。通常、集会学習では学習者同士の交流は少ないが、シンポジウムやパネルディスカッション等の集団討議法による学習が展開されると、参加者間での意見交換が行われることもある。

②　集団学習

集団学習は、学級や講座、グループ・サークルなど組織や団体のメンバーが集合し、そのメンバー同士に何らかの関係性が維持、継続される中で継続的に学習が展開されるのが特徴である。具体的な学習形態としては、各種教室、社会教育施設等の学級・講座、各種の体験活動などある。また、PTAや子ども会活動などの団体活動の場面でも集団学習がある。集団学習では、これらの学習形態の中で、学習者相互の学び合いや共同学習などが行われることがその必須要件である。

相互の学び合いや共同学習を展開するためには、学習の場の設定だけでは十分ではなく、集団学習の指導者や団体のリーダーの役割が大きい。彼らには、集合したメンバーを組織化し、学習集団としての学習目標の設定や共有を図る能力やリーダーシップが不可欠である。

(4)　新たな学習方法・形態

社会教育で用いられる学習方法としては、長年、参加型学習の研究とその手法の開発が進められてきた。参加型学習は、社会における様々な問題の解決を目指して、主体的に課題に気付き、学び、その成果を生かして社会参加できるように学習を支援する方法であり、学習者の学習参加への主体性を引き出すための学習支援の方法でもある。参加型学習に有効な方法として、従来からブレインストーミング、ラベル学習、ロールプレイング、ディベート、シミュレーションなどの技法が活用されている。シミュレーションの一形態としてゲームがある。阪神・淡路大震災の経験を生かして開発された「クロスロード」、東日本大震災の被災経験から生まれた「仙台そなえゲーム」など、災害時の対処方法を学ぶゲームがある。最近では金融教育、キャリア教育、SDGsなどの多様な分野においてゲーム教材が開発されている。

また、社会教育の学習方法では、進展する科学技術の活用の可能性はますます高まっている。その一つにVR（バーチャルリアリティ）を活用した学習支援がある。既に博物館での取組は進んでいる。実際に見ることが難しい資料や体験することが難しいことなどをVRコンテンツとして制作し、擬似体験を通じた学習が可能となっている。

さらに、今後の社会教育で用いられる学習方法として、AI（人工知能）の活用には極めて大きな可能性がある。AIを用いることで対話型の学習は飛躍的な進展が見込まれる。また、学習課題の発見や課題解決型学習など、様々な学習場面で学習効果を高めることが期待できる。

（原　義彦）

第３節　日本における社会教育の歴史的展開

1　第二次世界大戦前の社会教育

(1) 明治期

日本では明治維新以降、列強諸国にならった近代化が急速に推進されていった。近代化の重要な取組の一つとして、近代的学校制度の確立が挙げられる。それ以前の藩校や寺子屋などにおける教育の営みは現在の学校と近い部分はあるが、国家レベルで制度的に確立されたものではなかった。統一された「国民」を作り出すための「学校」は、明治維新以降初めて整備が進むこととなる。この近代的学校制度による統一化・標準化された教育の普及は、学校以外の「教育」への注目も同時に生み出していった。「学校だけでは十分に教育の成果が上がらない」「学校では学ばないが、人々が生きていく上で重要な内容をいかに学んでもらうか」など、近代的学校制度以外の様々な「教育」の必要が論じられ、実践されていったのである。すなわち、近代的学校制度の整備に伴って初めて、学校教育以外の組織的な教育活動としての「社会教育」という概念が明確に生み出されていったのである。

行政によって学校以外の場で国民に教育を行う施策は、明治初期から行われていた。代表的なものとしては、文部省（当時）が明治初期から取り組んだ、産業振興や国民啓蒙のための博物館、書籍館（しょじゃく）（後の図書館）、新聞縦覧所の開設などが挙げられる。当時、「社会教育」という概念はまだ使われていなかったが、これらの取組には後の社会教育行政による事業の原型となるものも多く含まれていた。

「社会教育」という語の最初の発案者は明確ではないが、1880年代以降になると、雑誌等でこの語の使用が多く見られるようになる。当時の「社会教育」という語は、論者によって意味合いは微妙に異なっていたが、大まかには正規の学校教育に含まれない多様な組織的教育活動を総称する語として使用されるようになっていった。

明治中期以降、文部行政においても正規の学校教育以外の教育事業が明確に政策領域として意識されるようになった。ただし、明治中期から大正期半ばまで文部省が公式に使用したのは「通俗教育」という語であった。当初「通俗教育」は主に、子供の就学奨励のため親に対して行う教育活動のことを指すことが多かったが、次第に「社会教育」と同様の意味で使用されるようになった。「通俗教育」の語が公式に使われて以降、各地の教育会や教員有志などにより、成人を主対象とした教育普及の場として、講演会や幻灯会などの活動が実施されるようになっていった。

また、日露戦争（明治37～38（1904～05）年）後になると、各地の青年団（青年会）が、特に農村地域における社会教育の担い手として注目されるようになり、その組織化が内務省、文部省双方によって進められていった。

なお、行政以外の民間団体による社会教育の取組も、明治期から盛んに行われていた。知識人の設立した明治前期の啓蒙団体（明六社、交詢社など）、自由民権運動から派生した学習活動（五日市学芸講談会など）、宗教を基盤とした団体（東京基督教青年会、東京婦人矯風会など）等の諸団体による活動は、民間による社会教育事業の先駆と位置付けることができる。また、既に触れた青年団についても、その一部は農村部の青年たちが自発的に結成した青年会が母体となっていた。

(2) 大正期

明治末期には、大逆事件（明治43（1910）年）を契機に、青年に対する思想教育という側面から、文部行政において通俗教育の充実への気運が高まってきた。明治44（1911）年に設置された通俗教育調査委員会は、思想教育を中心とした通俗教育の在り方を中心にしていたものであった。しかし他方で、思想教育以外の様々な知識の普及のための通俗教育の在り方にも、当時注目が集まっていった。

大正期になると、学校以外の教育活動の多様性が更に増すとともに、臨時教育会議（大正６～８（1917～19）年）において、「通俗教育」の更なる推進とそのための体制整備（文部省や地方公共団体への主任官の配置など）が提言された。

また当時においては、「通俗教育」の語が教育内容・方法の通俗性を強調してしまう点が問題視され、それに代わり「社会教育」の語を学校以外の教育活動を包括する語として積極的に使用する動きが生まれた。文部省においては通俗教育を主管する普通学務局第四課が設置されたが（大正８（1919）年）、同課の管掌事項は大正10（1921）年に「通俗教育」から「社会教育」へと変更される。当時、特に「社会教育」の語を積極的に用いたのが同課の初代課長・乗杉嘉壽であった。彼は行政による体系的な社会教育施策を推進する必要を唱えていた。この時期には、府県における社会教育主事の設置、青年団の育成指導、生活改善運動、大学等への委嘱による成人教育講座の開催など、文部行政の主導による社会教育事業の拡充・整備が進んでいった。

また大正期以降、青年団だけでなく、処女会や婦人会など国民を属性毎に束ねる地域団体や、思想・道徳教育を目的に設立された教化団体の育成とその組織化に、行政（内務行政、文部行政）がより深く関わるようになった。

◆用語解説：青年団（青年会）、処女会、婦人会

一般に、「青年団」という場合、明治末期（日露戦争以降）から行政の推進の下に設置された各地の青年（第二次世界大戦前においては専ら男子）団体を主に指す。これに対して「青年会」という場合は、日露戦争以前に各地で自発的に結成された団体を主に指す。明治期における青年会は、夜間に農村青年が学習を行う夜学会などを母体として各地に組織されていった。これらは、近世から地域に存在した若者集団を母体としたものもあれば、新たな団体として組織されることもあった。日露戦争以降、これらの団体が果たす軍事後援の役割が注目され、内務省、文部省の働きかけにより、全国的に青年団の組織化と系統化（連合組織の結成）が進められていった。

未婚女子の地域団体（処女会）、既婚女子の地域団体（婦人会）は、青年団よりも遅れて、大正期以降に行政による働きかけが活発となる。処女会は昭和期に入ると女子青年団と呼称されるようになり、後に青年団と統合されていった。

◆用語解説：教化団体

近代日本、特に第二次大戦前において多く使われた教化（または社会教化）という語は、社会教育の取組の中でも特に、国民の思想の健全化、道徳心の向上など、国家・行政や社会の要請に合致するように個々人、集団に働きかけるものを指す。教化団体とは、社会教化に取り組む戦前の民間（あるいは半官半民の）諸団体である。近代以降、代表的なものとして中央報徳会、日本弘道会、修養団などが挙げられる。当時、青年団や婦人会のように構成員のみを働きかけの対象とする団体は、教化団体には含まれないものと基本的に考えられていた。大正期以降、内務省、文部省によって教化団体の活動支援と組織化が進められていった。

これらの団体を動員して農村地域復興や国民への思想宣伝・教育を目指す運動も行われた。既に明治後期には日露戦争後の農村荒廃や社会不安を背景として地方改良運動が行われていたが、大正期以降としては、第一次世界大戦後の経済不況を背景に行われた民力涵養運動、昭和初期の経済不況下で行われた教化総動員運動や国民更生運動、国民精神総動員運動（後述）などが挙げられる。

その一方で、婦人解放運動、救貧活動などに伴う集団的な学習活動（新婦人協会、

東京帝国大学セツルメントなど）や、高等教育機会に恵まれない青年層を対象とした大学拡張運動（自由大学、木崎夏期大学など）など、民間主導の社会教育事業も活発に行われていた。

(3) 昭和戦前・戦中期

昭和４（1929）年には文部省において社会教育課が拡充する形で社会教育局が設置された。社会教育局は、教化総動員運動（昭和４（1929）年から開始）、国民更生運動（昭和７（1932）年から開始）、国民精神総動員運動（昭和12（1937）年から開始）など、生活の倹約や思想引締めなどを図る運動を、青年団や婦人会などを動員して推進していった。社会不安の高まりや対外戦争などの国際的緊張に際して、社会教育行政はこのような運動を通じて、国民が反体制的な思想をもたず、経済的苦境を乗り切るよう指導することを目指した。その後、戦時中に社会教育局は教化局に統合され（昭和17（1942）年）、その翌年には教学局に統合される。この時期の社会教育行政の施策は、行政組織簡素化の要請を受けて、学校教育の施策、及び、戦意高揚のための文化政策（映画、音楽、演劇など）の一部として再編されていった。

総じて昭和戦前・戦中期には、体制維持のために国民の生活や思想を導く社会教育が重視されていた。しかし他方で、自由意思に基づく自学自修を社会教育の根源的要素と考えた川本宇之介（文部官僚等を務める）や、社会教育を知識や価値観の一方的な伝達ではなく、人々の相互教育の過程として捉えた田澤義鋪（内務官僚等を務める）や下村湖人（作家であり青年団運動の指導者でもあった）など、第二次世界大戦後の社会教育行政の理念にもつながる考え方が、ある程度この時期に提示されていたことも注目される。

2　第二次世界大戦後の社会教育

(1) 戦後初期

大戦直後、占領下における教育制度改革の中で、社会教育に関わる制度は大きな転換を遂げた。昭和21（1946）年には、当時の文部省公民教育課長・寺中作雄（後に社会教育課長、社会教育局長などを務める）が「郷土振興の中核機関」として構想した公民館の設置が、文部次官通牒「公民館の設置運営について」やその普及版である『公民館のしおり』、また寺中自身の著作である『公民館の建設』などに基づいて全国各地で推進されていった。寺中が構想した公民館は、単に地域における社会教育を奨励するというだけでなく、国民の「自己教育」「相互教育」に基づく活動を理念の根幹に置く、地域振興の総合的な拠点としての在り方であった（寺中構想）。

また昭和23（1948）年以降、GHQ内の民間情報教育局（Civil Information and Education Section：CIE）と文部省共催の形で、教育指導者講習会（Institute for Educational Leadership：IFEL）が実施されている。その一環として社会教育に関しては青少年指導者講習会が開催され、アメリカのグループワーク理論が日本の社会教育関係者らに紹介されている。また同じく昭和23（1948）年以降、CIE映画とそれを上映するためのナトコ映写機が全国に貸与され、占領政策の一環として当時の国際情勢と民主化に関する日本国民への啓蒙を行うために全国で上映された（いわゆるナトコ映画）。このように、アメリカを中心とする占領体制における施策は、当時の各地の社会教育事業・実践にも少なからぬ影響を与えている。

法制面での変化を見ると、教育基本法（昭和22（1947）年）の制定を受けて、社会教育行政の基本原則と地方公共団体や国の社会教育推進における役割を具体的に規定した社会教育法が、昭和24（1949）年に公布・施行された。同法においては、占領下における民主化政策の方針を受ける形で、社会教育行政はあくまで人々が学習活動を自発的に行うための環境醸成を行うものとして位置付けられ、行政の統制的役割は完全に否定されることとなった。この性格は特に、教育委員会による社会教育関係団体への指導・助言を団体の「求めに応じ」たものとする規定（第11条）、地方公共団体等による社会教育関係団体への統制的支配・干渉の禁止（第12条）、地方公共団体等による社会教育関係団体への補助金交付の禁止（旧・第13条）など、行政と民間団体活動との関係に関する規定に明確に表れていた。また、同法の条文の約三分の一が公民館関連の規定に割かれ、社会教育行政の事業における基幹的施設としての公民館の位置付けが明確となった。その後、同法に関連する法律として、図書館法（昭和25（1950）年）、博物館法（昭和26（1951）年）が相次いで制定される。また、昭和26（1951）年の社会教育法改正では、社会教育主事に関する規定が新たに設けられた。このように戦後には、戦前には確立されていなかった社会教育行政の法律的基盤が整備されていった。

その一方で、社会教育行政、特に公民館で実施されていた事業の多くは、農村部の共同体的な結び付きや、戦前から引き続き存続していた青年団、婦人会などの地域団体をその活動の基盤としていた。すなわち、戦前から続く社会的基盤に依拠しつつ、新たな理念に基づいた社会教育行政の事業が試みられるようになったのが戦後初期の特徴であった。

この時期にはまた、「民主化」「文化国家建設」の理念が叫ばれる中、知識人主導による文化運動や、地域の青年団による文化運動が興隆した。これらの興隆は一時的なものであったが、敗戦直後における人々の学習への渇望を顕著に反映したものであった。さらに1950年代には、農村の青年団などが地域・生活に直結した課題を扱う共同学習運動や、地域・職場のサークル活動など、小集団による学習活動が、社会教育行政の事業とも接点を持ちつつ各地で見られるようになった。

(2) 高度成長期

戦後間もなく、高校非進学者を主対象とした青年学級が公民館や青年団と連携しながら各地で開催されるようになり、地域における社会教育の重要な一翼を担っていた。昭和28（1953）年には青年学級振興法が制定され、行政による青年学級の振興が積極的に進められた。ただし同法に対しては、柔軟で自由な青年学級の活動を阻害するという批判も存在した（平成11（1999）年に同法は廃止）。また、昭和34（1959）年には、市町村において社会教育主事が原則必置となり、また行政による社会教育関係団体への補助金支出が解禁される（“no support, no control”から“support but no control”への転換）など、社会教育法において重要な改正が行われた。ただしこの改正に対しても「行政による団体への統制をもたらす」との批判が存在した。

占領終了後における社会教育に関連する法の制定・改正に対するこれらの批判については、もちろん当時の政治的左右対立もその背景にあった。ただし、社会教育行政の在り方という観点から見れば、学習者の自由を重視して行政による関与を最小限に留めるか、または、社会教育の振興のために行政のより積極的な関与を認めるか、という考え方の違いを反映したものでもあった。

その後、高度経済成長に伴い、都市への人口集中と農村の人口減少が急速に進み、それとともに都市における人々の共同性の欠如の問題、公害問題、居住環境の未整備等を背景とした住民運動の動きが顕在化する。これを背景として都市における社会教育施設の設置が進むとともに、コミュニティづくりや個別的学習形態に対応した学習支援など、都市における社会教育の在り方に注目が集まるようになっていった。

(3) 昭和後期

高度成長による地域社会の変貌、高学歴化による学習ニーズの高まりと多様化、1960年代半ばにユネスコで提唱された「生涯教育」理念の影響を受けて、日本でも社会教育行政の在り方に対して大きな転換が求められるようになった。

昭和46（1971）年の社会教育審議会答申「急激な社会構造の変化に対処する社会教育のあり方について」では、社会教育を従来行政が行ってきた範囲にとどまらない、幅広い学習を含むものへと考え方を転換させること、「生涯教育」の観点から家庭教育・学校教育・社会教育の有機的協力関係、体系化を目指すこと、社会教育施設の整備、社会教育指導者層の拡充（指導者の発掘、行政職員の増員）などが提唱されている。派遣社会教育主事に関する国庫補助の開始（昭和49（1974）年から開始）もこの延長線上にある。

一方で1970年代前半には、社会教育行政と（旧）自治省が主導するコミュニティ政策との競合が生まれるようになった。1960年代末から展開されてきたコミュニティ政策の一環として、住民管理を基本原則とするコミュニティセンターの設置が昭和46（1971）年以降推進されていったが、この過程で「公民館のコミセン化」（＝社会教育職員設置の廃止）を進める自治体も現れた。コミュニティレベルの施設に関する考え方が住民自治と社会教育行政の間でせめぎ合う状況は、今日に至るまで続いている。

その後、「生涯教育」に代わり人々の学習への自発性をより強調する「生涯学習」の語が、1980年代に注目されていった。昭和56（1981）年の中央教育審議会答申「生涯教育について」では、人々が自発的意思に基づいて行う「生涯学習」と、それを支援するために教育制度全体が拠って立つべき理念としての「生涯教育」、という区別が提示されている。また、昭和59（1984）年から昭和62（1987）年にかけて設置された臨時教育審議会では、四次にわたる答申の中で、学歴社会の弊害を取り除き、「生涯学習社会」を構築していくことの必要が提言された。「生涯学習」はこの時期以降の社会教育行政が掲げる新たなキーワードとなり、文部省の組織変更（社会教育局から生涯学習局へ）、多くの地方公共団体における社会教育関係部署の改称（「社会教育課」から「生涯学習課」へ）、民間事業者を活用した地域生涯学習振興基本構想の作成等を定めた、生涯学習の振興のための施策の推進体制等の整備に関する法律（生涯学習振興法、平成２（1990）年）の制定などにも影響を与えた。また1990年代には、教育委員会だけでなく自治体内の関係部署・機関や民間事業者などを包含した生涯学習推進体制の計画化が、各地の自治体で進められた。

これらの一連の動きの背景には、まず1970年代から80年代にかけての人々の学習ニーズの拡大・多様化、またそれに対応したカルチャーセンター等の民間教育産業の拡大が挙げられる。これに加え、松下圭一『社会教育の終焉』（昭和61（1986）年）のように時代変化に伴って社会教育行政の役割は既に失われたとする議論の登場や、先述のコミュニティ政策との競合という状況も、社会教育行政が時代の変化への明確な対応を求められる要因となっていた。これらの動向を背景として、自発的な学習を幅広く支援することを前面に掲げた「生涯学習」が、社会教育行政の新たな指針とされるようになったのである。

(4) 平成・令和以降

「生涯学習」の指針の下に拡充が目指されてきた社会教育行政は、1990年代半ばから深刻となる自治体の財政難に伴い、大きな試練に立たされるようになった。この傾向は、平成11（1999）年の地方分権一括法や、平成15（2003）年の地方自治法改正による社会教育施設への指定管理者制度の導入、平成17～18（2005～06）年をピークとする「平成の大合併」などを経て加速していった。地方分権と財政難の動向は概して、社会教育行政に求められる最低限の条件整備を掘り崩す方向につながってきた。例えば、派遣社会教育主事に関わる国の助成制度が終了（平成10（1998）年）したのち、自治体において原則必置であるはずの社会教育主事の設置率が急減していったことが挙げられる。

このような政策的背景の変化に伴い、社会教育行政には単に人々の学習を支援・推進する意義だけでなく、その事業が公共性にかなったものであることを明確に示す必要が求められるようになった。教育基本法の改正（平成18（2006）年）とそれに伴う社会教育法の改正（平成20（2008）年）では、社会教育における学習成果の活用に関する規定が新たに加わった。平成20（2008）年の中央教育審議会答申「新しい時代を切り拓く生涯学習の振興方策について～知の循環型社会の構築を目指して～」では、個人の学習の成果が社会に還元されることで社会全体の持続的な教育力を向上させていくことが提唱された。

また、学校との連携、子供の学びの支援や地域・学校の連携・協働への貢献という形で公共性を提示する方向へと社会教育行政がシフトしつつあるのも、2000年代以降の特徴である。例えば、放課後子供教室事業（平成19（2007）年～）や学校支援地域本部事業（平成20（2008）年～）の推進、地域学校協働活動の提唱（平成27（2015）年の中央教育審議会答申「新しい時代の教育や地方創生の実現に向けた学校と地域の連携・協働の在り方と今後の推進方策について」）等が挙げられる。またこれらに伴って法律の面では、社会教育主事の指導・助言の対象が社会教育関係団体等の協力を得て教育活動を行う学校にも拡げられ（社会教育法第9条の3改正、平成20（2008）年）、さらに地域学校協働活動に関する規定が追加される（同法第5条第２項及び第６条第２項、第９条の７、平成29（2017）年）などの改正が行われた。

このように近年においては、単に人々の生涯にわたる学習への支援という意義だけでなく、学習支援がどのような貢献を学校教育、子供の学びに対して果たせるか、また、地域社会、社会全体に対して何を還元できるか、といった意義にまで踏み込むことが社会教育行政に求められるようになっている。

さらに近年では、社会教育主事講習等規程の改正（平成30（2018）年公布、令和２（2020）年施行）に伴い、社会教育主事となる任用資格の取得者に「社会教育士」の称号が付与されることとなった。従来、自治体の社会教育行政職員や学校教員などでなければ、同資格を活用できる場がなかったのに対し、この制度改正は、社会教育を専門的に学んだ者が、一般行政、地域団体、企業、NPOなど様々な場でその学習成果を活用することを期待して行われたものである。同時にこの制度改正は、「社会教育」「社会教育主事」に対する社会的な認知度を底上げしていく役割も期待されていると言える。

（久井　英輔）

第4節　諸外国における社会教育の歴史的展開

日本の「社会教育」は英語では social education と翻訳されることが多いが、英語圏では、non-formal education（ノンフォーマル教育）、community education（地域教育）、out-of-school education（学校外教育）、popular education（民衆教育）、もしくは対象により adult education（成人教育）、youth education（青少年教育）などと表現されることもある。アジアに目を向けると中国では「社区教育」、台湾では「社會教育」という用語が用いられている。本稿では、これらの学校教育以外の組織化された教育活動を「社会教育」として捉えていきたい。

以下ではヨーロッパを中心に、現代につながる多様な社会教育の機会が形成された16世紀後半から19世紀までを概観した後、20世紀における諸外国での社会教育の展開と、21世紀の諸外国の社会教育の位置付けについて明らかにしていく。

1　欧米における社会教育の形成と発展

(1) キリスト教会による啓発活動

16世紀中頃、ドイツ、イギリス、北欧などのヨーロッパでは、宗教改革によって教会は国教会となり、より多くの人々に影響力を行使することができるようになった。聖職者には、信仰だけでなく、法律等の公文書を伝達し、人々の出生の登録を行うとともに、生活面の規律や道徳を教える教育者としての役割が求められるようになった。また、活版印刷術の発明の後、プロテスタント派の教会では聖書が普及し、聖書こそが神との直接対話の手段と考えられるようになり、民衆への読み方の教育が重視された。プロテスタントに改宗した国々では、ルターの教義問答書等の宗教的内容の書籍が、子供から大人まで全ての人々を対象とする啓発と教育のための重要な教材として機能するようになる。

(2)「市民」の出現と啓発

18世紀後半にフランスで初めて刊行された百科全書は、新しい知識と思想を集大成し、分かりやすく示すことで、聖書と教会に対抗した。この時代の先導的な思想家であり劇作家であったフランスのヴォルテール（1694～1778）は、カトリック教会の非合理的な神への崇拝を批判したが、それはキリスト教そのものを否定するものではなく、理性の重要性を主張するものであった。人々は公の場で理性を行使する権利と言論の自由を求めた。特に、封建社会の中で特権を持つ貴族に圧迫されてきた新興市民階層が、公の場で国家と教会、個人と社会、啓発と教育等の諸問題について討論する権利を求めるようになった。そこで、都市部においてコーヒーハウスやカフェが、人々の討論の場として重要な役割を果たすようになる。

イギリスでは、既に1650年に、オックスフォードに初のコーヒーハウスが登場している。コーヒーハウスには、コーヒー豆の輸入とともに入手された異国の珍しい品々が陳列され、お金を払いさえすればどのような身分の人でも出入りし、様々なテーマのレクチャーや討論に参加することができた。イギリスでは、同時期に公共の博物館や図書館も創設されたが、コーヒーハウスの中には、討論クラブを設置し、討論のテーマに応じて資料や書籍を集め、町の博物館や図書館として機能していたものもあったという。さらには、実験室やコンサート・ルームを併設しているコーヒーハウスも現れた。

18世紀末になると、人間の人格形成において遺伝と環境のどちらが重要かという教育学の論争が注目を集めた。イギリスの思想家ジョン・ロック（1632～1704）による、人間は「タブラ・ラサ（何も書かれていない白紙）」であり、人は人生を運命付けられて生まれるのではないという説は、18世紀の教育学に大きな影響を与えた。この啓蒙主義思想の時代に、教会と宗教の力は次第に弱まり、社会をまとめる上で国家と国民性が重要性を増し、国家の重要な要素として学校が教会の地位と替わっていった。国の社会・経済の改革を成功させる上で善良な市民、役に立つ市民を育てる教育が重要な役割を果たすとの信念の下に、各国で子供のための義務教育の制度化が進められた。それとともに、成人に対する基礎教育を行う夜間学校が組織されるようになる。

(3)「国民」の形成のための民衆教育の展開

19世紀の初頭になると、それまで格下に見られていた一般大衆が、啓発の対象として重視されるようになる。「フォーク・ソング」という言葉を初めて用いたヨハン・ゴットフリート・ヘルダー（1744～1803、東プロイセン生まれの哲学者）の影響により、ヨーロッパ全土で民俗学の研究が流行した。その代表的なものがドイツのグリム兄弟により編纂（へんさん）された民話集である。他のヨーロッパ諸国でも、民衆（folk）の精神を賞賛する詩が創られ、歴史家による国民的英雄の発掘・再評価が進み、国民感情と愛国心を高揚する音楽や絵画が制作された。この民衆に対する新しい理解は、教育に多大なる影響を及ぼした。ルソーの思想に影響を受けたヘルダーは、「人間形成（Bildung）」という概念を提起することにより、人の内なる潜在力を実現することの重要性を主張した。人間形成の概念とともに、ヘルダーは、各国の国民性は、自然に受け継がれるものではなく、学習しなければならないものであるとし、国語と歴史の学習の重要性を強調した。ヘルダーのこの人間形成の概念は、まずドイツ教育学に導入され、文化政策にも影響を及ぼした。続いて、北欧に波及し、デンマークでは、「民衆啓発（フォルケオプリュスニング）」という言葉が生まれた。N・F・S・グルントヴィ（1783～1872、デンマークの宗教家、詩人、歴史家、言語学者）の提唱した成人青年のための寄宿制の国民高等学校（フォルケホイスコーレ）が重要な役割を果たすようになる。国民高等学校は、高等教育を受ける機会が開かれていなかった一般民衆、特に農民のために、カリキュラム編成や学校運営を自主的に行い、対話を重視した教育方法を取り入れ、試験や成績評価を排除した、新しいタイプの教育機関として創設された。国民高等学校はその後、スウェーデンをはじめ周辺諸国に広まっていった。

これに対し、英米では、18世紀後半に、アダム・スミスらにより、全ての個人には国家の存立以前から自然権がある、とする考えに立脚し、国家の権力とは独立した存在として「市民社会」と「市場」を位置付けていた。このため、英米では、広く社会教育の対象として、「民衆」よりも個人の集まりである「市民社会」（団体、組合等）が視野に入れられた。アメリカでは、ジョシア・ホルブルック（1788～1854、米マサチューセッツ州の教育者）が、成人が共に自然科学や時事問題を学び交流するアソシエーションである「アメリカン・ライシアム」（Lyceum はフランス語で中等教育機関を指す「リセ」と同義）を普及させようとした「ライシアム運動」がよく知られている。その一方で、移民や都市の労働者など主に低所得者層を対象とした市民教育等を組織的に行う機関として夜間学校や日曜学校が重要な役割を果たしていた。

(4) 労働者の啓発

イギリスでは産業革命の進展に伴い、工場の経営者が労働者とその家族のために教育を行うようになる。また、仕事を求めて都市部に流入する貧しい若者のためのユースワーク団体が組織されるようになる。1844年にはその最初の団体としてロンドンで YMCA（Young Men's Christian Association）が設立され、クラブにおける余暇活動や宗教活動とともに体育、道徳教育を含む教育活動を行った。その後、禁酒運動のための学習活動などを行うキリスト教系の団体が増えていった。

1848年にマルクスとエンゲルスの『共産党宣言』が刊行されると、人々の啓発の基礎に科学と階級闘争の概念が加わり、労働者が夜間学校などで、国の歴史や文学よりも経済や社会の現状について学ぶことで科学的知識と批判力を身に付けることが重視されるようになる。また、芸術を中心に据えた人格形成のための社会教育活動も盛んになっていく。

さらに19世紀末には、欧米各国で労働者のための大学拡張講座（公開講座）が出現した。イギリスのケンブリッジ大学では、1873年に「地方講義のための機関」を設置し、大学拡張講義を開始した。またイギリスでは、労働者教育協会（WEA）が、大学と労働運動を結び付け、労働者のための大学拡張講座を発展させた。アメリカでは、イギリスの影響を受け、1890年代に大学拡張が急速に普及した。1891年にはフィラデルフィアで全米大学教育拡張協会が初会合を開催した。また1892年に創立されたシカゴ大学は、大学の知を一般大衆に広めることを目的として、巡回講義、移動教室、通信教育などを導入した。

2　20世紀における社会教育の普及と生涯学習

20世紀初頭のヨーロッパでは、各国でキリスト教会、労働組合、政治団体等により様々な学習団体が結成され、成人一般や青少年を対象とする学習活動が組織された。社会民主主義を標榜（ひょうぼう）する政党が勢力を増した国々では、国が労働者の教育を積極的に支援するようになった。例えばスウェーデンでは1912年、デンマークでは1924年に労働者教育協会が開設され、これを拠点に、スタディ・サークル、連続講座、夜間学校、国民高等学校等の組織的教育活動が展開された。

その後、ヨーロッパにおけるナチズムの台頭により、社会教育の様相も変わってくる。ナチス・ドイツでは、全体主義体制の下で国民教化のための社会教育が展開された。ソ連を筆頭とする社会主義諸国においても同様の傾向が見られた。

第二次世界大戦後、社会教育は社会の民主化と平和構築のための重要な要素として再び注目を集めた。ユネスコ教育計画研究所（IIEP）の所長だったフィリップ・クームス（1915～2006、米国出身の教育者）は1968年にその著書『世界の教育危機』において、一定の時間、場所と教材を用いて、資格のある教員が、意図的、体系的に知識、技能並びに態度を伝達するスタイルの教育活動である「フォーマル教育」と、家庭や地域社会などの多様な状況の下で、偶発的に態度、知識、技能等が伝達される「インフォーマル教育」の中間に位置する教育として、子供から大人まで、様々な人々を対象に、学校教育以外の場所で、特定の領域の学習機会を提供する組織的な教育活動である「ノンフォーマル教育」があることを示した。1970年代には、イヴァン・

イリイチ（1926～2002、オーストリア出身の哲学者）の「脱学校論」の影響もあり、社会の変化への対応に遅れている学校教育への不信感を背景に、各国で農村の開発や貧困層のためのノンフォーマル教育への関心が高まった。国際機関や先進諸国による国際教育協力活動を通じて、欧米型の社会教育はラテン・アメリカをはじめアフリカ、南アジアの開発途上国にも普及していく。

1970年代中頃から、欧米では、学校教育においても社会教育においても、「個」が重視されるようになり、「個人主義化」が進んだ。1990年代におけるグローバル化の進展とともに、社会・経済の急激な変化に対応するため、強い「個」の確立がますます求められるようになった。こうした中で、欧米では、地球環境問題や異文化理解、現代人の心の問題等に、ワークショップやカウンセリングの手法を取り入れた成人教育や自己啓発が盛んになっていった。さらに変容する雇用環境に対応した知識や技能の学習を各個人のニーズに合わせて提供するため、社会教育における職業訓練の要素が強化された。1990年代後半からの「生涯学習」概念の普及により、この傾向は強まっていった。

3　21世紀の生涯学習と社会教育の位置付け

2015年9月に国連総会において採択された「2030年を目標年とする17の持続可能な開発目標（SDGs）」の教育と生涯学習に関する目標4の達成に向けて、ユネスコが、同年11月に定めた「SDG4-Education 2030行動枠組」には、「フォーマルな学校教育を補足し補充するために、適切なリソースとメカニズムのあるノンフォーマルな道筋と、ICTの使用を含む刺激的なインフォーマル学習を通して、広範で柔軟な生涯学習機会が提供されるべきである」と記されており、ノンフォーマルな社会教育が生涯学習の重要な構成要素として位置付けられている。これを通して習得すべき具体的な知識と技能については、下記のとおり、SDG4のターゲット4.6と4.7に示されている。

●参考：持続可能な開発目標4（すべての人に包摂的かつ公正な質の高い教育を確保し、生涯学習の機会を促進する）

ターゲット4.6

2030年までに、すべての若者及び大多数（男女ともに）の成人が、読み書き能力及び基本的計算能力を身に付けられるようにする。

ターゲット4.7

2030年までに、持続可能な開発のための教育及び持続可能なライフスタイル、人権、男女の平等、平和及び非暴力的文化の推進、グローバル・シチズンシップ、文化多様性と文化の持続可能な開発への貢献の理解の教育を通して、全ての学習者が、持続可能な開発を促進するために必要な知識及び技能を習得できるようにする。

（出典：「我々の世界を変革する：持続可能な開発のための2030アジェンダ」（外務省仮訳）より）

（澤野　由紀子）

※本節の年号表記については、和暦での表記を割愛している。

第5節　社会教育の基本法令と施策の動向

1　社会教育関係法令の概要

第二次世界大戦後の教育施策に関する重要事項については、国会において審議された「法律」という形式をもって定める、いわゆる「法律による行政の原理」が徹底されるようになり、社会教育行政についても、法律に根拠を得て実施されることとなった。

昭和22（1947）年に制定された教育基本法において、社会教育に関する規定が設けられ、また翌年に制定された教育委員会法（昭和31（1956）年制定の「地方教育行政の組織及び運営に関する法律」により廃止）では、第49条の教育委員会の事務に「社会教育に関すること」と記載されたが、その具体的事務に関する規定がなかったことから、翌昭和24（1949）年に社会教育法が制定されたという経緯がある。

(1) 教育基本法

上述のとおり、戦後間もなく制定された教育基本法は、後述する教育改革国民会議の提言を受け、平成18（2006）年、約60年ぶりに全面改正された。改正法では、学校教育、社会教育を通じた教育に関する基本的事項とともに、新たに生涯学習の理念についても規定された（第３条）。社会教育については、第12条に規定されており、特筆すべきは「個人の要望」と「社会の要請」という文言が盛り込まれたことである。社会教育は、余暇活動を豊かにするなど各個人の様々な学習需要に対応する一方で、「国家及び社会の形成者」（第１条）として学ぶ必要がある、例えば地球環境問題や防災など現代的課題とも言われる社会からの多様な要請にも対応するものであることが明らかにされた。

その他社会教育に関連する条文としては、家庭教育に関する規定（第10条）や学校、家庭及び地域住民等の相互の連携協力に関する規定（第13条）が設けられた。

なお、社会教育は教育の領域の一つであり、教育全体に関わる第１条（教育の目的）や第２条（教育の目標）等は、当然、社会教育にも適用されることになる。

(2) 社会教育法

社会教育とは、「『学校外で行われる教育』のことである」と言われると、何か腑に落ちない気分になる。我々の多くは学校教育を経験し、「学校教育とは何か」と改めて問うことはないが、「社会教育とは何か」という問いは、初めて社会教育に関わった者にとっては、まずそこで突き当たる疑問かもしれない。

社会教育行政担当者にとって「学校外で行われる教育」を扱うとなると、世の中には教育の場面があまたある中で、行政はどこまで対応するのかといった問題意識を持つことになる。また、社会教育は「相互教育」だと言われることがあるが、こうなると教育とは何かといった本質的な部分まで頭をめぐらせることとなり、ますます混乱してしまうことにもなる。この辺りは今村武俊編著『新訂社会教育行政入門』（第一法規、1975年）が参考となる。

そこで、社会教育行政の仕事を進める上でよりどころになるのが「社会教育法」である。この法律では、都道府県及び市町村教育委員会の事務について規定（第５条及び第６条）されており、社会教育行政担当者だけでなく社会教育に携わる者は、本法律を十分に学習する必要がある。そのほか社会教育関係団体、社会教育委員、公民館、学校施設の利用、社会通信教育などが規定されているが、ここでは、社会教育法を理解するための基本的事項を説明する。

①　社会教育法の目的

第１条では、この法律の目的が行政の任務を明らかにすることであると規定されており、その任務は第３条に規定されている。特に、制定当初から変更のない条文が第３条第１項である。ここで規定されている「すべての国民」、「あらゆる機会」、「あらゆる場所」、「自ら」、「実際生活」、「文化的教養」、「環境醸成」という文言が社会教育法の精神を表しているキーワードになると言って良いだろう。その中で、学習者の「自主性」や「自発性」を重視するという点で社会教育の精神を象徴的に表わしているのが、「自ら」であることを強調したい。

社会教育行政は、人々の自らの意思で学びたいという思い（個人の要望）をどう実現させていくか、そして、社会の要請との兼ね合いをどう図っていくか、その点を意識して仕事をしていく必要がある。

②　社会教育法の定義

社会教育とは「学校外で行われる教育」と述べたが、社会教育法ではもう少し詳しく説明されている。社会教育法第２条では、社会教育の定義について規定されており、

・学校の教育課程で行う教育は除く
・社会教育の対象は、主として青少年と成人

・組織的な教育活動
・いわゆる座学だけではなく、体育やレクリエーションも含まれる

と整理することができる。「法律は生き物である」と言われる。社会教育法は昭和24（1949）年に制定されたが、この間、社会は大きく変貌を遂げた。社会教育の対象は「主として」と前提はあるが、当時は青少年や成人が念頭におかれていた。今では高齢者、女性、乳幼児、障害者といった様々なカテゴリーが存在し、そこに焦点を当てた施策が展開されている。逆に青少年や成人が対象とされていた当時の施策はどうであったか。なぜ、この両者だけが法律に盛り込まれたのか。社会教育法制定のねらいはいったい何だったのか。このような点にも興味を持つと、社会教育の理解を更に深めることができるだろう。（興味がある人は「国会会議録検索システム」が参考となる。）

また、社会教育法第２条では、「この法律において」という条件の中で社会教育が定義されていることにも留意する必要がある。世の中には、多くの社会教育活動（組織的な教育活動ではない活動など）が存在しているが、法律ではそれらを含めた社会教育そのものが定義されているものではないということになる。我々は、「社会教育」といった場合、これは法律に基づいたものなのかどうかを意識していくことが大切になる。

(3) 行政組織に関する法律

①　国の組織及び所掌事務

社会教育行政を専ら担う行政組織は、国は文部科学省であり、地方公共団体は教育委員会となる。文部科学省は、国家行政組織法第３条第２項「行政組織のため置かれる国の行政機関は、省、委員会及び庁とし、その設置及び廃止は、別に法律の定めるところによる」の規定を受け、文部科学省設置法に根拠を得て設置されている。同法第４条では、文部科学省の所掌事務について規定されており、社会教育関係では第32号「社会教育の振興に関する企画及び立案並びに援助及び助言に関すること」などの規定がある。

②　地方公共団体の組織及び所掌事務

ア　教育委員会の組織

教育行政を専ら担う地方公共団体の組織は教育委員会である。教育委員会は、地方自治法第180条の５において地方公共団体に置かれる執行機関の一つとして位置付けられ、さらに第180条の８において「教育委員会は、別に法律の定める

ところにより、学校その他の教育機関を管理し、学校の組織編制、教育課程、教科書その他の教材の取扱及び教育職員の身分取扱に関する事務を行い、並びに社会教育その他教育、学術及び文化に関する事務を管理し及びこれを執行する」との規定を受け、この「別に定める法律」である「地方教育行政の組織及び運営に関する法律」（以下「地教行法」という。）では、教育委員会の具体的業務等について規定されている。

イ　社会教育行政の所管

教育委員会の職務権限は、地教行法第21条で明文化されており、その中で社会教育については、第12号で「青少年教育、女性教育及び公民館の事業その他社会教育に関すること」と規定されている。また、国と地方公共団体及び都道府県と市町村との関係で必要な指導、助言、援助ができる規定が設けられ、例示として「青少年教育、女性教育及び公民館の事業その他社会教育の振興並びに芸術の普及及び向上に関し、指導及び助言を与えること」（第48条第２項第６号）や「指導主事、社会教育主事その他の職員を派遣すること」（同第８号）が規定されている。

また、第30条では、「地方公共団体は、法律で定めるところにより、学校、図書館、博物館、公民館その他の教育機関を設置するほか、条例で、教育に関する専門的、技術的事項の研究又は教育関係職員の研修、保健若しくは福利厚生に関する施設その他の必要な教育機関を設置することができる」とし、公民館等の教育機関は教育委員会の所管となっている。教育機関については、その設置、管理や職員の人事に関することなども規定されている（第21条第１～３号）。

教育委員会において社会教育行政を所管するのは、社会教育課や生涯学習課といった名称の課が一般的である。教育委員会によっては地域教育課、地域教育青少年課、地域教育支援課など「地域」の名称を冠した課も出現している。これらの名称については、各地方公共団体の教育委員会規則を根拠に、それぞれの教育委員会が独自に定めている（第17条第２項）。

(4) 生涯学習の振興のための施策の推進体制等の整備に関する法律

生涯学習体系への移行を提言した臨時教育審議会答申（昭和59（1984）～62（1987）年）を受け、生涯学習振興のための体制整備として昭和63（1988）年、文部省（当時）に生涯学習局が設置されるとともに、平成２（1990）年には「生涯学習の振興のための施策の推進体制等の整備に関する法律」（以下「生涯学習振興法」

という。）が制定された。

この法律は、生涯学習に関する初めての法律であるが、生涯学習の基本法としての性格を持つものではなく、１）都道府県の事業として学習機会の提供、学習機会に関する情報の収集・整理・提供、学習需要等に関する調査研究、指導者等の研修、関係機関・団体への援助などを規定するとともに、２）都道府県に条例により生涯学習審議会を置くことができること、さらに３）都道府県は、特定の地区において、民間事業者の能力を活用しつつ学習機会の総合的な提供を行うことに関する基本的な構想（地域生涯学習振興基本構想）を作成することができることなど、生涯学習振興のために早急に講じるべき施策について規定されたものである。

(5) 図書館法・博物館法

社会教育法第９条では、図書館及び博物館について規定されており、第１項で両者とも社会教育のための機関とするとともに、第２項で別に法律で定めるとされている。社会教育法の法律案作成の段階では、両者とも社会教育法で規定する案も検討されたが、議論の末、別途法律を立てて規定することとなり、社会教育法制定後、図書館法は昭和25（1950）年に、博物館法は昭和26（1951）年に単独法として制定された。いずれも法律の目的を規定した第１条において、「この法律は、社会教育法の精神に基（づ）き」との文言を記載しており、これらの法律は密接な関係をもって運用されている。

以下に述べる法律改正においても、例えば社会教育法が地方分権推進の観点から平成11（1999）年に改正されたが、図書館法については、国庫補助を受ける場合の図書館長の資格要件に関する規定の削除（第13条第３項）、博物館法においては、博物館登録事務の自治事務化に伴う文部大臣（当時）への報告義務の廃止（第17条）といった改正がなされた。また、家庭や地域の教育機能の一層の充実を図る等の観点から平成20（2008）年に社会教育法が改正されたが、同じ趣旨で図書館法及び博物館法も同時に改正された経緯がある。

令和４（2022）年に博物館法の改正が行われたことから、ここに付記する。

博物館法は、制定から約70年が経過し、この間、博物館を取り巻く状況が変化し博物館に求められる役割や機能が多様化、高度化している。とりわけ、平成29（2017）年に成立した文化芸術基本法等において、博物館にはまちづくりや国際交流、観光・産業、福祉・教育等の関連機関と連携した文化施設としての役割が求められるとともに、博物館が有する多様なコンテンツのデジタル・アーカイブ化を加速する必要性が高まってきた。

このため、これまで博物館が果たしてきた役割や機能を今後とも引き続き果たしながら、博物館が社会教育施設と文化施設双方の役割・機能を担うため所要の改正が行われた。

① 博物館法の目的に、社会教育法とともに文化芸術基本法の精神に基づくことが追加された（第１条）。

② これまで、博物館の設置者については地方公共団体のほか一般社団法人や一般財団法人など制限があったが、この制限が外された（ただし、登録が必要）。これにより、株式会社立の博物館も登録手続きを経て博物館法上の博物館とすることが可能となった（第２条第２項及び第３項）。

③ 博物館の事業に以下の業務が追加された（第３条）。

・博物館資料に係る電磁的記録を作成（デジタル・アーカイブ化）し、公開すること（同条第１項第３号）

・他の博物館等と資料の相互貸借、職員の交流等の連携・協力を図るよう努めること（同条第２項）

・地域の多様な主体との連携・協力により文化観光等の推進を図り、地域の活力の向上に寄与するよう努めること（同条第３項）

(6) 社会教育法の改正

社会教育法は昭和24（1949）年に制定されたが、その後の変化する社会情勢において社会教育法も度々改正されてきた。改正に当たっては、「○条の２」あるいは「○条の３」といったように、追加や削除がなされた条文もある。こうしたポイントを押さえておくことが重要である。「削除された条文にはいったい何が書かれていたのか」といった疑問を持って調べることで、社会教育行政が経てきた歴史を知ることができる。

●参考：社会教育法改正の変遷

昭和26（1951）年改正

社会教育法が制定され、地方公共団体の任務が明らかになったが、その任務を担う職員についての規定が未整備であったため、社会教育主事及び社会教育主事補を法律で位置付け、職務や資格等についての規定が設けられた。

そして、都道府県教育委員会については社会教育主事が義務設置とされ、市町村教育委員会については任意設置とされた（第９条の２～６）。

昭和34（1959）年改正

制定後10年を経て、社会的条件の変化や社会教育の進展などによって実情にそぐわない点が見られるようになり、法全体を見渡した結果、大幅な改正となった。

１）社会教育主事及び社会教育主事補については、主として財政上の理由から都道府県のみ義務設置であったが、市町村も原則として義務設置とされた（第９条の２）。なお、昭和57（1982）年の改正により、社会教育主事補については都道府県、市町村共に任意設置とされている。

２）制定時は社会教育関係団体への補助金交付を禁止していたが、この禁止規定が削除された。これにより、行政は社会教育関係団体の活動を財政的に援助できる道を開くことになった（第13条）。この場合、財政的支援の適正を期するため、国にあっては社会教育審議会の、地方公共団体にあっては社会教育委員の会議の意見を聴かなければならないとされた。

３）公民館に関する規定が整備された。まず公民館の健全な発達を図るために、文部大臣（当時）によって公民館の設置及び運営上必要な基準が定められることとなった（第23条の２）。また、公民館の職員として主事の名称が明記された（第27条）。

４）社会教育委員は、社会教育に関し教育長を経て教育委員会に助言することを職務としているが、市町村の社会教育委員については、青少年教育の特定事項について助言や指導ができる旨の規定が追加された（第17条第３項）。

平成11（1999）年改正

地方分権推進の観点から、いわゆる必置規制の見直しや規制緩和として「地方分権の推進を図るための関係法律の整備等に関する法律」（以下「地方分権一括法」という。）（平成11（1999）年７月）に社会教育法等の改正が盛り込まれた。

１）教育委員会が公民館長を任命する際は、あらかじめ公民館運営審議会から意見聴取することとなっていたが、この規定が削除された（第28条第２項）。

２）義務設置であった公民館運営審議会が任意設置となった（第29条第１項）。

３）社会教育委員の構成について、地域の実情に応じ多様な人材を社会教育委員に登用できるよう規定の簡素化が図られた（第15条、第16条）。

４）青年学級振興法の廃止に伴い、都道府県及び市町村教育委員会の事務から青年学級の運営等に関する事務が削除された（第５条第５号、第６条第４号）。

平成13（2001）年改正

教育改革国民会議の指摘も踏まえ、青少年の問題行動の背景として指摘された家庭の教育力の低下への対応、地域の教育力の低下による青少年の体験活動の機会の充実等の観点から、社会教育行政の体制整備のために必要な改正が行われた。

１）家庭の教育力の向上のため、家庭教育に関する講座の開設等の事務が教育委員会の事務として明記された（第５条第７号）。

２）社会教育委員や公民館運営審議会委員に「家庭教育の向上に資する活動を行う者」（子育てサークルのリーダー等）を委嘱できるようになった（第15条第２項、第30条）。

３）青少年の体験活動の促進のため、青少年に対する体験活動の機会の提供等の事務が教育委員会の事務として明記された（第５条第12号）。

４）社会教育主事の資格要件が緩和され、社会教育に関する一定の業務（ボーイスカウトのリーダーや青年海外協力隊の隊長等としての活動など）に従事した経験を実務経験として評価できるようになった（第９条の４第１号ハ）。

５）社会教育行政を進めるに当たって、学校教育との連携や家庭教育の向上に資することとなるよう必要な配慮を行う旨が規定された（第３条第２項）。

平成20（2008）年改正

教育基本法の改正を踏まえ、家庭や地域の教育機能の一層の充実を図るための社会教育行政が果たすべき役割が明確化されるとともに、公民館、図書館、博物館の運営の改善、司書等の資格要件が見直されるなど、社会教育行政の体制整備のために必要な改正が行われた。

1）社会教育行政の任務を行うに当たっては、生涯学習の振興に寄与する旨が規定されるとともに（第３条第２項）、社会教育が学校、家庭及び地域住民等との連携、協力の促進に資する旨の規定が加えられた（第３条第３項）。

2）教育委員会の事務に、主に児童生徒に対し、放課後・休日に学校等を利用して学習等の機会を提供する事業に関する事務が盛り込まれた（第５条第13号）。

3）教育委員会の事務に、地域住民等による学習の成果を活用した学校等における教育活動の機会を提供することが盛り込まれる（第５条第15号）とともに、これに関連して社会教育主事の職務に関する規定が改正された（第９条の３第２項）。

4）教育委員会の事務に、家庭教育に関する情報提供に関する事務が盛り込まれた（第５条第７号）。

5）公民館は、運営状況の評価等を行うとともに、情報提供に努めることが規定された（第32条、第32条の２）。

6）社会教育施設等における一定の職に３年以上あったことを、社会教育主事の資格を得るために必要な実務経験として評価できるようになった（第９条の４ロ、ハ）。

平成29（2017）年改正

「地域学校協働活動」を法律上、明記するとともに、教育委員会における実施体制の整備や「地域学校協働活動推進員」の委嘱について定めることで、「地域学校協働活動」を円滑かつ効果的に実施することを通じ、学校運営の改善にも資することを目指した。

1）教育委員会の事務に、地域住民等と学校との連携体制の整備、地域学校協働活動に関する普及啓発活動等を行う旨の規定が盛り込まれた（第５条第２項、第６条第２項）。

2）地域学校協働活動を行う地域住民等に対する助言等を行う地域学校協働活動推進員が法律上明記された（第９条の７）。

令和元（2019）年改正

「平成30年度の地方からの提案等に関する対応方針」（平成30（2018）年閣議決定）に社会教育法等の改正が盛り込まれたことを受けて、改正がなされた。いわゆる「提案募集方式」により地方公共団体からの提案を受け、「公立社会教育施設については、社会教育の適切な実施の確保に関する一定の担保措置を講じた上で、地方公共団体の判断で条例により地方公共団体の長が所管することを可能とする」（上記閣議決定より）もので、この改正によって公民館等の社会教育施設については、教育委員会から首長部局への移管が可能となった（地教行法第23条第１項第１号、社会教育法第５条第３項及び第６条第３項）。

また、社会教育の適切な実施の確保を担保するため、以下のとおり社会教育法が改正された。

1）移管される公立社会教育機関（法律では“機関”と記載されているが“施設”と同義）に関する事務のうち、教育委員会が所管する学校、公立社会教育機関等における教育活動を密接な関連を有するものとして規則で定めるものを実施するに当たっては、あらかじめ教育委員会の意見を聴かなければならないとされた（社会教育法第８条の２）。

2）教育委員会は、必要と認めるときは、公立社会教育機関に関する事務について地方公共団体の長に対して意見を述べることができるとされた（社会教育法第８条の３）。

更に、地方公共団体の長がその所管する公立社会教育機関の管理運営に関する規則の制定等を行う際には、教育委員会に協議しなければならないことが地教行法に規定されている（地教行法第33条第３項）。

2　社会教育に関する国の答申等

戦後の社会教育行政等に影響をもたらした国の主要な答申等を掲載した。ほかにも青少年の体験活動の推進や家庭教育の支援などテーマを絞った答申等もあるが、ここでは社会教育や生涯学習全般にわたる答申等を掲載することとした。

●参考：主要答申等の一覧

昭和46（1971）年４月：社会教育審議会答申「急激な社会構造の変化に対処する社会教育のあり方について」

昭和30年代からの我が国のめざましい経済発展に伴い、都市化の進展、家庭を取り巻く環境の変化等、社会構造の急激な変化に対応した社会教育の在り方について新しい方向性を打ち出した画期的な答申であり、社会教育の総合的な内容を含んだ答申が行われたのはこれが初めてである。

本答申は変化の激しい社会における社会教育の振興方策について、次のような提言を行った。

１）今後の社会教育は、国民の生活の多様な機会と場所において行われる各種の学習を教育的に高める活動を総称するものとして広く捉えること

２）家庭教育、学校教育、社会教育の３者の有機的役割分担を確立し、また、人々の生涯にわたる学習を支える多様な機会と場を提供する社会教育の役割を確認するなど、生涯教育の観点から体系化を図ること

３）人間性の回復と生きがいを目指す学習内容を重視するとともに、社会教育に関する団体活動、地域活動、あるいはボランティア活動を促進するなど、内容・方法の多様化を図ること

４）社会教育と社会教育行政の違いを明らかにし、社会教育行政の役割の重要性を強調したこと

また、本答申は社会教育行政の当面の重点として社会教育施設の整備と社会教育指導者の充実を挙げ、その後の国の施策に多大な影響をもたらした。

昭和56（1981）年６月：中央教育審議会答申「生涯教育について」

生涯教育の考え方に関する海外の動向を踏まえ、家庭教育、学校教育及び社会教育の各分野を横断して教育を総合的に捉え、家庭教育の充実、初等中等教育における生涯教育の観点の重視、高等教育における成人の受入れ、社会教育の推進等、教育諸機能全般にわたって提言した。

また、答申では生涯教育と生涯学習の違いに触れるとともに、我が国におけるいわゆる「学歴偏重」の社会的風潮を指摘し、社会全体が生涯教育の考え方に立って、人々の生涯を通じた自己向上の努力を正当に評価する学習社会の方向性について言及し、その後に発足した臨時教育審議会の議論にも影

響をもたらした。

昭和60（1985）年６月：臨時教育審議会「教育改革に関する第一次答申」～昭和62（1987）年８月：「第四次答申（最終答申）」

本審議会は、臨時教育審議会設置法（昭和59（1984）年８月）に基づき総理府（当時）に設置され、内閣総理大臣の諮問に応じて調査審議することとして、政府全体として長期的な観点から広く教育問題が議論された。４度にわたる答申は、文部省の組織改革（生涯学習局の設置など）をはじめ、その後の教育行政に影響をもたらし、今日行われている教育改革の系譜は本答申に遡ることができる。また、本審議会は同じく政府全体で教育について議論された後述する教育改革国民会議との違いとして、教育基本法の範囲内において議論したことに特徴がある（臨時教育審議会設置法第１条「（略）教育基本法の精神にのつとり、（略）臨時教育審議会を置く」）。

なお、最終答申においては、１）個性重視の原則、２）生涯学習体系への移行、３）変化への対応といった教育改革推進のための３つの基本的考え方が示されたが、本審議会の議論を契機として、「生涯教育」よりも「生涯学習」という用語が主流をなすようになったことは特筆される。

平成４（1992）年７月：生涯学習審議会答申「今後の社会の動向に対応した生涯学習の振興方策について」

いわゆる生涯学習振興法を根拠とする生涯学習審議会の初めての答申である（平成13（2001）年の中央教育審議会への一元化により、生涯学習審議会は生涯学習分科会となった）。

これまでの施策の現状を踏まえつつ、今後一層重点を置いて推進すべき具体策として、１）リカレント教育の推進、２）ボランティア活動の推進、３）青少年の学校外活動の充実、４）現代的課題に関する学習機会の充実を挙げ、それぞれの施策の現状と課題、充実方策についてかなりのボリュームを割いて具体的かつ詳細な提言を行った。

生涯学習審議会の初めての答申ということもあり、冒頭に生涯学習についての基本的考え方としてこれまでの経緯、必要性などを整理した記述がなされている。

平成10（1998）年９月：生涯学習審議会答申「社会の変化に対応した今後の社会教育行政の在り方について」

戦後社会教育行政が制度発足から50年が経過し、人々の学習要求の多様化・高度化や、生涯学習社会の進展等の新たな状況に対応した社会教育の推進への要求や地方分権推進の観点からの社会教育行政に対する指摘を踏まえ、今後の社会教育行政の在り方や具体的方策についてまとめたものである。

当時は、派遣社会教育主事への国の交付金制度や社会教育施設整備への国庫補助金制度の廃止（いずれも平成９（1997）年度をもって廃止）など地方分権・行財政改革が積極的に進められる中で、民間教育事業者との連携も視野に置きながら「ネットワーク」というキーワードが教育改革の重点課題となっていた。

答申は、ネットワーク型行政の必要性を指摘し、社会教育行政は生涯学習振興行政の中核として、積極的に連携・ネットワーク化に努めていくことを強調した。その後、文部省は、例えば平成14（2002）年の完全学校週５日制に向けて、子供たちの週末における様々な体験活動の場を提供するため、関係省庁等と連携した「全国子どもプラン（緊急３か年戦略）」を実施するなど、ネットワーク型行政の下地を作っていった。

また、地方分権の推進の観点からは、いわゆる必置規制の見直しや規制緩和として社会教育法の改正について提言があり、その後の地方分権一括法に基づき、政府全体で法改正が行われた（平成11（1999）年）。

戦後の社会教育行政制度は、元々地方分権の観点に立ち公民館運営審議会や社会教育委員など住民参加、住民自治の考え方に基づく制度設計であったが、「その定め方が固定的・画一的であることもあって、住民参加の仕組みが形骸化したり、地域の特色が生かせなくなっている場合が少なくない」との答申の指摘を踏まえ法改正がなされた。

平成11（1999）年６月：生涯学習審議会答申「学習の成果を幅広く生かす－生涯学習の成果を生かすための方策について－」

性別や年齢を問わず意欲を持って何度でも挑戦し自己実現を図ることができ、あるいは学歴偏重イメージを是正し、個性を生かした職業選択に関する社会的な仕組みづくりの必要性を指摘した。このため、行政に対してはこれまでの学習機会提供型の施策から、生涯学習の成果の活用促進にも力を入れるよう提言した。その仕組みの一つとして、学習成果を一定の資格に結び付けていくことを挙げ、さらに学習成果を活用して自己実現を図る場として、個人のキャリア開発、ボランティア活動、地域社会の発展に生かすといった３つの場面における方策を提示した。

また、生涯学習パスポート、生涯学習の認証システム、学習者と学習成果を求める者を結び付けるインターネットによる学習情報提供システムといった具体策が盛り込まれており、その後の生涯学習振興施策に生かされることとなった。

平成12（2000）年12月：教育改革国民会議「教育改革国民会議報告－教育を変える17の提案－」

臨時教育審議会答申後に起きた東西冷戦の終結等国際社会を含めた社会情勢の変化や青少年をめぐるショッキングな事件を踏まえ、教育の基本に遡った幅広い国民的議論が必要であるとし、内閣総理大臣が有識者の参集を求めて発足した。取りまとめられた報告では、制定以来50年余り経過した教育基本法について、同法が定める個人の尊厳や真理と平和の希求など普遍の原理を大切にする一方で、「新しい時代を生きる日本人の育成」、「伝統、文化など次代に継承すべきものの尊重、発展」、「教育振興基本計画の策定など具体的方策の規定」の３つの観点から、新しい時代にふさわしい教育基本法の見直しの必要性等を提言した。特に、前述したとおり臨時教育審議会では教育基本法の改正に触れることがなかったのに対し、本会議での議論は、それを前面に打ち出したことに特徴がある。

平成15（2003）年３月：中央教育審議会答申「新しい時代にふさわしい教育基本法と教育振興基本計画の在り方について」

教育改革国民会議の提言を踏まえ、教育基本法と教育振興基本計画の在り方についてまとめたものである。前文及び教育理念の考え方をはじめ、新たに規定する理念として「個人の自己実現と個性・能力、創造性の涵養」、「感性、自然や環境とのかかわりの重視」、「社会の形成に主体的に参画する『公共』の精神、道徳心、自立心の涵養」、「日本の伝統・文化の尊重、郷土や国を愛する心と国際社会の一員としての意識の涵養」のほか「生涯学習の理念」など8つの理念を提言した。

平成20（2008）年2月：中央教育審議会答申「新しい時代を切り拓く生涯学習の振興方策について〜知の循環型社会の構築を目指して〜」

社会の変化等により高まる生涯学習振興への要請を指摘することにより、我が国が抱える課題を整理し、その上で目指すべき施策の方向性として「国民一人一人の生涯を通じた学習の支援」と「社会全体の教育力の向上」を示し、またその具体的方策を提言した。

まず、高まる生涯学習振興への要請として、21世紀は新しい知識が社会のあらゆる領域で基盤となり重要性を増す「知識基盤社会」の時代であるとし、狭義の知識・技能ではなく豊かな人間性を含む総合的な「知」の必要性や自らのニーズに基づき学習した成果を社会に還元するという「知の循環型社会」の構築の必要性を説いた。そして目指すべき施策の方向性として1）国民の学ぶ意欲を支えるとともに、2）地域全体の教育力の向上の必要性について具体的方策を提言した。

1）については、変化の激しい社会を生き抜くために必要とされる総合的な知を獲得するための社会教育の支援策として、子供の「生きる力」育成のための学校外活動の充実、成人に対してはワンストップサービスや生涯学習プラットフォームといった学習相談体制の充実、学習成果の活用や評価の社会的通用性の向上など学習機会提供以外の充実策を挙げ、2）については、地域社会全体で目標を共有化することを挙げ、そのために行政にはコーディネーターとして関係者間の連携の促進を求めた。

具体的には、「出向いていく」ことにより家庭の多様なニーズに対応したきめ細かな家庭教育支援、「早寝早起き朝ごはん」運動のように多様な団体の連携による家庭教育支援への機運の醸成、地域住民による学校支援の取組を促進するための学校教育と社会教育の新たな関係の構築策として、PTA活動の充実や社会教育施設の活用などを提言した。

また、これらの施策を推進するに当たっては、「個人の要望」と「社会の要請」とのバランス、学んだ成果が社会の中で循環し、各実施主体や世代間で共有・継承されていくという「知」の継承と創造、連携によるネットワーク構築のための人材の養成・確保、情報通信技術の効果的な活用による連携の円滑化といった留意点を挙げた。

本答申は２部構成になっており、これまで述べた第１部のほか、第２部は教育基本法の改正を踏まえ、生涯学習の理念やこれまでの生涯学習振興行政の経緯等について改めて整理したもので、生涯学習・社会教育行政に初めて携わる者にとっては、とりわけ必読の答申である。

平成27（2015）年12月：中央教育審議会答申「新しい時代の教育や地方創生の実現に向けた学校と地域の連携・協働の在り方と今後の推進方策について」

コミュニティ・スクールの充実方策、学校と地域をつなぐコーディネーターの配置、人的ネットワークによる地域の課題解決や地域振興の主体となる仕組みづくりについてまとめたものである。

これまでも学校と地域の連携については度々指摘されてきたが、本答申では一方的に地域が学校や子供たちを応援・支援する関係ではなく、パートナーとして相互補完的に連携・協働していく必要があるとし、特にそのための体制の整備を強調した。

コミュニティ・スクールについては、きめ細かくかつ具体的に充実方策を示し、その中で地域連携担当教職員の配置を明確化するよう求めた。ここでは、社会教育主事の有資格者の活用についても指摘している。

地域と学校の協働体制については、「支援」から「連携・協働」、「個別の活動」から「総合化・ネットワーク化」へと今後の方向性を示し、これまでの「学校支援地域本部」から「地域学校協働本部」の設置を提言し、コミュニティ・スクールとの関係では相互補完による相乗効果を期待するとともに、「地域コーディネーター」や「統括的なコーディネーター」といった人的体制の整備充実を求めた。

本答申を受け、平成29（2017）年に社会教育法が改正され、市町村教育委員会及び都道府県の教育委員会の事務（第５条及び第６条）に地域学校協働活動の推進に関する事務が盛り込まれるとともに、これらの施策に協力等を行う「地域学校協働活動推進員」の設置に関する規定（第９条の７）が設けられた。

平成30（2018）年12月：中央教育審議会答申「人口減少時代の新しい地域づくりに向けた社会教育の振興方策について」

本答申は2部構成になっており、前段は社会教育の意義・果たすべき役割について明確にした上で、新たな社会教育の方向性を示し、これを踏まえた具体的方策として学びへの参加のきっかけづくりの推進、多様な主体との連携・協働の推進、多様な人材の幅広い活用等テーマ別に整理した。後段は、今後の社会教育施設に求められる役割を施設種別ごとに整理し、公立社会教育施設の所管に関する考え方を取りまとめたもので、その後の社会教育法等の改正につながる重要な答申となった。

まず、第1部として提言された今後の地域における社会教育の在り方については、人口減少をはじめとする多様で複雑化する課題に対して、行政だけではなく地域住民自らが課題解決の担い手として主体的にかかわっていくことが求められている点を指摘し、1）住民の主体的な参加を得られるような方策の工夫、強化、2）社会教育行政の取組としてネットワーク型行政の実質化、3）地域の学びと活動を活性化させる人材の活躍を後押しすることを挙げ、社会教育が目指す方向性として「開かれ、つながる社会教育の実現」といったスローガンを掲げた。

第2部は、公民館等の社会教育施設は、これまで人々の学習拠点として大きな役割を果たしてきたが、一方で、例えば博物館においては観光振興や国際交流の拠点など首長部局の行政分野における役割が期待されていることから、地方公共団体の判断により首長部局が所管することができる仕組みの導入を提言した。公立社会教育施設の所管については、実質的には地方自治法に基づく事務委任や補助執行の規定を活用して運用がなされてきたが、本答申は所管問題について真正面から踏み込んだ提言を行った。

なお、答申では公立社会教育施設の所管を首長部局に置く特例を設けたとしても、政治的中立性の確保など教育行政の重要性にかんがみ、教育委員会による関与の必要性についても併せて提言していることを指摘しておきたい（前項「参考：社会教育法改正の変遷」における令和元（2019）年改正を参照）。

令和２（2020）年９月：中央教育審議会生涯学習分科会「第10期中央教育審議会生涯学習分科会における議論の整理」

本分科会は、平成30（2018）年の中央教育審議会答申を踏まえつつ、人生100年時代やSociety5.0などの社会の変化や課題を踏まえた新しい時代の生涯学習・社会教育に関する基本的方向性について議論を行った。とりわけ、当時は新型コロナウイルスや台風など度重なる自然災害への対応が急務であったことから、「命を守り、誰一人として取り残さない社会の実現へ」とサブタイトルが付けられたのが特徴である。

生涯学習・社会教育をめぐる現状・課題を示すとともに新しい時代に向けた推進方策として、１）学びの活動をコーディネートする人材の育成・活用、２）新しい技術を活用した「つながり」の拡大、３）学びと活動の循環・拡大、４）個人の成長と社会の発展につながるリカレント教育の推進、５）各地の優れた取組の支援と全国展開を挙げた。また、学びの場を通じた「つながり」が新しい時代の生涯学習・社会教育の鍵になるとの認識を示し、多様な学びとつながりにより人々の命を守り、誰一人として取り残すことなく生きがいを感じることのできる包摂的な社会の実現のため、行政をはじめ教育機関、民間団体等の積極的な対応を求めた。

令和４（2022）年８月：中央教育審議会生涯学習分科会「第11期中央教育審議会生涯学習分科会における議論の整理」

本分科会は、これまでの生涯学習分科会の審議を基盤としつつ、次期教育振興基本計画（令和５（2023）年）の策定にも資するためとして、生涯学習・社会教育が果たし得る現代的な役割を明確にするとともに、社会教育主事、社会教育士や社会教育施設に関する振興方策等について整理を行った。

生涯学習・社会教育をめぐる現状や課題として、前期分科会でも議論があった社会的包摂やそれを支える地域コミュニティの重要性を指摘するとともに、生涯学習・社会教育が果たし得る役割として「ウェルビーイングの実現」を取り上げた。これは個人が良い状態・希望を持てる状態であるかという側面とともに、他者との関係性を意識した社会的環境が持続的に良い状態になるよう、個人の周囲の環境を支えていくアプローチが必要であるとの前提に立ち、ウェルビーイングの実現に生涯学習・社会教育の推進体制の整備が重要であるとの認識を示した。

今後の振興方策として、1）社会的包摂の実現など社会教育施設の役割の明確化や国民全体のデジタルリテラシーなど社会教育施設の機能強化、2）関係部局・施策との連携・調整役としての社会教育主事の配置促進、社会教育士の公民館等への配置促進など社会教育人材の養成、活躍機会の拡充、3）地域学校協働活動推進員の常駐化や学校運営協議会の運営等に係る支援員の新たな配置など地域と学校の連携・協働の推進、4）女性や就業者、求職者など個々人のニーズに応じたリカレント教育の充実、5）共生社会の理解促進を含む多様な障害に対応した生涯学習の推進を挙げた。

令和6（2024）年6月：中央教育審議会生涯学習分科会「第12期中央教育審議会生涯学習分科会における議論の整理」

本分科会は、前期までの議論を基に第4期教育振興基本計画（令和5（2023）年6月）を踏まえ、1）生涯学び続ける社会の実現及び全ての人のウェルビーイングを目指したリカレント教育、2）全ての人のウェルビーイングにつながる地域コミュニティや学校教育との連携等の基盤を支える社会教育人材の在り方についてまとめた。

生涯学習を推進するための基盤として学校教育を取り上げ、1）初等中等教育段階では学ぶ楽しさを味わいつつ、自らの学びに主体的に取り組む力、最適な学習方法を選択する自己調整能力を身に付けること、2）高等教育段階では自ら課題を設定し、その課題を発見できる自律性を伸ばし、学びを活かして社会を牽引できる人材の育成を指摘した。また、リカレント教育については、職業経験から導かれた問題意識や仮説を自らの意思で学び、成果を社会に還元するための仕事と学びの好循環につなげていくことの重要性を指摘し、企業や高等教育機関等に向けた提言を行うとともに、社会人である学修者に対しても新しい分野に挑戦する越境経験を積むなどAI等に代替されない人材となるよう求めた。また、全ての人のウェルビーイングという観点から、障害者や外国人に対する生涯学習の機会の提供についても言及した。

（山本　裕一）

第６節　社会教育行政の組織と役割

１　社会教育行政の意義と役割

(1) 社会教育行政の意義

社会教育行政とは、国や地方公共団体が、人々の自発的な学習を基礎として行われる社会教育活動を促進・支援して、できる限り多くの人々の教育的ニーズを満足させることにより、個人の幸福と社会の発展を図ることを目的とした作用をいう。すなわち、社会教育行政は、国民の社会教育活動を促進・支援する行政の作用や機能であり、その機能は国においては文部科学省が、また都道府県や市町村においては教育委員会が専属で行うものである。

社会教育は、青少年から高齢者に至る幅広い世代の人々を対象としており、また、その内容や方法・形態も極めて多様である。さらに社会教育は、学習者の自発性・自主性を基本とし、実践的・体験的な活動が主軸であることや、生活や地域の課題を学習課題として取り上げるといった特徴を持っている。こうした社会教育の特徴を十分に踏まえながら、国や地方公共団体が人々の社会教育活動を促進・支援することにより、国民一人一人の教育的ニーズを満足させ、個人の幸福とひいては社会全体の発展を図ることができるところに社会教育行政の大きな意義がある。

(2) 社会教育行政の役割

社会教育行政は、教育行政の一環として、学校教育と同様に、教育基本法第１条に規定されている教育の目的を遂行するため、中立性、継続性、安定性という教育行政の基本原理を確保しながら、国民全体に対して責任をもち展開されなければならない。

また社会教育行政は、人々の自主的・自発的な学習活動を助長・促進・支援するところに主要な任務がある。その運用については強制的な命令・監督を伴わないものであり、非権力的な行政の領域に属する。

教育基本法では、国や地方公共団体は、個人の要望や社会の要請に応え社会教育を奨励すること、及び図書館、博物館、公民館その他の社会教育施設の設置、学校の施設の利用、学習の機会及び情報の提供その他の適当な方法によって社会教育の振興に努めなければならないことが規定されており（教育基本法第12条）、これは社会教育行政の基本的役割が社会教育の奨励・振興にあることを示している。

教育基本法を受けた社会教育法においては、国や地方公共団体は「社会教育の奨励に必要な施設の設置及び運営、（略）あらゆる場所を利用して、自らの実際生活に即する文化的教養を高め得るような環境を醸成するように努めなければならない」と、社会教育の条件整備が社会教育行政の任務であることを規定している（社会教育法第３条第１項）。さらに、国民の学習に対する多様な需要を踏まえ必要とされる学習機会の提供及びその奨励を行うことにより生涯学習の振興に寄与すること、及び学校教育との連携の確保、家庭教育の向上への配慮、学校、家庭、地域住民その他の関係者相互間の連携・協力の促進に努めることを、社会教育行政の任務遂行上の留意点として挙げている（社会教育法第３条第２項、第３項）。

(3) 国、都道府県、市町村の役割分担

社会教育行政は、学校教育行政と同様に、地方分権主義を原則とし、その具体的な展開は、地方分権改革の趣旨にのっとり、地方公共団体の自主性を高めることを基本に、国と地方公共団体が適切な役割分担と相互協力の下、実施されることとなっている（教育基本法第16条）。

社会教育行政における国と都道府県、市町村の基本的な役割分担については、昭和46（1971）年の社会教育審議会答申「急激な社会構造の変化に対処する社会教育のあり方について」において、以下のように提示されている。

①　国の役割

全国的な観点から、自ら施設を設置し、地方公共団体や民間団体に対する援助、指導及び助言を行い、社会教育の全国的水準の向上を図ること。このため、施設の設置・運営や、指導者の資格・配置基準の設定、社会教育の振興に必要な調査企画を行い、地方公共団体に対する財政的支援や情報提供、全国的規模の民間団体の社会教育関係団体の育成等を行うこと。

②　都道府県の役割

市町村を越えた広域的な観点から、社会教育施設の設置・運営、民間団体や民間指導者の自発的活動を促進する上での指導・助言、市町村に対し社会教育の振興に関する指導・助言・援助等を行うこと。

③　市町村の役割

社会教育施設の設置・運営、各種学級・講座、集会等の開催、民間団体や民間指導者の自発的活動を促進する上での指導・助言等を行い、地域住民の学習活動を直

接的に支援すること。

以上の提言から分かるように、地域住民等の社会教育活動を直接的に支援・推進するのは市町村の役割であり、都道府県は広域的な観点からこれを補完する役割を担っている。さらに全国的な観点に立って社会教育の振興を図ることが国の役割であると言える。

但し、近年における社会の急激な変化を踏まえて、公民館、図書館、博物館など社会教育施設の管理・運営について、一般行政部局（以下「首長部局」という。）での管理・運営が認められる特例制度が設けられるなど、社会教育行政を取り巻く厳しい状況についても十分留意しておく必要がある。

2　社会教育行政の組織と事務

(1) 社会教育行政の組織

国において社会教育行政を担当するのは、文部科学省の総合教育政策局である。総合教育政策局では、政策課、教育人材政策課、国際教育課、生涯学習推進課、地域学習推進課、男女共同参画共生社会学習・安全課、日本語教育課、参事官（調査企画担当）が置かれており、それぞれのセクションが社会教育に関連する専門領域に関する事務を分担している。

また、都道府県、市町村において社会教育行政を担当する行政機関は教育委員会である。教育委員会の事務局には、社会教育課や生涯学習課などの名称のセクションが置かれ、社会教育行政を専門的に担当している（地方自治法第180条の８、地方教育行政の組織及び運営に関する法律（以下「地教行法」という。）第21条）。

教育委員会の事務局には、社会教育行政が担当する具体的な事務・事業を実施するため、事務職員のほか、社会教育に関する専門的職員である社会教育主事・社会教育主事補が置かれている（社会教育法第９条の３）。

さらに、社会教育行政に地域住民の意思を反映させるための制度として、教育委員会の事務局には、社会教育委員をはじめ様々な委員等が配置されている。

(2) 社会教育行政の事務

国や地方公共団体では、社会教育法第３条に定める社会教育行政の任務を遂行するため、それぞれ適切な役割分担の下、多様な事務を行っている。そうした事務を大別すると、以下の４領域に分けることができる。

①　社会教育行政に関する審議機関に関すること

（社会教育委員の会議、公民館運営審議会、図書館協議会、博物館協議会など）

② 社会教育施設等の設置・運営に関すること

（公民館、図書館、博物館、青少年教育施設、女性教育施設、体育施設など）

③ 社会教育関係職員に関すること

（社会教育主事、公民館主事、司書、学芸員など）

④ 社会教育事業の支援・推進に関すること

（学級・講座、講演会・研究会等の開催、運動会・発表会等の開催、個人学習の支援、ボランティア活動・地域活動の支援、学習関連情報の収集・提供、相談事業、調査研究、社会教育関係団体・NPO等の支援など）

社会教育法においては、都道府県・市町村が行う事務について、下記のような具体的な内容が規定されている。また、国は、予算の範囲内において、地方公共団体に対し財政的な援助や物資の提供・あっせんを行うこととなっている（社会教育法第４条）。

○ 市町村が行う事務（社会教育法第５条より）

ア）社会教育に必要な援助、イ）社会教育委員の委嘱、ウ）公民館、図書館、博物館、青年の家等の社会教育施設の設置・管理、エ）学校公開講座の開設・奨励、オ）各種講座や講演会、講習会、展示会等の開催・奨励、カ）家庭教育に関する学習機会・情報の提供、キ）児童・生徒に対する放課後の活動機会の提供・推進、ク）青少年のボランティア活動等体験活動の機会の提供・奨励、ケ）学校支援ボランティア等社会教育における学習成果の活用機会の提供・奨励、コ）社会教育に関する情報の収集・整理・提供、サ）視聴覚教育、体育・レクリエーションに必要な設備・器材・資料の提供、シ）情報の交換、調査研究などの事務。

さらに最近では、社会教育法の改正により、これらの事務に加えて、地域学校協働活動に関する普及啓発、及び地教行法改正に伴う特定地方公共団体市町村における特定事務（※１参照）に関する規定が追加されている。なお、特定事務のうち、教育活動と密接に関係するものについて地方公共団体の長が行う場合には、規則を制定し、教育委員会の意見を聴く必要がある。

○ 都道府県が行う事務（社会教育法第６条より）

都道府県は、市町村が行う事務（公民館の設置・管理を除く）に加え、ア）公民館及び図書館の設置・管理に関する必要な指導・調査、イ）社会教育を行う者の研修に必要な施設の設置・運営及び講習会の開催、資料の配布等、ウ）社会教育施設の設置・運営に必要な物資の提供・あっせん、エ）市町村教育委員会との連絡などの事務に加え、オ）地域学校協働活動や特定地方公共団体における特定事務（※１

参照）についても市町村同様に追加されている。

●参考：社会教育施設の管理運営の特例（※１）

> 条例の定めるところにより地方公共団体の長が特定事務を管理し、執行することとされた地方公共団体（特定地方公共団体）にあっては、公民館、図書館、博物館、青年の家その他の社会教育施設の設置及び管理に関する事務（特定事務）について、地方公共団体の長が行うものとする。（社会教育法第５条第３項及び第６条第３項）

3　教育行政における社会教育行政の位置付け

(1) 生涯学習振興行政と社会教育行政

①　中央教育審議会答申にみる生涯学習振興行政の領域

生涯学習振興行政とは、まさしく人々の生涯学習の振興を図る行政を指すが、平成20（2008）年の中央教育審議会答申「新しい時代を切り拓く生涯学習の振興方策について～知の循環型社会の構築を目指して～」においては、教育基本法第３条に示された生涯学習の理念にのっとり、その理念の実現を図る行政であると定義されている。その上で、生涯学習振興行政は、教育委員会において社会教育行政や学校教育行政によって個別に実施される施策を中心として、首長部局において実施される生涯学習に資する施策を含むものとし、「その全体を総合的に調和・統合させるための行政が（略）生涯学習振興行政の固有の領域である」としている。

②　生涯学習振興行政と社会教育行政の関係

上記答申では、生涯学習振興行政と社会教育行政の関係について、社会教育行政は、「国民一人一人の生涯の各時期における人間形成という『時間軸』と、社会に存在する各分野の多様な教育機能という『分野軸』の双方から、学校教育の領域を除いたあらゆる組織的な教育活動を対象としており、その範囲は広がりを持ち、生涯学習振興行政において（略）中核的役割を担うことが期待されている」としている。

③　生涯学習振興行政の要となる社会教育行政

生涯学習を振興する体制の一環として、平成２（1990）年には、「生涯学習の振興のための施策の推進体制等の整備に関する法律」（以下「生涯学習振興法」という。）が制定され、都道府県には生涯学習審議会を置くことができることとなっている（生涯学習振興法第10条）。都道府県の生涯学習審議会は、都道府県教育委員会又は知事の諮問に応じ、当該都道府県の処理する事務に関し、生涯学習に資するための施策の総合的な推進に関する重要事項を調査審議する機関である。市町村においても、住民の生涯学習の振興に資するため、都道府県と同様に生涯学習審議会を設置しているところも見受けられる。

また、法的な機関ではないが、各都道府県で一時期、知事や教育長の下に「生涯学習推進本部」といった名称で、全庁的な生涯学習関連施策の連絡調整機能を持った行政組織が整備され、生涯学習審議会の答申を受けながら生涯学習の推進に取り組む地方公共団体も見られたが、現在ではごく少数に留まっている。生涯学習社会の実現を図るためには、行政内部において生涯学習に関連する情報を共有し、各施策間の連絡調整機能を持つ組織の存在が不可欠と考えられる。

社会教育行政は、このような「生涯学習審議会」や「生涯学習推進本部」などの仕組みを活用し、関係機関相互の連絡調整を図りながら、生涯学習振興行政の要として中核的役割を担うことが強く求められている。

(2) 教育委員会と首長部局の制度的な関係

教育委員会は、地方公共団体に必ず置かなければならない行政委員会として、地方自治法に規定されており、その目的は、教育行政の全般に地域住民の多様な意見を反映させるとともに、教育行政の中立性、継続性、安定性を確保することにある。教育委員会は、首長部局から独立した行政委員会として、学校や公民館、図書館、博物館等を管理し、学校教育、社会教育、スポーツ、学術、文化など、教育に関する多様な事務を専管し、様々な施策を展開している。また、教育委員会の権限に属する事務を処理するため、教育委員会には事務局が置かれている。

◆用語解説：教育委員会制度

・設置根拠：地方公共団体に置かなければならない委員会（地方自治法第180条の5）

・組織：教育長と４人の教育委員をもって組織［都道府県・市・地方公共団体の組合（県・市が加入するもの）は６人以上、町村・地方公共団体の組合（町村のみが加入するもの）は３人以上でも可］（地教行法第３条）

・任期：教育長の任期は３年、教育委員の任期は４年（地教行法第５条）
・職務：学校や公民館、図書館、博物館など社会教育施設等の教育機関を設置、管理するとともに、これら教育機関の財産を管理する。教育委員会及び学校その他の教育機関の人事に関する事務を行うほか、社会教育、スポーツ、文化財の保護等に関する事務を行う。（地方自治法第180条の８、地教行法第21条）

一方で、地方公共団体の長が教育に関して執行できる職務は、大学や私立学校に関すること、教育財産の取得・処分、教育予算の執行など、極めて限定的なものとなっていた（地教行法第22条）。

近年、子供たちのいじめによる自殺が社会問題化したことを発端として、教育委員会制度の固定化に対する批判が強まったこともあり、これまでの教育委員会と首長部局との関係を見直し、両者が連携する必要性を指摘する議論が高まった。こうした状況を踏まえ地教行法が改正され、平成27（2015）年４月以降、これまでの教育委員長（教育委員会の長）と教育長（教育委員会の事務局の長）の職を一本化し、後者の教育長が教育行政の責任者として位置付けられ、教育行政の責任の所在が明確になった。なお、教育長は地方公共団体の長が任命することとなっている。

この地教行法の改正により、地方公共団体の長は、教育基本法第17条第１項に定める教育に関する基本方針（国の教育振興基本計画）を参酌し、地域の実情に応じ、当該地方公共団体の教育、学術、文化の振興に関する総合的な施策の大綱を定めることとなった。また、地方公共団体の長と教育委員会の両者から構成される「総合教育会議」が新たに設置されることとなった。

総合教育会議は、地方公共団体の長が招集することとなっており、大綱の策定のほか、教育を行うための諸条件の整備、その他の地域の実情に応じた教育、学術、文化の振興を図るための重点施策や、児童・生徒等の生命や身体に現に被害が生じている場合、又はまさにそのおそれがあると見込まれる場合等、緊急を要する場合に講ずべき措置について、協議と調整を行うこととなっている。

◆用語解説：総合教育会議（地教行法第１条の４）

・設置根拠：地方公共団体の長は、大綱の策定に関する協議等を行うため総合教育会議を設ける。

・組織：地方公共団体の長及び教育委員会
・職務：1）教育行政の大綱の策定、2）教育条件の整備など重点的に講ずべき施策、3）児童・生徒等の生命・身体の保護など緊急の場合に講ずべき措置などについて協議を行う。
・招集：総合教育会議は、地方公共団体の長が招集する。

今日、子供たちの健全な育成を図るため、学校教育行政と社会教育行政の連携が従前にも増して求められている。また、地域には様々な課題が存在しており、こうした課題解決のために、従来社会教育が担ってきた施策と関連する施策が首長部局においても幅広く展開されている。

このような現状を踏まえると、社会教育行政としては、この総合教育会議の制度を積極的に活用し、この会議の場を通じて関連する部局等との連携・ネットワークを推進することが強く期待される。

(3) ネットワーク型行政の中の社会教育行政

①　社会教育行政を取り巻く状況の変化

今日、市民社会の成熟化を背景として、教育委員会のみならず、首長部局やNPOをはじめとする行政以外の様々なセクターが、人々の生涯学習を支援する事業を展開するようになってきている。例えば首長部局において、防災・減災、まちづくり、若者の就業支援、人権、健康、子育て支援、環境保護など、地域や社会の抱える課題解決に資するため、様々な講座や講演会、イベントなどを開催している。また、社会福祉協議会でも社会的包摂の実現に寄与すべく地域において積極的に活動を展開しているほか、大学やカルチャーセンター、NPO、企業、個人などが、それぞれ様々な目的を持って人々の生涯学習の支援を行っている。

このような中、これまで主として社会教育行政が担ってきた役割が相対的に縮小し、一部の地方公共団体では社会教育行政を首長部局に移管する動きも見受けられるなど、今日、社会教育行政を取り巻く状況は厳しさを増していることは否めない。こうした状況を踏まえ、ネットワーク型行政の要としての役割など、社会教育行政の活性化の方向性を示唆する動きも生じてきている。

社会教育行政の今後の方向性として、ネットワーク型行政へ転換する必要性を初めて提言したのは、平成10（1998）年の生涯学習審議会答申「社会の変化に対応した今後の社会教育行政の在り方について」である。この答申では、生涯学習社会の実現に向けて、これからは広範な領域で行われている様々な学習活動に対して、これらを総合的に支援していく仕組みとして「ネットワーク型行政」を構築する必要性を挙げ、社会教育行政は生涯学習社会の構築に向けて、その中核的役割を果たさなければならないと提言した。すなわち、社会教育行政は生涯学習振興行政の要として、多様化・高度化する人々の学習要求を総合的に支援・調整していく役割を果たすことが期待された。

しかしながら社会教育行政がこうした期待される役割を必ずしも果たすことができなかったこともあり、その後、平成25（2013）年１月の「第６期中央教育審議会生涯学習分科会における議論の整理」において、社会教育行政が抱える課題として、１）地域コミュニティの変質への対応、２）多様な主体による社会教育事業の展開への対応、３）社会教育の専門的職員の役割の変化への対応を挙げた上で、こうした課題を解決するため、社会教育行政は従前の自前主義から脱却し、教育委員会のみならず首長部局、大学などの高等教育機関やNPOをはじめ民間団体や企業と積極的かつ効果的な連携を仕掛けることや、地域住民と協働した取組を推進することなどを提言し、「ネットワーク型行政」の推進を確実に実施していく必要性を改めて強く求めた。

②　教育基本法の改正と学校・家庭・地域の連携・協働

平成18（2006）年に改正された教育基本法において、新たに第13条に学校・家庭・地域住民等の相互の連携協力が規定されたほか、平成20（2008）年に改正された社会教育法においても、新たに第３条において、社会教育行政は生涯学習の振興に寄与するように努めること、そのためには学校・家庭・地域住民その他関係者相互間の連携・協力の促進に努めることが盛り込まれている。さらに市町村教育委員会の事務について規定している第５条に、学校の放課後等において地域住民等が子供たちに様々な学習・体験活動の機会を提供する「放課後子ども教室（現：放課後子供教室）」等の事業や、地域住民がこれまでの学習成果を生かしながらボランティアとして学校の授業の補助等に当たる「学校支援地域本部」等の事業に関する事務が追加されるなど、社会教育行政と学校教育行政の連携促進が法的にも期待されるところとなった。

注目すべきは、平成27（2015）年12月の中央教育審議会答申「新しい時代の教育や地方創生の実現に向けた学校と地域の連携・協働の在り方と今後の推進方策について」において、次代を担う子供たちの成長を支える仕組みとして、より幅広い地域住民や団体等が参加し、学校と地域住民等が教育目標を共有しながら緩やかなネットワークを形成し、学校（コミュニティ・スクール）を核として、地域住民等が子供たちのための様々な学習・体験活動等を提供することを通じて、学校教育の質の向上はもちろんのこと、そうした活動を通じた地域の活性化をも目指す「地域学校協働活動」の推進を提言したことである。

また、翌年の平成28（2016）年５月の中央教育審議会答申「個人の能力と可能性を開花させ、全員参加による課題解決社会を実現するための教育の多様化と質保証の在り方について」の第２部において、生涯学習を通じて「全員参加による課題解決社会」を築いていくためには、多様な機関・団体等による学習機会の提供とともに、学習した成果が適切に評価され、学習成果がその活用と有機的につながるような環境、すなわち学びと活動の循環システムとして、様々な機関・団体等のネットワークの拠点である「生涯学習プラットフォーム」を形成する必要性を提言したこともあり、「コミュニティ・スクール」の設置と「地域学校協働活動」の取組が全国的に拡がった。

こうした状況を踏まえ、平成29（2017）年には社会教育法が改正され、地域学校協働活動を推進するための体制整備や、その中核的役割を果たす地域学校協働活動推進員の設置に関する規定が新たに設けられた。

③　これからの社会教育行政の方向性

平成30（2018）年12月には、中央教育審議会答申「人口減少時代の新しい地域づくりに向けた社会教育の振興方策について」が提言され、新たな社会教育行政の方向性として、１）住民の主体的な参加のためのきっかけづくり、２）ネットワーク型行政の実質化、３）地域の学びと活動を活性化する人材の活用の３点を指摘し、「開かれ、つながる社会教育の実現」を目指すことが提言された。

厳しいコロナ禍の時代を乗り越え、AIをはじめとするICTがこれまでにないスピードで進歩する一方で、人生100年時代を迎えるなど、先行きがなかなか見通せないいわゆるVUCAの時代を果敢に生き抜く人材を育成するため、社会教育行政はどうあるべきかが、今、まさに問われていると考える。

最近の中央教育審議会における議論においても、「全ての人の『ウェルビーイング』の実現」がキーワードとして取り上げられ、令和５（2023）年に定められた第４期の「教育振興基本計画」（５か年計画）において、１）2040年以降の社会を見据えた持続可能な社会の創り手の育成と、２）日本社会に根差したウェルビーイングの向上をコンセプトとして、「地域や家庭で共に学び支え合う社会の実現に向けた教育の推進」など５つの基本方針が掲げられている。

今日、社会教育行政の抱える課題は多様化しており、単独での解決は困難な状況にある。社会教育行政は、全ての人のウェルビーイングの実現を目指して、行政内部だけではなく、関係機関・団体はもちろんのこと、民間企業やNPO、個人など幅広い機関・団体等との緩やかな連携・協働の下、ネットワーク型行政の実質化が強く求められている。そうした社会教育行政を中核としたネットワーク型行政の在り方が、様々な実践等を通して検討・充実されることが強く求められている。

（馬場　祐次朗）

第7節　社会教育に関係する財政、予算

1　地方公共団体の予算

(1) 財政と予算

地方公共団体が存立し、活動していくために必要な財貨を調達し、これを消費する営みを「財政」と呼んでいる。予算とは、財政運営のための一つの制度である。この予算制度については、地方公共団体の場合、地方自治法、同施行令、同施行規則およびそれらに基づいて各地方公共団体ごとに定められる財務規則がある。

予算は、「一定期間内における収入・支出の見積もり」であり、この場合の一定期間とは、毎年の4月1日から翌年の3月31日までの一年間と定められている（地方財政法第11条、地方自治法第208条）。この期間のことを、収入・支出を行う期間の単位として「会計年度」という。この会計年度に属する収入・支出を「歳入・歳出」と呼び、一会計年度内の一切の収入は歳入に、一切の支出は歳出に編入しなければならない。

予算の成立には、議会の議決を経なければならない。その意味で、単なる経費の見積もりではなく、議決という手続きによって、執行機関が議会から、一定の範囲内における経費の運用の機能を付与されたという意味を持っている。

このように予算は、地方公共団体において毎年度支出する経費の範囲と量を決定し、その運用を規制するものであるから、行政がその活動を行うためには、そのための経費つまり行政費が、予算の上に的確に計上されていることが必要である。どんなに立派な行政施策も、予算の裏付けがなければ、絵にかいた餠となってしまう。

予算というと、一般的に歳入と歳出だけのことを示すように思われがちだが、地方公共団体の予算を制度の上から見ると、歳入歳出予算のほか継続費、繰越明許費、債務負担行為、地方債、一時借入金及び歳出予算の各項の経費の金額の流用から成っている（地方自治法第215条）。

◆用語解説：繰越明許費、債務負担行為

・繰越明許費

歳出予算の経費のうちその性質上又は予算成立後の事由に基づき年度内にそ

の支出を終わらない見込みのあるものについては、翌年度に繰り越して使用することができる（地方自治法第213条）。

・債務負担行為

歳出予算の金額、継続費の総額又は繰越明許費の金額の範囲内におけるものを除くほか、普通地方公共団体が債務を負担する行為をするには、予算で債務負担行為として定めておかなければならない（地方自治法第214条）。

(2) 一般会計と特別会計

財政は、一体的かつ総合的に運営されなければならない性質のものであり、全ての収入・支出は、その全体が容易に把握できるように、一つの予算に組み込まれていることが望ましい。しかし、行政活動は複雑多岐であり、収入・支出といっても、いろいろな性質のものが混在している。そこで、収支相互の関係を明確にするとともに、予算の効果的な運用を図る意味から、基本的な会計のほかに、例外的に別の独立の会計を設けることがある。前者を一般会計、後者を特別会計と呼んでおり、両者の予算は別建てで編成される。

一般会計は、行政に要する収支を総合的に経理するもので、地方公共団体の基本的な活動に必要なあらゆる経費を計上した根幹となる会計である。しかし、何を一般会計の内容とするかは、地方公共団体の判断によって異なる。

一方、特別会計とは、特定の事業・資金などについて特別の必要がある場合に、一般会計から区分してその収支を別個に経理するための会計である。

(3) 本予算と暫定予算、当初予算と補正予算

予算は、会計年度が始まる日の前、つまり３月31日以前に成立していることが原則であるが、諸般の都合で年度開始前に成立する見込みがないときは、その会計年度のうち一定の期間に限って、必要最小限度の経費の支出ができるように短期間の予算が組まれることがある。これを暫定予算といい、通常の年間予算を本予算と呼ぶ。暫定予算は、本予算が成立するとそれに吸収される。

また、予算は、会計年度内の収支をできるだけ正確に予測して、編成される必要がある。しかし、年度途中における災害の発生、法令の改正、新規施策の緊急実施および既定施策の変更その他年度開始前においては予測されなかった新しい事態に対処するため、年度の中途において、その内容を変更する必要が生じる場合がある。このよ

うに年度中途で新たな経費の追加や既定経費の増減を行う予算を**補正予算**と呼び、最初の本予算を**当初予算**と呼んでいる。

(4) 予算の区分

歳入歳出予算の内容を明らかにするための区分を「**予算科目**」という。最も大きい分類が「**款**」であり、以下「**項**」「**目**」「**節**」からなっている。歳入は性質に従って、「款」に大別され、各款の中で「項」に区分される。さらに、各項は、「目」「節」に区分される。

一方、歳出は目的に従って「款」「項」に区分される。また、歳入と同じく各項は、「目」「節」に区分される。歳出の「節」は性質別に、「1報酬」から「28繰出金」までの28節以外の科目区分を設けることはできない。

歳出科目「款」の「10教育費」は、「1教育総務費」「2小学校費」「3中学校費」「4高等学校費」「5幼稚園費」「6社会教育費」「7保健体育費」の「項」に区分され、さらにいくつかの「目」に分けられる。「6社会教育費」の場合、「1社会教育総務費」「2公民館費」「3図書館費」等の「目」に区分されている。

●参考：予算区分

款 10教育費
項　6社会教育費
目　1社会教育総務費 2公民館費 3図書館費
節　1報償費 9旅費 11需用費 12役務費 13委託料 18備品購入費

こうした経費は、職員の給与や旅費等の行政組織自体を維持・管理するための「内部管理費」、教育施設の建物および設備の整備に要する「施設整備費」、各種の事業に要する「事業活動費」の3つに大別することができる。社会教育費で考えると、公民館や図書館などの社会教育施設を整備・充実するとともに、必要な職員を配置し、学級・講座など各種の事業を実施するために要する費用と考えることができる。

2　予算編成の視点と方法

予算に関する事務は、各部局における概算要求の準備→概算要求→財政部局の査定→予算の作成→議会への付議→議決→各部局への予算配布→各部局における予算執行

→決算という順序である。このうち、概算要求→査定→予算の作成の過程が予算編成と呼ばれるものである。

(1) 予算の編成権と編成時期

予算を編成する権限は、地方公共団体の長（知事または市町村長）に属する。これは、予算を議会に提出する権限が地方公共団体の長に専属していることによるものであり、議会や議員には、予算の編成権も提案権もない（地方自治法第211条）。また、教育に関する予算の作成については、地方公共団体の長は、教育委員会の意見を聞かなければならない（地方教育行政の組織及び運営に関する法律第29条）。

予算の編成時期は、本予算、補正予算、暫定予算の別によって異なるが、予算を議会に提出する期限と関連する。本予算の場合、都道府県および指定都市にあっては、年度開始前30日、その他の市及び町村にあっては年度開始前20日までに提出しなければならない（地方自治法第211条）とされており、予算の編成は、これに間に合うように行われる。

(2) 予算編成のポイント

財政当局は、予算を査定する上での基準を持っている。当然、要求側としては、これらのポイントを踏まえ作成に当たることが必要である。以下、査定に際しての主な視点を示す。

① 要求が予算編成の方針に合致しているかどうか。
② 緊急性・必要性及び社会的要請が大きいかどうか。
③ 将来、過大な財政負担を伴うものに発展するおそれはないか。

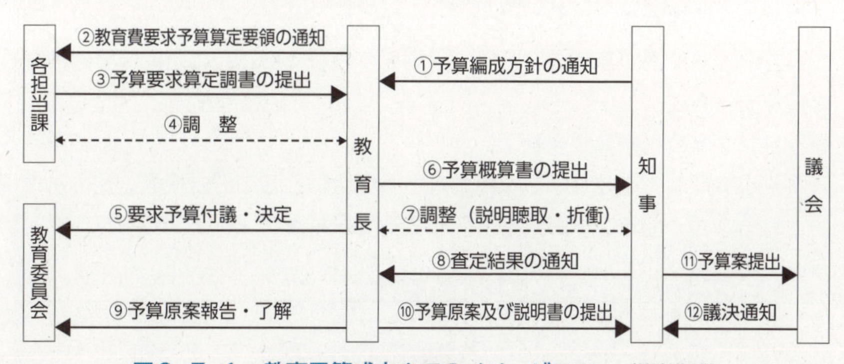

図２-７-１　教育予算成立までのイメージフロー（筆者作成）

④　行政事務配分から見て、都道府県または市町村の事業として取り上げるにふさわしいものであるかどうか。

⑤　事業遂行の計画が合理的で現実に即しているかどうか。

⑥　法令等の規定に違反していないかどうか。

⑦　経費の積算が他の類似事業と比較して過大見積もりになっていないかどうか。

⑧　事業にかかる国庫補助金などの特定財源があるかどうか。

(3)　予算に関するプレゼンテーション

一般的に社会教育行政費は、任意的、奨励的な経費であり義務的要素が少ないと見られている。裏を返せば、事情によってはゼロ査定があり得るという性質の経費であると言える。

また、予算には、保守性という独特な性格があり、既定経費はなかなか削れないが、新規事業の要求に対しては、財政担当者も極めて慎重になる。つまり、財政当局の理解と同調を得るための説得力のあるプレゼンテーションが求められる。そのための視点を以下に示す。

①　予算の効果について、だれにでも（教育関係者ではなくても）分かるような簡潔な言葉で結論から明確に伝える。

②　事業の具体的な内容や成果について、情熱と自信を持って詳しく説明する。

③　本事業が必要とされる根拠を、客観的データに基づいて説明する。

④　簡単にあきらめず、粘り強く説明する。

◆用語解説：ゼロベース予算方式、シーリング方式（概算要求基準）

・**ゼロベース予算方式**

過去の実績に基づかずに、全ての計画を、会計年度ごとに新規事業とみなして査定する方式。

・**シーリング方式（概算要求基準）**

財政規模抑制の必要性から採用され、予算全体としての規模を一定の基準におさめる方式。前年度予算額を下回る概算要求基準をマイナスシーリングという。

◆用語解説：事業評価制度

> 予算要求を行うに際して各部課に、１）事前の事業評価による目標値の設定、２）継続事業の場合には、事後の事業評価による目標値の達成率等の提示を求めるなどの事業評価を予算に積極的に反映させ、効率的な予算執行を目指すもの。

3　予算の執行（予算の使い方）

(1) 歳出予算の執行

予算の執行とは、法令の定めに基づき、予算化されている事業等の実施に費やした経費を、歳出予算書の予算区分に従い適切に支出することである。歳出予算の執行には、支出負担行為、支出命令、支出の３段階があり、歳出予算として計上された額より多く支出することは許されない。

◆用語解説：支出負担行為、支出命令、支出

> ・支出負担行為
> 　支出の原因となるべき契約その他の行為をいう。この行為が、法令に違反するようなもの、予算より多額のものであってはならない。
> ・支出命令
> 　地方公共団体の長が、会計管理者に対し、支出を命令することをいう。この命令がなければ、会計管理者は、支出をすることはできない。また、会計管理者は、当該支出負担行為が法令又は予算に違反していないこと及び当該支出負担行為に係る債務が確定していることを確認した上でなければ、支出をすることができない。
> ・支出
> 　会計管理者が、契約その他の行為の相手方に、金銭を手渡したり、小切手を交付したりすることをいう。

(2) 予算の流用

予算の流用とは、既に予算において使途が決定している経費を使用せず又は抑制し、それを他の支出費目に充当使用することをいう。歳出予算は各款の間又は各項の

間において相互に流用することを禁じているが、各項については、予算の執行上必要がある場合に限り予算の定めるところにより流用が認められている（地方自治法第220条）。また、目節の流用については、目節が予算執行のために設けられたいわゆる執行科目でもあり、流用について特に制限は規定されていない。しかし、流用をみだりに行うことは適切ではないので、地方公共団体の財務規則等に規定して適性化を図っている。

予算の執行は、繰越明許費以外、毎会計年度の歳出予算の経費を翌年度に使用することはできないこととなっている。だからといって、年度末に無駄な予算消化は厳に慎むべきである。また、各事業の執行に当たっても、事業効果の向上等を図ることはもちろん、より一層の経費縮減に努力しなければならない。

（佐久間　章）

第８節　社会教育行政における委員

1　設置の意義と根拠

(1) 審議会設置の意義

行政における委員とは、一人一人が単独で構成される委員と、委員会や審議会といった合議制による機関の構成員を指す。合議制の委員会や審議会に対して、前者を独任制という。独任制の事例としては、都道府県知事、検察官、監査委員などがある。行政において委員会や審議会を設ける意義は、行政執行機関に権限が集中するのを防ぐ、行政事務の高度専門性に対応する、市民の参加を促すことで行政に民意を反映させる、公平で多元的な行政運営を図るなどの意義がある。地方公共団体の委員会には、教育委員会や選挙管理委員会、農業委員会のような執行機関としての委員会と、地方公共団体の事務の審査・審議・調査等を行う附属機関としての委員会がある。審議会は後者に属し、特定の行政機関の長の諮問に応じて、審議する合議制の機関である。諮問については後述する。なお、行政の附属機関ではなく、行政や市民・関係団体等が参加して、協議・推進事業等を行う組織としては協議会等もある。

社会教育行政においても、各自治体で委員・審議会が設置されている。住民が主体的に学習し、その成果を自身の成長と他者や地域社会の課題解決に還元するなどして社会教育の事業をより充実させていくためにも、社会教育行政における委員・審議会の役割は大きい。

(2) 設置上の法的根拠

社会教育の推進に関わる法律には、社会教育法、図書館法、博物館法、スポーツ基本法、文化芸術基本法、生涯学習の振興のための施策の推進体制等の整備に関する法律（以下「生涯学習振興法」という。）などがある。これらの法にそれぞれ依拠する委員・審議会については、以下のように示されている。

①　都道府県及び市町村に社会教育委員を置くことができる。（社会教育法第15条）

②　公民館に公民館運営審議会を置くことができる。（社会教育法第29条）

※下線は筆者による。

同じように、図書館協議会（図書館法第14条）、博物館協議会（博物館法第23条）、スポーツ推進審議会等（スポーツ基本法第31条）、文化芸術推進会議等（文化芸術基本法第37条）、都道府県生涯学習審議会（生涯学習振興法第10条）も、「～を置くことができる」と任意になっている。このため設置は一律ではない。設置しない自治体は、財政的な課題も含め、行政の全体的な視野からの判断であろうが、設置している自治体が費用対効果も含めた役割の重要性を示すことによって、より多くの自治体に設置への前向きな検討を促すことができる。

審議会等を設置する場合、国は国家行政組織法第８条、地方公共団体は地方自治法第138条の４に準拠することが求められており、都道府県や市町村は、設置しようとする審議会等の設置条例（定数、任期、委嘱の基準等）を議会に諮って議決を得る必要がある。それぞれの委員の任命基準は、「委員の委嘱の基準については、文部科学省令で定める基準を参酌するものとする」（社会教育法第30条第２項）とあり、「文部科学省令で定める基準」には、社会教育委員と公民館運営審議会の場合、「学校教育及び社会教育の関係者、家庭教育の向上に資する活動を行う者並びに学識経験のある者」（平成23年文部科学省令第42号）とある。図２-８-１は、全国の社会教育委員と公民館運営審議会等の委員構成である。

国は、平成11（1999）年に閣議決定された「審議会等の整理合理化に関する基本計画」の「審議会等の運営に関する指針」において、「会議又は議事録を速やかに公開することを原則とし、議事内容の透明性を確保する」と明示した。都道府県や市町村の審議会等もこれに倣っている。

2　委員の種類と職務・役割

(1) 委員の種類と各委員の職務・役割

社会教育に関する委員・審議会等は、法と地方公共団体の条例に依拠するものと、地方公共団体の条例にのみ依拠するものがある。ここで論じるのは前者であり、社会教育委員、公民館運営審議会、図書館協議会、博物館協議会を取り上げる。これらの中で、社会教育委員は「教育委員会の諮問機関」、ほかは「館長の諮問機関」と位置付けられている。社会教育委員の職務と役割については後述する。

公民館運営審議会の職務は、「館長の諮問に応じ、公民館における各種の事業の企画実施につき調査審議するものとする」（社会教育法第29条第２項）とあり、調査審議する内容は公民館の事業に焦点化されている。図書館協議会の場合も、館長の諮問に応じるとともに、館長に意見を述べることができるのは「図書館の行う図書館奉仕について」（図書館法第14条第２項）と限定されている。ここに言われている「公民

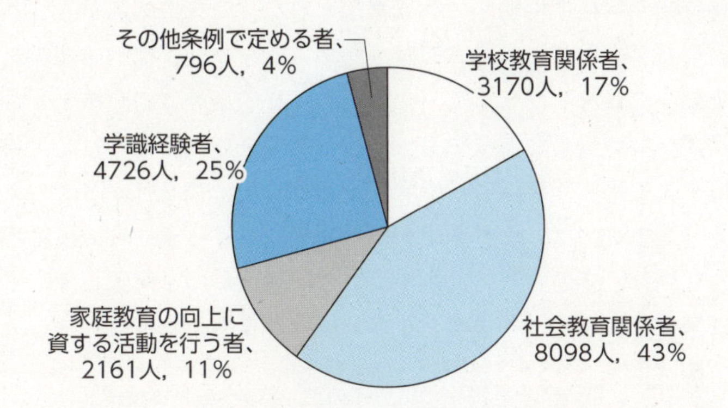

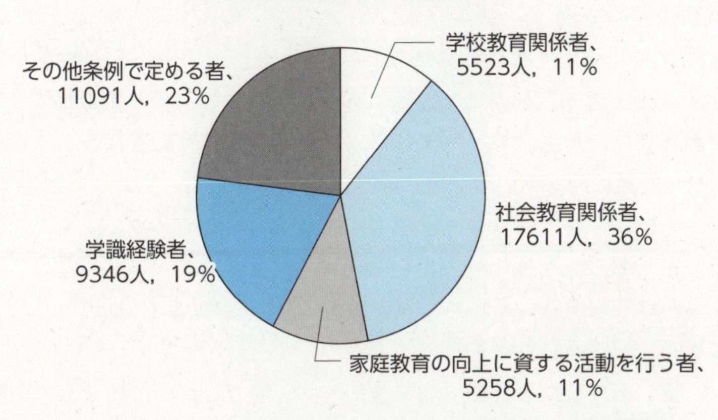

図２-８-１　社会教育委員と公民館運営審議会等の委員構成

（出典：『令和３年度社会教育調査報告書』（文部科学省）p. 40，p. 93を基に筆者作成　数字は全国の合計人数と割合）

館の事業」と「図書館奉仕」の具体的な内容は、社会教育法第22条におおむね６項目、図書館法第３条におおむね９項目示されている。

これに対して博物館協議会は、「博物館の運営に関し館長の諮問に応ずるとともに、館長に対して意見を述べる」（博物館法第23条第２項）と、公民館や図書館よりも職務の範囲が広く施設運営全般に及んでいる。博物館協議会は、館長からの諮問があれば、施設整備、事業、運営の仕組み・体制など、博物館運営に関する全ての案件について館長に意見を述べることが求められている。

(2) 諮問と答申

審議会等は、執行機関（任命機関）の附属機関として、執行機関等からの求め（諮問）に応じて委員の意見を取りまとめて回答（答申）したり、法律や条例が定める所掌事項について審議、調査をしたりする。このため、審議会等は諮問機関とも称される。審議会等は諮問がない場合であっても、執行機関（任命機関）に対し、委員の合意を得て意見を取りまとめて「建議」、「提言」、「意見具申」等を行うこともある。

審議会等の意見（答申等）は、それを求めた機関等に対する意見の域にとどまり、法的拘束力はもたないが、審議会等は民意を反映し、住民参加を保障しているので、行政機関等は、審議会等の意見（答申等）を真摯に受け止め、施策に反映していく努力義務がある。

3　社会教育委員の職務・役割

(1) 社会教育委員の職務

社会教育委員の職務は、社会教育法第17条に示されている。社会教育委員は他の委員と異なり、独任制であることが特徴である。そのため、個人の集合体としての会議は「社会教育委員の会議」等と呼ばれる。初めて社会教育委員就任の依頼を受けた人は「社会教育委員は何をすればいいのか」と思う人もいる。そこで自治体では、「社会教育委員の手引き」、「社会教育委員ハンドブック」などの名称で、初めて就任した委員の立場に寄り添った平易な説明書を作成し、ウェブサイト等で公開しているところも見られる。以下に、法に示された社会教育委員の職務について説明を加える。

①　社会教育に関する諸計画を立案する

平成18（2006）年に教育基本法が改正され、地方公共団体に「その地域の実情に応じ、当該地方公共団体における教育の振興のための施策に関する基本的な計画を定めるよう努めなければならない。」（第17条第２項）と努力義務として規定された。

これは、国の教育振興基本計画に基づき、地域社会における教育活動を推進する計画の意義を述べている。それを受けて、社会教育委員が立案を担う「社会教育に関する諸計画」には、地域住民の生涯学習の振興計画、公民館や図書館等の社会教育施設の利用促進計画、地域の文化活動やスポーツ活動の推進計画等がある。

ある町では、町の生涯学習推進計画策定に係る諮問が出され、数回の社会教育委員の会議を経て教育長に答申されたという事例もあるが、一般的には、社会教育委員が直接計画を立案するというよりも助言することが本旨である。年間事業計画は全ての行政部署で作成されているが、社会教育に関する毎年度の年間事業計画が住民の意向や地域の課題の反映も含めて、適切に計画され実施されているかの点検は重要である。

②　教育委員会の諮問に応じ、これに対して、意見を述べる

諮問に対して意見を述べる一般的形式は、書面による答申や意見書である。答申に取りまとめられた意見の全体は、毎回の会議の中で各委員が述べた個々の意見が素材になっている。その意味で、より有効な意見（答申等）をまとめるには、毎回の会議の中で、各委員がどれくらい有効な意見を述べるかにかかっている。「社会教育委員は何をすればいいのか」という問いで最も重要な視点は、「社会教育委員はどんな意見を述べればいいのか」ということであろう。会議での意見の述べ方については後述する。なお、広域を対象とし、直接的な住民サービスを目的としない都道府県行政と、直接的で適切な住民サービスを目的とする市町村行政は異なるため、社会教育委員が述べる意見の視点も異なる。都道府県の社会教育委員は「広域的な立場」から意見を述べ、市町村の社会教育委員は「地域住民の立場」に立った意見が求められる。

社会教育法第13条には、地方公共団体が社会教育関係団体に対し補助金を交付しようとする際は、教育委員会が社会教育委員の会議（社会教育委員が置かれていない場合には、条例で定めるところにより社会教育に係る補助金の交付に関する事項を調査審議する審議会その他の合議制の機関）の意見を聴いて行わなければならないことを定めている。

③　必要な研究調査を行う

前項の「諮問に応じ、意見を述べる」に当たって、より適切で建設的な意見を述べるためには、根拠となる情報が必要である。それが「必要な研究調査」である。研究調査には以下のような方法が考えられる。

ア　様々な事業現場や活動の様子を参観して、住民・学習者の声、担当職員の話をヒアリングし、事業評価する。

イ　課題となっている施策について、先進的な事業・取組を行っている現場を視察する。

ウ　担当職員や住民へのアンケート調査を行い、結果から分析考察する。

エ　個人またはグループや分科会ごとにテーマを決めて探究し、会議で発表する。

オ　研修会等に参加し、社会教育に関わる研究と具体的な実践事例を学ぶ。

日々行われている社会教育行政を更により良く改善していくための「意見」とし

て、説得力のある意見を述べるために、限られた予算と時間の中で、より有効な研究調査方法を選択する必要がある。その際、過去の研究調査の蓄積を生かすこともできる。また、委員が自主的に研究調査を行うことは奨励される。

④　教育委員会の会議に出席して社会教育に関し意見を述べる

これは義務ではなく「できる」ということであるが、法が、委嘱・任命機関に対して助言機能を備えさせている点で、他の審議会等に見られない社会教育委員制度の特徴である。この役割を実効的なものにするため、社会教育委員と教育委員会との意見交換の機会を設定している自治体もある。

⑤　青少年教育に関する特定の事項について、助言と指導を与える（市町村の社会教育委員）

この職務は審議機関としての機能に付加されたものであり、これも社会教育委員制度特有のものである。この職務は、昭和34（1959）年の社会教育法改正で、地域社会における社会教育の推進を実践的に強化するために追加された。地域への具体的な学校教育・社会教育・家庭教育に関わる委員等で構成される市町村の社会教育委員が、その経験や知見を「助言と指導」という形でも生かしてほしいという願いを見ることができる。「当該市町村の教育委員会から委嘱を受けた青少年に関する特定事項」とは、例えば、青少年の健全育成プログラムの企画や、家庭教育支援のセミナーや放課後の体験活動、問題行動の予防策などが考えられる。

(2) 社会教育委員の役割

平成29（2017）年、学校運営協議会設置の努力義務、地域学校協働活動の実施体制の整備措置等の観点から、社会教育法などの関連法が改正された。それにより、地域学校協働活動推進員が社会教育委員になることや、逆の場合もあわせて、社会教育委員が地域と学校の連携・協働の推進に現場を通して一層寄与していくことが期待される。また、令和２（2020）年度から誕生した社会教育士についても、社会教育士が社会教育委員になることで、社会教育委員の会議での議論や研究調査の活性化などに寄与することが期待される。社会教育に関わる専門職と多様な人材が社会教育委員になることで、社会教育委員の役割が地域住民にもより明らかに映るであろう。

先に示したように、社会教育委員は独任制という特徴がある。社会教育委員はそのことを自覚し、委員個々人が各自の専門的立場から地域の隠れた課題を見出したり、様々な研修会に参加したりすることが求められている。地方公共団体の「社会教育委員の手引き」等には、「主体的に行動する社会教育委員を目指して」といった副題や具体的な心がけが示されているが、それは社会教育委員としての役割への願いを表現していると言える。

社会教育では、学習者（住民）同士の話合い、学び合いが重視される。地域社会の維持や地域づくりという点でも、町内会・自治会等の会議も含めて、地域住民で物事を話し合って進めていくための会議自体を活性化させていくことは不可欠な要素である。その意味で、社会教育委員は、社会教育委員の会議自体についても、他の審議会等以上に活発な話合いがなされるよう、委員一人一人が自覚して参加運営していくことが期待される。会議をより良いものにするために、議長が配慮すべき点、委員が配慮すべき点を以下に示す。

これら会議において配慮すべき点は、社会教育委員の会議のみならず、他の審議会等の会議や、住民が参加する様々な会議、職員の研修会などにも活用できるものであり、社会教育委員が地域社会の各種会議の運営に貢献することも期待される。

●参考：会議で話合いを深めるために配慮すべき点

①　議長が配慮する点

ア　当日の会議の進め方について事前に事務局と十分な打合せをする。

イ　委員にできるだけ多く発言してもらうために、事前に資料を送付することや、会議中の事務局の説明を短時間に要約してもらうことなどに配慮する。

ウ　会議中に委員同士が意見をより練り合うために、小グループや分科会で話し合う場面を設けることや、別に小人数によるコア会議を設けることなどを事務局と検討する。

エ　会議中に小グループでの話合いを設ける場合、事務局の社会教育主事等にも協力してもらいながら、ホワイトボードを活用した記録等（会議の見える化）についても工夫する。

オ　会議始めに本日の会議の目的を明確にし、委員が目的に沿った発言ができるようにする。

カ　全ての委員が発言できるように配慮し、各委員の発言ごとに議長がコメントせずとも委員同士による主体的な意見交換がなされるような雰囲気を醸成する。

キ　会議終わりに次回の会議の目的に触れ、委員が任期を通じて、それぞれの会議に応じた意見を述べることへの意識付けを図る。

②　委員が配慮する点

ア　毎回の会議の目的と会議時間を意識し、目的に対して最も自身が重要と思うことを結論から述べ、他の委員の発言時間にも配慮する。
イ　発言の始めに、他の委員の発言との関連性（賛成、反対、別の視点など）を述べて自分の発言内容の位置付けを示し、委員全員で意見をまとめていくという意識を持つ。

社会教育委員の会議等も、会議の設定準備は社会教育委員担当事務局（社会教育行政職員、社会教育主事等）が黒子役として担う。そのため、社会教育委員の役割が十分に発揮されるように配慮する事務局の意識も重要である。会議でまとめられた意見（答申、意見書等）が、現場の事業運営に実質的に生かされていく配慮（事業担当者への周知や理解等）も、担当事務局にかかっている。

(3) 社会教育委員の資質

社会教育委員は、これまで住民と行政を結ぶパイプ役と言われてきたが、近年、地域学校協働活動推進員や社会教育士など社会教育の専門的な人材との重なりや交流が密になっているため、それらの人材に求められている能力（コーディネート能力、ファシリテーション能力、プレゼンテーション能力等）は社会教育委員の資質としても求められていくと思われる。社会教育委員は、特に会議等の場で、図2-8-1に示したような多様な構成委員の意見をすり合わせながら、限られた時間内に適切な意見を取りまとめることが求められる。それはファシリテーション能力等の実践にほかならない。

社会教育委員の任期終了時に「たくさんのことを学ばせていただいた」という感想がよく聞かれる。社会教育委員はそれまでの経験や見識、実績等が社会教育の振興に寄与し得ると評価され委嘱されるが、社会教育委員の資質として最も求められるのは、委員として活動する期間も、自身が他の委員とともに学び、新たに見出した知見を生かそうとする能動的な態度である。また市町村では、人材が固定化し、若い世代が育たないという声も聞く。できるだけ多くの地域住民が社会教育委員を経験し、住民の多様な意見が反映されるようにしながら、社会教育に関わる人材も自治体の中で持続的に育っていくよう展望していくことも必要である。

（松田　道雄）

第９節　社会教育主事と社会教育士

1　社会教育主事制度の歴史と経緯

(1) 社会教育主事の誕生

社会教育主事誕生の歴史は、大正９（1920）年、当時の臨時教育会議による答申を受け、文部省普通学務局長が、社会教育の振興を図ることを目的として、その設置について指示する「通牒（現在の行政機関における通達に相当）」を府県長官あて発出したことに端を発している。

●参考：発普一六〇号（大正９（1920）年５月６日）

> 就テハ此際一層斯教育ノ振興ヲ企画スル為メ貴庁学務課内ニ専ラ社会教育ニ関スル事務ヲ担当セシムル主任吏員ヲ特設セラレルヤウ致シタイト思ヒマス。
>
> ※下線は筆者による。以下同じ。

その後、大正13（1924）年には、文部省普通学務局内に社会教育課が誕生し、翌大正14（1925）年の地方社会教育職員制の公布により、社会教育主事は、その存在が初めて法令上に明記され、行政組織内における待遇等の身分が明確となった。

●参考：勅令第三二四号（大正14（1925）年12月12日）

> 地方ニ於ケル社会教育ニ関スル事務ニ従事セシムル為北海道地方費又ハ府県費ヲ以テ道庁又ハ府県ニ通シテ左ノ事務職員ヲ置クコトヲ得
>
> 社会教育主事　　専任六十人以内　奏任官待遇
>
> ※奏任官（そうにんかん）とは、明治憲法下で内閣総理大臣が天皇からの委任を受けて任命する高等官の一種であり、三等である内閣総理大臣秘書官や七等である大使館通訳官など幅広く任官されていた。
>
> 社会教育主事補　専任百十人以内　判任官待遇

第二次世界大戦後の民主化政策の中にあって、法令上に社会教育主事の名が再登場したのは、終戦から3年後の昭和23（1948）年であり、この年に公布された教育委員会法施行令において、社会教育主事が都道府県教育委員会の事務局に置かれる職員として規定され、併せて、その職務についても示された。

★法令チェック：教育委員会法施行令（昭和23（1948）年8月19日）

> 第十六條　教育委員会法に特別の定のあるものを除く外、都道府縣委員会の事務局に左の職員を置く。
> 一～三（略）
> 四　社会教育主事
> 2　（略）
> 3　主事、技師又は社会教育主事は、一級、二級又は三級とする。
> 4　社会教育主事は、上司の命を受け、社会教育に関する視察指導その他の事務を掌る。
> 5　（略）

教育基本法や学校教育法の制定に遅れること2年、昭和24（1949）年に制定された社会教育法においては社会教育主事に関しての規定はなされなかったが、昭和26（1951）年の法改正時に、都道府県教育委員会への必置（市町村は任意）を改めて規定するとともに、現在にも至る社会教育主事の職務が示された。そこでは、「上司の命を受け」の文言が盛り込まれていなかったことから専門職として一定の権限が認められたものであると同時に、住民に対する統制的行為を禁ずる姿勢が読み取れる。

★法令チェック：社会教育法の一部を改正する法律（昭和26（1951）年3月12日）

> 第九條の二　都道府県の教育委員会の事務局に社会教育主事及び社会教育主事補を置く。
> 2　市町村の教育委員会の事務局に社会教育主事及び社会教育主事補を置くことができる。
> 第九條の三　社会教育主事は、社会教育を行う者に専門的技術的な助言と指導を与える。但し、命令及び監督をしてはならない。

なお、前述の教育委員会法施行令は、昭和31（1956）年に廃止されている。

(2) 社会教育主事制度の変遷

昭和34（1959）年の社会教育法の改正で、市町村においても社会教育主事が必置となり、都道府県を含めた全ての自治体の教育委員会事務局に社会教育主事を配置することが法的に定められた。

★法令チェック：社会教育法等の一部を改正する法律（昭和34（1959）年４月30日）

> 第九条の二　都道府県及び市町村の教育委員会の事務局に、社会教育主事及び社会教育主事補を置く。但し、町村の教育委員会の事務局には、社会教育主事補を置かないことができる。
>
> ※ただし、その設置に当たっては、社会教育法施行令により、人口１.５万人以上の町村には約３年間、１～1.5万人の町村には約４年間、１万人未満の町村には当分の間置かないことができるとする経過措置が設けられた。この１万人未満の町村に「当分の間」と示された猶予期間は、施行から60年以上が経過した現在もなお続いている。

これにより、法改正前の昭和30（1955）年にまとめられた社会教育調査において800人程であった全国の社会教育主事は、昭和46（1971）年の同調査では3,000人を超えるなど着実にその発令者数は増加していたが、必置であるはずの配置率は未だ63.2%に留まっていた。

そのため、国では、町村における更なる配置の促進を図ることを目的として、昭和49（1974）年、都道府県から市町村に対して社会教育主事を派遣した際の給与を国費により補助をする「派遣社会教育主事」の制度を導入した。

これ以後、町村における社会教育主事の配置は大きく進み、全国各地で、派遣社会教育主事も含めた社会教育行政関係職員で構成される社会教育主事会等の任意団体の活動が盛んとなった。そこでは、都道府県や市町村の垣根を越えた情報交流や研究活動などを通して社会教育主事自身の資質を高めるとともに、そこで得た新たな学びの成果を各地域に還元することで社会教育の充実・振興に大きく寄与していくこととなった。

なお一方で、昭和57（1982）年から始まった行政事務の簡素合理化に伴う法律の整理により、各省庁における組織・制度の再編が行われ、社会教育法も社会教育主事補の設置について見直しを図ることとなり、現在に至る条文へと改正されている。

★法令チェック：行政事務の簡素合理化に伴う関係法律の整理及び適用対象の消滅等による法律の廃止に関する法律（昭和57（1982）年7月23日）

（社会教育法の一部改正）
第九条の二中「及び社会教育主事補」を削り、同条ただし書を削り、同条に次の一項を加える。
2　都道府県及び市町村の教育委員会の事務局に、社会教育主事補を置くことができる。

昭和60（1985）年には、派遣社会教育主事の給与費補助制度が、その必要経費の一部のみを交付する「社会教育指導事業交付金」に改められたことも影響し、全国の社会教育主事数は一旦落ち着きを見せる形にはなったが、市町村教育委員会における発令行為自体は定着してきており、その後の配置率にもそれほど大きな変動は見られなかった。そうした状況に鑑み、国は、平成9（1997）年に社会教育指導事業交付金を廃止し、翌平成10（1998）年には、都道府県の人口等に応じて配分される地方交付税措置に切り替えることとした。

しかし、緊縮財政を強いられていた都道府県では、一般財源化した派遣社会教育主事の給与費をそのまま制度存続に活用することが次第に困難となり、令和3（2021）年現在、給与費の負担元を問わず派遣を継続している都道府県は8か所にまで減少している。

加えて、社会教育・生涯学習担当部局の予算、組織体制ともに縮小傾向にある小規模自治体においては、発令に至るまでに当該職員の職場長期離脱を伴う社会教育主事講習（以下「主事講習」という。）受講を必須とする社会教育主事の育成を、市町村単費で継続することが困難となりつつあったことから、発令数は徐々に減少していった。そのため、平成8（1996）年には94.0%まで進んでいた市町村における社会教育主事の配置率は、平成23（2011）年の社会教育調査の結果では、派遣社会教育主事の制度を導入する直前の水準にまで低下し、直近（令和3（2021）年）では、人口1万人未満の町村を除いても40.9%となっている（図2-9-1）。

社会教育主事の未設置市町村が増加する中、全国市長会は、平成24（2012）年7

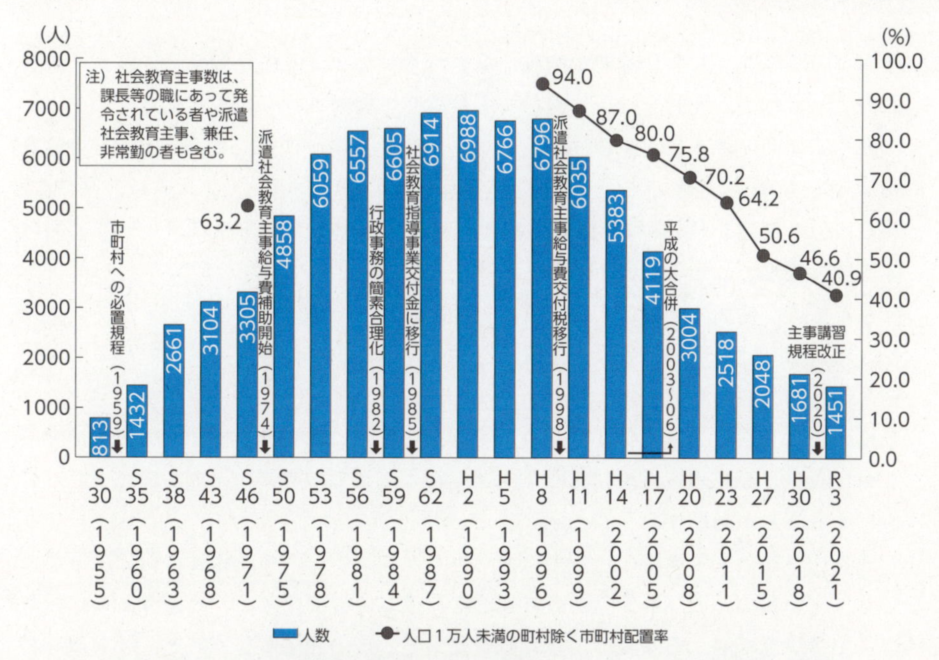

図２-９-１　社会教育主事数及び市町村教育委員会における配置率の推移
（過去の「社会教育調査」（文部科学省）の結果を基に筆者作成）

月、民間による社会教育活動が進んでいる現状にあっては、社会教育主事の職務は効果的ではないとの理由で、社会教育法による社会教育主事の必置規程を見直し、現状との乖離を解消することができるよう国に要望した。

これに対して文部科学省は、義務付けの廃止ではなく、社会教育主事の役割や養成の在り方などについての見直しを図る方向で検討に入ることとした。

(3)　社会教育主事養成の見直し

①　社会教育主事の今後の在り方の検討

平成25（2013）年１月に中央教育審議会（以下「中教審」という。）生涯学習分科会がまとめた「第６期中教審生涯学習分科会における議論の整理」において、社会教育行政が抱える課題として、「専門的職員が担う役割の変化への対応」が挙げられた。

その中で、市町村においては、社会教育の重要性・必要性については一定の評価がなされてはいるものの、社会教育主事については、必ずしも十分に理解され評価されていないこともあり適切な配置がなされていない、との見解が示され、その在り方については、次期審議会においても継続して検討を行うこととした。

続く第7期中教審生涯学習分科会はワーキンググループを設置。今後の社会教育行政や社会教育主事の在り方に関する具体的な方策について審議し、平成25（2013）年9月、「社会教育推進体制の在り方に関するワーキンググループにおける審議の整理」としてまとめている。

そこでは、住民の多様化する学習ニーズに応えるために社会教育が果たすべき役割は増大しているが、社会教育主事がその全てにおいて専門性を発揮することは困難となりつつあることから、今後は、【コーディネート能力】や【ファシリテーション能力】、【プレゼンテーション能力】等を身に付け、地域の多様な人材や資源を結び付けるなどして地域活動の組織化支援を行うことで、学習ニーズに応えられるようにすることが必要である、と示された。

また、当時の主事講習の内容では、そうした学習ニーズの多様性に対応できているとは言い難く、カリキュラムの抜本的な見直しが必要である、と指摘した。併せて、主事講習で学んだ知識は、社会教育主事としての発令がなくとも、社会教育行政以外の社会教育に関する様々な場面や、NPOやボランティア団体等の活動でも幅広く活用することが可能であることから、社会教育主事任用資格の有用性が社会教育に関する専門的な資質・能力を保障するものとして認知される仕組みについて検討すべきである、との「社会教育士」の称号創設に向けた提言がなされた。

これを受け、国立教育政策研究所社会教育実践研究センターは、主事講習のカリキュラム内容等の見直しを目的とした調査研究委員会を設置し、平成28（2016）年8月、社会教育の現場の業務につながる実践力を身に付けることや、主事講習の質を担保しつつも受講者の負担軽減を図ることなどを盛り込んだ「社会教育主事の養成等の在り方に関する調査研究報告書～社会教育主事講習の見直し（案）について～」をカリキュラムモデルとともに取りまとめた。

②　社会教育主事講習等規程の改正と社会教育士の誕生

平成29（2017）年3月、文部科学省生涯学習政策局（現在の総合教育政策局）は、そうしたこれまでの検討を整理し、基本的な考え方を示すために、「社会教育主事養成等の改善・充実に関する検討会」を立ち上げ、同年8月、中教審生涯学習分科会において、そこでの検討の結果を報告した（「社会教育主事養成の見直しに関する基本的な考え方について」）。

その中で、主事講習においては、

1）生涯学習・社会教育の意義など教育上の基礎的知識
2）地域課題や学習課題などの把握・分析能力
3）社会教育行政の戦略的展開の視点に立った施策立案能力
4）多様な主体との連携・協働に向けたネットワーク構築能力
5）学習者の特性に応じてプログラムを構築する学習環境設計能力
6）地域住民の自主的・自発的な学習を促す学習支援能力

の習得が図られるよう留意することが重要だとし、これまでの科目に加え、新たに社会教育経営論及び生涯学習支援論を新設する方針が示された。

一方で、主事講習が長期間に渡ることは、職員数が少ない小規模自治体にとって負担となっている現状があることから、社会教育主事の職務を的確に遂行し得る基礎的な資質・能力の養成に必要な講習時間数を確保しつつ受講者の負担軽減を図るため、社会教育計画及び社会教育特講を廃止し、講習全体ではそれまでより１単位少ない計８単位でまとめることとした。

特に、社会教育主事の幅広い視野を養うために様々な現代的課題を取り上げ、そこでの社会教育行政や社会教育主事の役割について学んできた社会教育特講については、前述の平成25（2013）年の中教審ワーキンググループ審議の整理で指摘されたとおり、一人の社会教育主事があらゆる分野で専門性を発揮することは事実上困難な時代となりつつあるため、今後は、現職研修やOJT等において、具体の地域課題を踏まえ、身近な題材等を活用しながら実践的に学ぶ方が効率的・効果的である、とされた。また、高等教育機関における社会教育主事養成課程（以下「養成課程」という。）についても、主事講習との整合性に留意しつつ科目構成の改編が示された。

なお、主事講習及び養成課程の見直しに当たり、社会教育主事任用資格が社会の各分野で活用され、社会全体における学習の充実と質の向上が図られることを期待し、それぞれ修了者に「社会教育士」の称号を付与する方針も示された。

こうして、平成30（2018）年２月、主事講習・養成課程の科目及び単位数の変更や「社会教育士」に関する規定を新たに盛り込んだ社会教育主事講習等規程の改正が行われ、令和２（2020）年４月１日から施行された。

2　社会教育主事の役割と身に付けるべき能力

(1) 社会教育主事の役割

社会教育主事の役割は、広く捉えると、社会教育法第３条で示す地方公共団体の任務にのっとり、住民による社会教育の営みのための環境を醸成するとともに、生涯学習の振興に資する学習機会の提供及びその奨励に専ら努めることである。

近年の中教審生涯学習分科会においては、法で示す「環境の醸成」や学習活動の「奨励」に関わり、社会教育主事の役割を、地域における様々な学習機会の創出や、社会教育に関わる人材のネットワーク化などの組織的・計画的な促進者としての役回りを期待して「学びのオーガナイザー」という言葉で表現している。

●参考：中教審生涯学習分科会における答申及び議論の整理

○　社会教育主事が（略）広く社会教育に関する取組を積極的に支援するよう、学びのオーガナイザーとしての業務内容の高度化を図るなど、総合的な視点に立った地域の社会教育振興に取り組むことが重要（第10期）

○　社会教育主事は「学びのオーガナイザー」として、社会教育行政のみならず、地域における多様な主体の地域課題解決の取組についても牽引する役割を果たすことが期待される（第11期）

○　社会教育主事は、学校教育（行政）をはじめ、首長部局が担う地域コミュニティに関する多様な分野と社会教育（行政）をつなぎ牽引する、いわば「地域全体の学びのオーガナイザー」として地域の社会教育振興の中核を担うことが求められている（第12期）

ただし、社会教育主事は、教育公務員特例法第２条第５項で定める「専門的教育職員」であることから、そのオーガナイズが行政上の効率や採算性などに偏重した機械的・無機質なものであってはならず、教育委員会事務局職員の中でも特に、教育基本法で定める「教育の目的」に鑑み、自治体のマスタープラン（総合計画）や教育振興基本計画で示している社会教育行政関連施策に、「人づくり」や「地域づくり」といった「教育的視点」を付加する役割も課せられる。

★法令チェック：教育公務員特例法第二条

（定義）

第二条　この法律において「教育公務員」とは、地方公務員のうち、学校（略）であつて地方公共団体が設置するもの（以下「公立学校」という。）の学長、校長（略）、教員及び部局長並びに教育委員会の専門的教育職員をいう。
２～４　（略）
５　この法律で「専門的教育職員」とは、指導主事及び社会教育主事をいう。

その具体としては、前述の「社会教育主事養成の見直しに関する基本的な考え方について」の中で、新たな主事講習において習得が図られるよう留意することとして挙げられた６点の「知識」や「能力」のうち、「生涯学習・社会教育の意義など教育上の基礎的知識」を除く５点をそのまま、現代の社会教育主事が教育的な視点から担うべき具体的な「役割」として読み替えることができる。

【社会教育主事が担うべき役割】

①　地域課題や学習課題などの把握・分析

社会教育行政施策を展開する際の根拠ともなる「個人の要望」や「社会の要請」を、実際の事務事業にまで結び付けていくためには、

○　住民との対話や主催事業等で実施するアンケートなどから情報を得る
○　他部署や関係機関が保有する既存の統計データを活用する

などして地域の実態を把握し、その問題点や影響を与えていると思われる要因を抽出した上で、自治体にとっての「課題」として昇華させていくことが必要となる。

また、課題解決に向けた施策・事業を予算化するためには、「教育委員会が率先して牽引すべき」、あるいは「教育施策として効果が期待できる」といった財政部局の判断に足るロジカルなエビデンスを揃えることが求められることから、専門的教育職員である社会教育主事は、数値化が難しい要因についても可能な限り客観的に分析し、課題の本質や解決に向けた方向性を「見える化」していく役割を積極的に担い、施策の実現を通して住民の期待に応えていくことが望まれる。

②　社会教育行政の戦略的展開の視点に立った施策立案

社会教育行政施策は他部局のそれに比べ、成果指標の設定が難しく、住民に対して取組の進捗・達成状況を明示しにくいといった側面がある。そうした中にあっても、毎年の予算折衝に耐え得る定量的な成果を見出して蓄積するとともに、中・長期的な展望に立った「地方創生」への道標も描いた上での施策・事業を立案していく必要がある。

そのような施策・事業を展開するためには、住民による学習の継続・深化や取組

の普及・定着を促す一過性ではないプランニングが不可欠となる。

専門的教育職員である社会教育主事には、地域における知の循環を常に念頭に置いた上で、そこで学ぶ住民同士による「人づくり」、「地域づくり」が行われるようになる未来を見据えた教育ビジョンを創造する役割を担うことが求められる。

③　多様な主体との連携・協働に向けたネットワーク構築

平成10（1998）年の生涯学習審議会答申「社会の変化に対応した今後の社会教育行政の在り方について」で示された「ネットワーク型行政」は、多様化する学習ニーズに応えるために、各部局がそれぞれの専門性を生かしつつ連携し、総合的に住民の学習を支援するものとして提唱された。しかし、それから20年が経った平成30（2018）年の中教審答申「人口減少時代の新しい地域づくりに向けた社会教育の振興方策について」においても、改めてその促進を図るべく「実質化」の必要性を説かざるを得ないほど、行政内部における取組の進捗は芳しくない実情にある。

平成30（2018）年の答申では、ネットワーク化の対象範囲を明示しており、社会教育関係団体はもとより、首長部局やNPO、大学や専門学校、民間事業者など様々な主体との連携についても触れ、「ネットワーク型行政」という概念自体を拡大させている。そうした多様なステークホルダー間を自在に渡り歩き、それぞれの利害を調整する役割は、「上司の命」によらず専門職としての裁量が認められている社会教育主事こそが職務として担うにふさわしい。

④　学習者の特性に応じてプログラムを構築する学習環境設計

社会教育は学校教育に比べ、学習に臨む動機や本人にとっての必要性・緊急性が学習者により異なることや、年齢や学業、職種等に起因するライフスタイルに合わせた学習方法もまた多種多様であるというところに大きな違いがある。

一方で、日本国憲法及び教育基本法において「教育の機会均等の原則」がうたわれていることから、行政サービスの一環として学習機会の提供を行う社会教育部局には、住民の様々な実情に鑑み、一人一人が必要なときに必要とする学びを享受できる環境を整えていく、若しくは導いていくことが求められる。

そのため、ときには対象を広げた導入的な学びの場を設けたり、ときには対象を狭めた専門的な学びを求める住民の声に応じたりするなど、様々な学習ニーズに応じた学習機会を提供していく必要がある。そうした柔軟性を持ち、行政サービスの目的を「教育的視点」から再構築し学習プログラムを立案することは、専門的教育職員である社会教育主事が最も得意とする役割と言える。

⑤　地域住民の自主的・自発的な学習を促す学習支援

地域における現代的な課題は多岐にわたっており、行政がその解決に向けた取組を全て主導できるものではない。そのため、行政に頼らずとも、住民自身が地域課題解決のための取組の担い手として自主的・自発的に活躍する機会を創出していく社会を実現させることは、社会教育行政にとっての最大の目標でもある。

また、人生100年時代において地域住民一人一人のウェルビーイングを実現させるためには、移り変わる時代とともに長い人生を幸せに生き抜くための知識・技能の断続的な更新が必要不可欠であり、住民自身による生涯学習社会の実現に向けた営みへの参画が望まれる。

そのため、社会教育部局が実施する事業では、学んだ成果を地域づくりに生かす機会を意図的・効果的に設けるなどして、住民の承認欲求を満たしたり自己有用感を高めたりすることで、学習意欲の向上が図られるようなきっかけとなる「仕掛け」を用意した学習支援を行う必要がある。住民に対するそうした心理的アプローチは、専門的教育職員である社会教育主事が専ら担う重要な役割の一つとなる。

(2) 配置先による職務の違いと必要となる能力

社会教育主事の職務は、社会教育法第９条の３に規定されている。

★法令チェック：社会教育法第九条の三

（社会教育主事及び社会教育主事補の職務）

第九条の三　社会教育主事は、社会教育を行う者に専門的技術的な助言と指導を与える。ただし、命令及び監督をしてはならない。

２　社会教育主事は、学校が社会教育関係団体、地域住民その他の関係者の協力を得て教育活動を行う場合には、その求めに応じて、必要な助言を行うことができる。

３　社会教育主事補は、社会教育主事の職務を助ける。

ただし、詳細な業務内容は示されていないため、ここでは、教育委員会事務局内における社会教育主事の実務について整理する。

一口に社会教育主事とはいっても、その担う役割は変わらずとも、配置先により実際に従事している業務内容には違いがあり、併せて、平成25（2013）年の中教審生涯学習分科会ワーキンググループの審議の整理において、職務を遂行するために身に付けておくことが不可欠とされた【コーディネート能力】【ファシリテーション能力】【プレゼンテーション能力】は、どれも重要ではあるものの、より発揮することが期待される「度合い」については、業務内容と同様に配置先によって差がある。

なお、教育委員会事務局においては、社会教育主事の発令とともに、社会教育係長や主査などの事務職を兼務させることも多く、当該職員が社会教育施設の維持・修繕業務や予算執行事務等も担当している場合があり、そこを明確に線引きすることは困難ではあるが、ここでは社会教育主事ならではの業務だと思われる事項に限定する。

①　都道府県教育委員会事務局で勤務する社会教育主事

一年を通して対応が求められる都道府県議会の意向、すなわち都道府県民のニーズはもとより、中教審の答申等や中央省庁による予算概算要求の内容（事業の新規掲出、継続事業の予算額の増減など）を常に注視し、広域的な取組が必要とされる社会的な課題を吟味した上で、国の委託・補助事業なども活用して都道府県の行政施策を企画・立案、予算化する業務に従事している。

また、必要に応じて市町村教育委員会（以下「市町村教委」という。）を対象とした調査を実施したり、都道府県レベルの社会教育関係団体事務局や各種協定を締結している企業等との情報交換の機会を頻繁に設けたりして施策の進捗を把握し、その状況によっては追加の手立てを講じ、（地方）教育事務所を通して市町村に対する「新たな支援・対応策」を提示している。

加えて、市町村においても役場内の複数課の連携を要する都道府県事業の円滑な実施に資するため、知事・教育庁内の各部局との協議や根回しを行い、共通理解の下で事業を推進できるようにすることも欠くことのできない大切な業務となる。

こうしたことから、都道府県教育委員会事務局（以下「本庁」という。）で勤務する社会教育主事に最も必要となるのは、戦略的な視点に立って情報を収集・整理し、関係機関や企業等の協力も仰ぎながら施策を推進しようとする【コーディネート能力】であり、多くのスキルを身に付けた経験豊富な人材が活躍している。

②　（地方）教育事務所で勤務する社会教育主事

都道府県によっては、域内の市町村を圏域ごとに区分けした上で、その区域内における都道府県施策の推進を任務とする実働・出先機関ともいうべき（地方）教育事務所（名称は都道府県により異なる。）を設置しており、そこにも社会教育主事が配置されている場合がある。

そこで勤務する社会教育主事は、本庁の打ち立てた事業が、（地方）教育事務所で管轄している市町村において着実に実施されるよう、機会を捉えて課題提起をし、それぞれの自治体の実情に合わせた具体策を提示するとともに、実際に事業が実施される際には現場で伴走支援をするといった業務に従事している。

そのため、業務遂行上、市町村教委職員や地区レベルの社会教育関係団体事務局等との風通しの良さが命綱となることから、日々、関係各所を訪問して市町村教委の相談に乗り、助言や参考となる事例を紹介したり、各種会議・研修会等に参加して国や都道府県の施策の動向等を説明したりするなどして、市町村教委担当者との信頼関係を深めている。

こうしたことから、（地方）教育事務所で勤務する社会教育主事に最も必要となるのは、市町村教委が、本庁の提示する地域課題を自分事として捉え、取組の必要性を認識できるように導くための【プレゼンテーション能力】であり、そうした機会を設けるまでの関係を構築できるコミュニケーション力に優れた人材が活躍している。

③　市町村教育委員会事務局で勤務する社会教育主事

市町村教委は社会教育の現場に最も近い行政組織であり、そこで勤務する社会教育主事は、市町村議会や住民との日々の対話、調査により把握した学習ニーズに応えることはもとより、行政で認識している地域における多種多様な課題を施策に反映させた上で、人づくり・地域づくりのための事業を企画・立案し、現場で学習支援も行うなど、幅広い業務に従事している。

また、社会教育関係団体の指導者に対して組織の運営や学習機会の持ち方などについて、指導・助言することも日常的に行っている。

加えて、市町村では長らく社会教育を支えてきた団体やサークル等の構成員の高齢化が進んでいる傾向にあり、その後継者問題にも多くの現場が直面していることから、市町村の社会教育主事は、ときには学習活動の現場にも赴き、求めに応じて指導助言を行ったり、ときには裏方にまわり学習活動が円滑に実施されるようサポートしたりするなどして、参加者の充足感を満たしつつも活動に対する地域住民の興味・関心度を高め、社会教育の新たな担い手候補を発掘・育成することにも余念がない。

こうしたことから、市町村教委で勤務する社会教育主事には、コーディネート・ファシリテーション・プレゼンテーション全ての能力がまんべんなく必要とされるが、特に、社会教育を行う住民の学習意欲を喚起するための【ファシリテーション能力】によるところの割合が高く、社会教育主事自身も常に研鑽を積むなどして、その技術向上に努めている。

④　社会教育施設で勤務する社会教育主事

社会教育主事は教育委員会事務局に置かれる職ではあるが、自治体の機構によっては、「自然の家」などの社会教育施設での駐在勤務や兼務発令による配置がなされていることもある。

その場合、前述した「社会教育主事が担うべき役割」についても「配置された社会教育施設における」という専門性が更に付加され、教育委員会事務局で勤務する社会教育主事のそれとは性格の異なる業務にも従事している。

例えば青少年教育施設である「自然の家」では、利用者を対象とした事業や学習プログラムを企画・提供したり、その求めに応じて指導・助言を行ったりしているが、学習者が必ずしも施設の立地する地域の住民ではないことも多々あるため、施設の設置者である自治体の施策を超えて、青少年が本来抱えている様々な課題の解決や、豊かな人生に資する人格形成、といったより大きな目的にアプローチするプログラムを構築していることも少なくない。

こうしたことから、社会教育施設で勤務する社会教育主事には、特に、一過性の利用者である学習者に対して、施設や地域が持つヒト・モノ・コトなどの教育資源を常に最大限に活用し、そこでの出会いと学びが、利用者のその後の行動変容を促すための感動体験となるようなプログラムを企画し提供するための【コーディネート能力】が必要とされている。

ただし、兼務発令等により、施設の「指導員」としての性格が強い配置となった場合には、学習者に並走して学習意欲を最大限に高めるための【ファシリテーション能力】も強く求められることとなる。

3　社会教育士への期待

(1) 社会教育士の活躍場面への期待

令和2（2020）年に施行された改正社会教育主事講習等規程により生まれた「社会教育士」については、その誕生前、平成30（2018）年の中教審答申「人口減少時代の新しい地域づくりに向けた社会教育の振興方策について」の中で、社会教育施設での勤務に限らず、社会の多様な分野で住民の学習支援に携わり、「人づくり」や「地域づくり」に関する活動に積極的に関わっていくことへの期待が寄せられている。

加えて、社会教育士の称号を取得している行政職員が首長部局などの他部署へ異動した際にも、継続して専門性を発揮し、後任の社会教育主事とも連携しながら、それぞれが持つノウハウや地域課題に関する情報を共有し、部局間の連携体制を構築することもまた期待されている。

その後の中教審生涯学習分科会の議論においては、社会教育士による活躍が期待されているフィールドがより具体的に例示されており、各地域における社会教育士の積極的な登用が促された。

●参考：中教審生涯学習分科会における議論の整理

○　社会教育士については、例えば、教員が社会教育士の称号を取得し、地域の教育資源を有効に活用して、「社会に開かれた教育課程」をより効果的に実現する学校教育活動を行うことや、公民館主事や地域学校協働活動推進員等が社会教育士の称号を取得し、学校と連携して魅力的な教育活動を企画・実施することなど様々な場面での活用が考えられる。（第10期）

○　公民館や地域学校協働活動推進員等への社会教育士の配置・登用の促進、学校教育における探究活動等への支援としての社会教育士の活用促進（第11期）

主事講習で学んだ知識は、社会教育行政以外の社会教育に関連する様々な場面や、NPOやボランティア団体等の活動にも幅広く活用することができる。そのため、第12期中教審生涯学習分科会においては、社会教育士について、現場レベルでそれぞれが生業としている専門性と社会教育の知見を活かしながら、その分野の取組を活性化させる存在として、「各分野の専門性を様々な場に活かすオーガナイザー」と称し、社会全体における学習の充実と質の向上の一翼を担う重要な存在として今後の活躍と称号の活用への期待を寄せている。

●参考：文部科学省のウェブサイト

○　社会教育士（社会教育士の概要）
https://www.mext.go.jp/a_menu/01_l/08052911/mext_00667.html

○　社会教育士 note（社会教育士の活躍事例の紹介）
https://mext-shakaikyoiku-gov.note.jp/

(2) 社会教育主事と社会教育士の連携・協働への期待

社会教育主事はこれまで、自治体の枠を越える参集範囲を設けた研修会を自主的に設けたり、同業者による任意団体を組織し、住民への学習支援や地域づくりのための方策検討・事例研究を行ったりするなどして、その専門性を高めてきた経緯がある。国立教育政策研究所社会教育実践研究センターにおいても、平成29（2017）年から、都道府県及び指定都市の教育委員会事務局で勤務する社会教育主事を会員とした全国ネットワーク組織を立ち上げ、年に1度、各都道府県における社会教育施策等について情報交流や研究協議などを行っている。

社会教育行政がその職員数や予算の縮小とともに十分な機能を発揮することが困難となってきている反面、地域課題の解決や地方創生に向けて社会教育が果たす役割は重要性を増してきており、その担い手となる社会教育人材として期待される対象も、NPOや民間企業など、その裾野が拡大している。

そうしたことから、今後は、社会教育士を筆頭とする各分野で活躍している社会教育の担い手が、それぞれの専門性を発揮しつつ相互に連携して地域活動を活性化させたり、学びの意義を深めたりすることが望ましく、そのためにも社会教育人材のネットワークを構築していくことが今後ますます重要となる。令和6（2024）年、中教審生涯学習分科会社会教育人材部会は、その最終まとめの中で、社会教育人材のネットワークを、地域単位や分野別、主事講習の同窓会型など複層的に捉え、そこに参加する社会教育士等が多くの情報に触れたり、有機的につながったりすることで多彩な組織連携を促進するハブとしての役割を果たすことができるようになることを期待している。

●参考：北海道社会教育セミナー

北海道内179市町村の社会教育関係者が一堂に会して、地域の生涯学習・社会教育を推進する上での課題や、その解決に向けた方策について検討、共通理解を図ることを目的として、北海道立生涯学習推進センターが毎年実施している研究会。

参加対象に「社会教育士」を明記しており、令和2（2020）年度から同センターで実施してきた主事講習において養成した社会教育士も官民を問わず多数参加し、互いに知見を広げるとともに関係者間の実践的なネットワークを構築している。

民間の立場にある社会教育士は、自治体施策にとらわれずに地域住民の自由な学習活動を身近でオーガナイズできる存在ではあるが、誕生してからまだ日が浅く、地域社会はもとより、社会教育士自身もその称号や身に付けた能力の効果的・建設的な連携・活用方法について未だ模索している段階にある。

社会教育主事をはじめとする社会教育行政側は、そうした新たな担い手が加わった令和の時代の連携・協働の在り方をグランドデザインし、生涯学習社会の実現、社会教育の更なる振興に努めていくことが望まれる。

（山田　智章）

第10節　社会教育に関する団体と指導者

1　社会教育に関する団体

(1) 社会教育に関する団体を捉える視点

①　社会教育に関する団体とは

社会教育においては、関係する様々な団体の活動が重要な意味を持っている。社会教育に関する団体（「社会教育（関係）団体」と呼ばれることも多い）には、団体の構成員が学習することを主たる目的としている団体もあれば、対外的に社会教育事業を行うことを主たる目的としている団体もある。具体的には、子ども会、青年団、婦人会、PTA、スポーツ少年団といった地域社会を基盤とする団体や、ボーイスカウトやガールスカウト、YMCA や YWCA などの民間の青少年教育団体、各種のグループ・サークル、及び社会教育の振興や資格の付与などを目的とする団体などが代表的な例として挙げられる。

社会教育においては、学習者によって自発的・相互的に学習が展開されることが望ましいとされ、そうした学習を間接的・側面的に支援していくことが社会教育行政の重要な役割だとされてきた。その意味で、様々な団体が行政とは異なる立場で社会教育活動を展開することや、こうした団体が構成員同士の相互的な学習の場となることは、学校教育とは異なる社会教育の特徴と言えるものである。社会教育行政には、団体の活動の自律性を尊重しつつ、こうした団体の活動を支援したり、団体と連携しながら事業を展開したりすることが求められる。

団体での活動を通じたメンバー同士の相互的な学習は、学習の形態や方法の観点からは、いわゆる「集団学習」の特徴を持つものである。昭和46（1971）年の社会教育審議会答申「急激な社会構造の変化に対処する社会教育のあり方について」は、複数の人が集まって行う学習（集合学習）と個人が一人で行う学習（個人学習）とを区別した上で、集合学習を「学習のねらいや主題に応じて、希望者がそのつど自由に参加する集会的性格のもの」（集会学習）と「参加者の集合が組織的であって、それ自体が教育的意義をもつ集団的性格のもの」（集団学習）とに区別した。集団学習の特徴は、メンバーの間に相互作用があり、そこでの相互作用自体に教育的な意義が期待されることにある。具体的には、メンバー間のコミュニケーションの深まりや、団体への帰属意識の高まりを通じて、メンバーの意識や行動が変化したり、自己実現の機会が拡大したりすることが期待される。また、学んだことがボランティア活動などの具体的な実践に結び付きやすい点も集団学習の特徴と言える。

②　団体を通じた社会教育の歴史的展開

社会教育施設が整備されていなかった第二次世界大戦以前においては、青年団をはじめとする地域社会を基盤とする団体が日本の社会教育の主要な舞台であった。戦前の日本の社会教育は、体制維持のための教化的性格を強く持つものであったが、そこでの教化や動員は、こうした団体の組織化を通じて行われた。このことは、団体を通じた社会教育が、必ずしも自発的・相互的な学習を支援することにつながるとは限らず、人々を統制したり動員したりするための手段ともなり得る危険性を持っていることを示している。

戦後になると、戦前の教化・動員への反省の下に、社会教育行政と団体との関係が見直され、後に見る社会教育法における社会教育関係団体に関する規定などの制度的な基盤が整えられた。1950年代に入ると、敗戦からの復興も進み、文化的・政治的なサークルの活動など、様々な団体の活動も活発になっていくが、社会教育との関係では、戦前に引き続き地域社会を基盤とした団体が中心的な位置を占めていた。

1960年代には、高度経済成長や急激な都市化など、社会構造の変化によって地域社会の弱体化が顕著になり、青年団や婦人会などの地域社会を基盤とする団体の活動の停滞が指摘されるようになる一方、1970年代以降には、地縁的なつながりに基づかない自発的なグループの活動が盛んになっていく。1990年代以降のNPO（Non-Profit Organization：非営利組織）への注目も、こうした動きの延長線上に位置付くものと言える。

1990年代以降、NPOの活動への社会的な関心の高まりや一連の行政改革の流れの中で、NPOなどの民間団体が行政とともに公共的な役割を担うことが期待されるようになる。平成10（1998）年には特定非営利活動促進法（いわゆるNPO法）が制定され、社会貢献を行う団体が法人格を取得することが可能となったほか（この法律では、NPO法人の活動の具体例の一つに「社会教育の推進を図る活動」が挙げられている）、平成20（2008）年から新制度がスタートした公益法人改革などによって、民間団体が公共的な活動を展開しやすくする仕組みが整えられてきている。

社会教育の分野においても、平成10（1998）年の生涯学習審議会答申「社会の変化に対応した今後の社会教育行政の在り方について」において、「人々の学習活動・社会教育活動を、社会教育行政のみならず、様々な立場から総合的に支援していく」ための「ネットワーク型行政」の重要性が指摘されている。社会教育行政には、こうしたネットワークの中核として、様々な機関・団体との連携を推進していく役割が求められるようになっている。近年においては、こうした官民の連携・協働がより一層重視されるようになっていると言えるだろう。

(2) 社会教育行政と団体の関係：社会教育法における社会教育関係団体の位置付け

①　社会教育関係団体とは何か

社会教育行政と社会教育に関する団体の関係については、社会教育法に社会教育関係団体に関する規定が定められている。

社会教育法第10条では、社会教育関係団体は「法人であると否とを問わず、公の支配に属しない団体で社会教育に関する事業を行うことを主たる目的とするもの」と定義されている。ただし、「公の支配に属しない」ことや社会教育に関する事業を「主たる目的とする」といった大まかな基準があるだけで、ある団体が社会教育関係団体であるかどうかを判断するための厳密な規定があるわけではない。補助金の交付や施設の優先利用等に際して、一定の条件を満たす団体の登録制度や認定制度が設けられている自治体もあるが、自治体ごとに多様に運用されており、団体が自ら社会教育関係団体であると称したり、社会教育関係団体の数が集計されたりすることは少ない。

社会教育関係団体の概念は、社会教育行政の団体とのかかわり方や、団体を支援する上での原則を示すためのものであり、具体的な数を把握できるような実体的な概念ではないと考えるのが現実的である。

②　社会教育行政との関係

社会教育行政と社会教育関係団体の関係をめぐっては、行政による団体の活動への支援と団体の自律性の確保をどのように両立させるかに関心が寄せられてきた。社会教育法においては、既に見た戦前の社会教育への反省も踏まえ、行政による支援が団体の活動への不当な干渉や統制にならぬよう、支援の在り方に様々な制約が付されている。

社会教育法第11条は、「文部科学大臣及び教育委員会は、社会教育関係団体の求めに応じ、これに対し、専門的技術的指導又は助言」及び「必要な物資の確保につき援助」を行うことができるとしている。行政は、社会教育関係団体への指導や助言、物資の援助などを行うことができるが、一方でそれらの支援は、社会教育関係団体の「求めに応じ」て行われるものでなければならず、また指導・助言は「専門的技術的」なものに限定されている。続く第12条では「国及び地方公共団体は、社会教育関係団体に対し、いかなる方法によつても、不当に統制的支配を及ぼし、又はその事業に干渉を加えてはならない」として、行政による不当な支配や干渉の禁止が明記されている。

国及び地方公共団体から社会教育関係団体への補助金については、第13条で国においては「文部科学大臣が審議会等（略）で政令で定める」もの、地方公共団体においては「教育委員会が社会教育委員の会議」等の意見を聴いて行わなければならないと定められている。ここでは、財政的な支援が結果的に団体を統制することにつながってしまう危険性に配慮し、団体の自律性が損なわれないよう、一定の条件の下でのみ、補助金の交付が認められている。

そもそもこの第13条の条文は、昭和34（1959）年の社会教育法の改正までは「国及び地方公共団体は、社会教育関係団体に対し補助金を与えてはならない」として団体への補助金の禁止を定めたものであった。これは「公金その他の公の財産は、宗教上の組織若しくは団体の使用、便益若しくは維持のため、又は公の支配に属しない慈善、教育若しくは博愛の事業に対し、これを支出し、又はその利用に供してはならない」という憲法第89条の規定に基づくものであり、不当な統制や干渉を行わないと同時に補助金も与えないという〈no support, no control〉の原則に立つものであった。改正の際には憲法に抵触するのではないかと大きな議論となったが、最終的には、憲法第89条の「教育の事業」に該当しない事業に対しては補助金を交付し得るという解釈から、違憲論は退けられた。改正後の現行の制度はいわば〈support but no control〉の原則に立つものと言えるが、〈no control〉は変わらぬ原則なのであって、補助金の結果として団体の自律性が損なわれてはならないことは言うまでもない。

●参考：憲法第89条の「教育の事業」に該当しない事業

社会教育法第13条の改正に当たっては、憲法第89条における「教育の事業」をどのように捉えるかが論点となった。改正の根拠となった昭和32（1957）年の内閣法制局の意見（「憲法第八十九条にいう教育の事業について」）では、「教育の事業」を「教育されるものについてその精神的又は肉体的な育成を図るべき目標があり、教育する者が教育される者を教え導びいて計画的にその目標の達成を図る事業」と限定的に捉え、人を教える行為が介在しない場合や、具体的な教育する者／される者が存在しない場合、あるいは、単に人の知識を豊富にしたり関心を高めたりすることのみを目的とする場合については、社会教育関係団体が行う事業であっても、「教育の事業」には該当しないとされた。具体的には、「教育の事業」に該当しない事業として、1）図書、記録、視聴覚教育等の資料の収集・作成や社会教育関係団体間での賃借、2）社会教育活動の普及、向上、又は奨励のための援助・助言・連絡調整、3）機関誌の発行や資料の作成・配布による社会教育に関する宣伝啓発・相談、4）図書、記録、視聴覚教育資料の提供や、資料展示会・展覧会の開催、5）競技会、体育大会、レクリエーション大会の開催、などが挙げられた。

(3) 社会教育行政による団体支援の留意点

社会教育行政による団体への支援については、物質的な支援と非物質的な支援を考えることができる。

物質的な支援の具体例としては、活動費の補助や、一定の条件を満たす団体への施設利用の優遇措置（優先的な予約、利用料の減免等）、教材・備品等の貸出や提供を挙げることができる。一方、非物質的な支援の具体例としては、団体運営に関する指導・助言や、指導者研修、団体間のネットワークづくり、活動に関する情報の提供などを挙げることができる。

社会教育行政が団体の活動を支援する際に留意すべき点として、既に見た〈support but no control〉の原則に加えて、以下の２点が挙げられる。

第１に、団体を支援する対象としてのみ捉えない、ということである。既に見たように、近年では、行政と民間団体が、連携・協働しながら公共的な役割を担うことが期待されており、団体を行政の対等なパートナーとして捉える視点が強調されるようになっている。

例えば、平成15（2003）年の地方自治法の改正に伴って導入された指定管理者制度等によって、近年では社会教育施設の経営方法が多様化し、行政主導の団体のみならず、社会教育に関する団体やNPO・営利団体等が社会教育施設の運営を行えるようになった。こうした制度が、単に行政の安上がりな下請けのために用いられることには注意が必要であるが、公共的な視点から行政にはない施設経営の新たな可能性を提示することも期待できるだろう。

また、社会教育委員や公民館運営審議会の委員として、団体のメンバーが地域ごとの社会教育計画の立案に参画したり、施設の運営に団体の代表者が参画したりすることなども、団体の活動と公共的な活動とをつなぐための仕組みと言える。社会教育法では、平成11（1999）年に改正されるまで、社会教育委員の構成員として、地域の「各社会教育関係団体において選挙その他の方法により推薦された当該団体の代表者」（旧第15条）が挙げられており、公民館運営審議会の構成員として、公民館の目的達成に協力する「教育、学術、文化、産業、労働、社会事業等に関する団体又は機関」（旧第30条）の代表者が挙げられていた。現在は、どちらもより柔軟に委員の選出ができるようになっているが、実際には関係する団体のメンバーが委員となっているケースが多く見られる。社会教育関係団体は伝統的に地域住民が行政や施設の運営などに参加・参画するための一つのチャンネルとしても位置付けられてきたのであり、そのような参加・参画を通じて、団体が地域とのつながりを深めたり、様々な学習機会につながったりすることが期待される。

第２に、団体の活動の成果を求めすぎない、ということである。団体がどのような活動をしようとしているか、あるいはそれがどの程度達成されているのか、ということも団体にとっては大切な問題であるが、社会教育の観点からは、そうした活動を通じてメンバーが何かを学んだり、新たな価値観に出会ったり、といった一人一人の変化が重要な意味を持つ。団体の活動のためにメンバーの自発性や主体性が損なわれるのではなく、むしろ団体での活動を通じて一人一人が自発性や主体性を発揮したり、自己を表現できるようになったりしていくことが望ましいと言える。団体を支援する側から見れば、活動の「結果」よりも「プロセス」に眼を向けるべきだということでもある。

関連して、そもそも団体の活動が存続することが常に望ましいのかということも検討しておく必要がある。もちろん、団体が活動しやすい環境の整備は必要であるし、運営が行き詰まったときには適切な支援が求められるが、あくまでも自発的・自律的な団体運営を前提にするのであれば、メンバーに継続の意志がない状態で活動を続けることにこだわる必要はないとも言える。社会教育の特徴を踏まえれば、様々な団体が行政とは異なる立場で多様な活動を自発的・自律的に展開していることに意味があるのだから、団体がいつでも自由に活動を始められるのと同じように、いつでも辞められることにも意味があると考えることもできる。行政と団体の連携・協働を推進する際にも、個々の団体の活動がいつまでも継続することを前提としない制度の運用が求められよう。

2　社会教育に関する指導者

(1) 社会教育に関する指導者を捉える視点

学習者の自発性を重視する社会教育においては、学習者に対して「上から」指導するのではなく、自発的な学習を間接的・側面的に支援することが重視されてきた。また、学習者も学習の在り方も多様であり、「教える側」と「教わる側」が明確に区別しにくいことも少なくない。こうした状況を踏まえ、社会教育では、学習者に直接「教えること」以外の、人々が学ぶことを間接的に支援する様々な営みも「教育」や「指導」の一部として捉えられる。そこでは、「教育」や「指導」ではなく「学習支援」という言葉が用いられることも多い。

したがって、一口に社会教育の指導者といっても、一般的な「指導者」のイメージよりも広く、多様な役割をイメージしておくことが重要である（「指導者」ではなく「支援者」と呼ばれることも多い)。こうした多様な指導者・支援者像が想定されること自体が、学校教育とは異なる社会教育の一つの特徴であるということもできる。

こうした社会教育に関する多様な指導者を捉える視点として、以下の３点が挙げられる。

第１に、行政における指導者か民間における指導者か、という視点である。行政における指導者は、教育委員会事務局に置かれる社会教育主事をはじめ、公立の社会教育施設の職員など、自治体職員として社会教育に携わる指導者である。一方、民間における指導者には、カルチャーセンターや塾などの教育文化産業の職員や講師、NPOや社会教育関係団体などのスタッフ等が挙げられる。近年では指定管理者制度によって、社会教育施設を民間団体が管理・運営することも増えており、民間における指導者が、行政における指導者として勤務するといったケースも見られるようになっている。また、社会教育委員などの行政委嘱委員も、行政における指導者としての側面と民間の指導者としての側面を両方持っていると言える。

第２に、有給の指導者か無給（ボランティア）の指導者か、という視点である。有給の指導者の中には、常勤の指導者と非常勤の指導者が含まれるが、常勤の場合には、他の業務と兼任しているなど、指導者としての仕事だけをしているとは限らないことも多い。非常勤の指導者の例としては、社会教育施設等においてパートタイムで働く指導員や、大学教員等が社会教育施設の事業の講師を務める場合等が挙げられる。

また、行政や社会教育関係団体等が行う事業の多くは、ボランティアの働きに支えられており、後に見るように、ボランティアの指導者が様々な役割を果たしていることは、社会教育の特徴とも言える。

第３に、直接的な指導者か間接的な指導者か、という視点である。社会教育における指導者には、講師やインストラクターといった直接「教える人」以外の様々な立場の人が含まれる。具体的には、人々が学習しやすい環境を整えることや、学習者や学習資源（施設・機関・団体・指導者など）を結び付けたり、グループ・サークルを運営したり、指導者への研修や情報提供を行ったり、各種の事業を企画・運営したり、地域の社会教育に関する計画を立てたりといった、間接的に学習を支援するための様々な役割を挙げることができる。こうした間接的な学習支援は、特に社会教育主事をはじめとする行政における指導者の果たすべき役割として伝統的に重視されてきたものである。社会教育法第３条で社会教育行政の任務が「環境の醸成」であると規定されていることや、社会教育法第９条の３で社会教育主事の職務が「社会教育を行う者に専門的技術的な助言と指導を与える」とされていることなどは、社会教育行政の指導者の役割として、間接的な学習支援が重視されてきたことを示すものであると言える。

(2) 社会教育における主な指導者

①　専門的職員

社会教育行政や社会教育施設等において、教育的な役割を中心的に担う職員は「**専門的職員**」と呼ばれる。教育委員会事務局に置かれる社会教育主事に加え、社会教育施設の職員の中でも司書や学芸員については、それぞれ社会教育法、図書館法、博物館法等で法律上の位置付けや資格要件等が定められており、制度的な位置付けが明確であると言える。一方、公民館においては、社会教育法で「主事」を置くことができるとされており（第27条）、文部科学省の定める「公民館の設置及び運営に関する基準」においても、公民館の館長及び主事には、「社会教育に関する識見と経験を有し、かつ公民館の事業に関する専門的な知識及び技術を有する者をもって充てるよう努めるものとする」とされているものの、資格要件等が明確に定められているわけではない。また、青少年教育施設や女性教育施設等において主として教育的な役割を果たす職員は「**指導系職員**」と呼ばれるが、上記の職員に比べると、制度的な位置付けは明確ではない。

また、主に市町村の教育委員会事務局や社会教育施設などに非常勤の専門的職員として各種の指導員が置かれている。中でも**社会教育指導員**は、昭和47（1972）

年に地域の社会教育指導者の充実を図るために国が財政的な助成措置を開始したことで全国に配置されたもので、主として退職校長などを１年の任期で採用し、市町村教育委員会から委嘱を受けた社会教育の特定分野についての直接指導や学習相談に応ずることが期待される。平成10（1998）年に一般財源化されてからも、各自治体の独自の仕組みとして継続的に配置されているケースが多い。

②　ボランティア

社会教育事業の企画・実施や、社会教育施設の運営などは、多くのボランティアによって支えられている。ボランティア活動は、自発性を基礎とした活動であるということに加えて、ボランティア本人にとって様々な気付きや成長の機会になったり、それまでに学んできたことを生かす機会になったりすることが多く、社会教育や生涯学習と様々な面で関連する活動である。社会教育に関わるボランティアは、他者の学習を支援すると同時に、そうした活動が本人の生涯学習の機会にもなるという意味で、指導者と学習者の２つの側面を持つ存在として捉えることができる。

こうした社会教育におけるボランティアの特徴を踏まえ、ボランティアを受け入れ、その活動を支援することが、社会教育施設等の重要な役割の一つだと考えられてきた。社会教育は、「ボランティア」という用語が普及する以前から、社会教育関係団体等を中心に多くの有志指導者によって支えられてきたのであるが、社会教育施設においては、昭和61（1986）年の社会教育審議会社会教育施設分科会報告「社会教育施設におけるボランティア活動の促進について」等が契機となって、ボランティアの活動を支援することが積極的に行われるようになり、そのための仕組みが整えられてきた。

社会教育施設の職員など、ボランティア活動の支援に関わる人は、ボランティアの存在を安価な労働力として捉えたり、人手不足の解消のための手段として捉えたりすることのないように注意しなくてはならない。ボランティアとともに、事業や施設運営に取り組む中で、そうした活動が、ボランティア自身の学習にもつながるものとなるように意識し、必要に応じて研修や、自らの活動を振り返る機会を設けていくことが重要になるほか、施設にボランティアのための部屋を設けたり、交通費や食費、保険代の補助をしたりするなど、ボランティアが活動しやすい環境の整備にも配慮する必要がある。また、多くのボランティアが関わる場合には、ボランティア活動を希望する人のニーズと、受け入れる機関や団体のニーズとを調整するボランティア・コーディネーターの役割が重要な意味を持つ。

一方で、ボランティアの指導者及びその支援の在り方をめぐっては、ボランティアの指導者がどこまでの役割や責任を負えるのか、一定の知識やスキルなどが求められる役割についてボランティアにどこまで専門性を求め得るのか、といった問題があり、「参加と責任のバランス」をどのようにとっていくかということが課題となる。

(3) 社会教育の指導者に求められる新たな役割

①　ファシリテーターとしての役割

近年、いわゆる「ワークショップ」などの参加・体験型の学習方法が注目されるようになる中で、直接的な学習支援に関わる指導者の役割として、ワークショップなどを進行するファシリテーターの役割への関心が高まっている。

“facilitate”は主として「促進する」という意味の単語であり、ファシリテーターは直訳すると「(学習を) 促進する人」という意味である。参加・体験型の学習においては、学習者を教え、導く従来型の指導者ではなく、主体的な学習を側面から援助し、促進していくようなファシリテーターの働きが重視される。参加・体験型の学習方法は、社会教育において伝統的に重視されてきたものであるが、「参加」や「体験」といったキーワードが注目されるようになる中で、こうした学習の意義が改めて強調されている状況と言える。

ワークショップにおけるファシリテーションでは、学習者の参加を促したり、学習したことを振り返ったりするための様々な手法が用いられることが多い。近年では、こうした手法をマニュアル化・パッケージ化したプログラムの開発・普及も進められており、より多くの指導者が、参加・体験型の学習機会を容易に提供することが可能になっている。

ワークショップで用いられる様々な手法は、うまく活用すれば効率的・効果的に参加・体験型の学習を支援できるようになる一方で、こうした手法を使うこと自体がファシリテーターの役割だと誤解されているような状況も散見される。ファシリテーターにとって、参加・体験型学習で用いられる手法はあくまでも参加を促すための手段に過ぎないのであって、手法を使用すること自体が目的になってしまわないように注意しなくてはならない。また、参加・体験型の学習方法には、主体的な学習や参加を促しているように見えて、実際には学習者を管理したり、誘導したりするための道具になってしまう危険性もある。ファシリテーターは、参加・体験型の学習の有効性と危険性を自覚し、それぞれのプログラムを「何のためにするか」を意識した上で、その目的に応じた働きかけを行うことを意識しておくことが重要である。

②　コーディネーターとしての役割

“coordinate”は主として「調整」を意味する語であるが、社会教育の指導者に関する議論においては、単に調整を意味するだけでなく、より広い意味で間接的な学習支援の総称として使われることが多い。

社会教育の指導者に求められるコーディネートには、地域の生涯学習の振興や「地域の教育力」の向上などに向けて関係する機関や団体、住民などに働きかけ、相互の連携を促進していくような地域全体の総合的なコーディネートと、「放課後子供教室」などの具体的な事業や取組を進めていく上で、事業の実施を円滑にしたり、効果的にしたりしていくような事業ごとの個別的なコーディネートが挙げられる。

前者の総合的なコーディネートは、主として社会教育主事をはじめとする社会教育関係職員の果たすべき役割として捉えられてきたものである。例えば、平成8（1996）年の生涯学習審議会答申「地域における生涯学習機会の充実方策について」では、今後求められるコーディネート機能を、「地域住民の学習ニーズを的確に把握し、これに即応した学習機会の提供を企画し、関係施設間の事業の調整を図るなど、ネットワークが生き生きと統合的に機能するようにすること」と捉え、こうした役割を果たす職員の配置等の必要性が指摘された。近年では、「ネットワーク型行政」の推進が目指される中で、地域づくりや学校教育の支援などの文脈で、社会教育と社会教育以外の分野とをつなぐためのコーディネーターの働きが重視されるようになっている。

後者の個別的なコーディネートについては、社会教育関係職員に限らず、地域住民のリーダーや、関係機関・団体のスタッフ、一般行政職員などがコーディネーターとして想定されることが多い。2000年代以降、「地域の教育力」を活用した学校支援・子育て支援の取組が進められ、「学校支援地域本部」や「放課後子供教室」などの事業運営のためのキーパーソンとしてコーディネーターの配置が進められてきた。これらの事業では、住民自身がコーディネート機能を身に付け、自ら事業を運営していくことが重視されており、各地で地域住民などを対象とした「コーディネーター養成講座」などが実施されるようになっている。

こうした流れの中で、平成29（2017）年に社会教育法が改正され、教育委員会が、地域住民等と学校が協働して行う活動（地域学校協働活動）を推進するための地域学校協働活動推進員を委嘱することが可能となった。地域学校協働活動推進員は、「社会的信望があり、かつ、地域学校協働活動の推進に熱意と識見を有する者」の中から委嘱することとされ、「教育委員会の施策に協力して、地域住民等と学校との間の情報の共有を図るとともに、地域学校協働活動を行う地域住民等に対する助言その他の援助を行う」こととされている（第９条の７）。地域学校協働活動推進員には、これまで実施されてきた「学校支援地域本部」や「放課後子供教室」などの学校と地域が連携・協働して行う事業をより総合的に展開していくため、個別の事業を超えたより総合的なコーディネート機能を担うことが期待されていると言える。

こうしたコーディネーターの配置や養成をめぐっては、地域学校協働活動推進員などになり得る人材がどこの地域にもいるのかといった問題や、こうした役割を担える存在をどのように養成し得るのかといった問題について検討することが、今後の課題と言える。

（青山　鉄兵）

第11節　社会教育施設の意義と役割

1　社会教育施設の種類

(1) 社会教育施設の法的根拠

学校教育は学校という場を中心に行われている。同様に、社会教育には社会教育施設という拠点となる場が設けられている。

教育基本法第12条第2項は「国及び地方公共団体は、図書館、博物館、公民館その他の社会教育施設の設置、学校の施設の利用、学習の機会及び情報の提供その他の適当な方法によって社会教育の振興に努めなければならない」と、社会教育施設の設置は国及び地方公共団体の任務であると述べている。そして、図書館については図書館法、博物館については博物館法、公民館については社会教育法（第5章公民館）が、その目的、事業、運営等を定めている。

(2) 図書館、博物館、公民館

教育基本法に示されている「図書館、博物館、公民館」とは、どのような施設だろうか。

図書館とは、図書、記録その他必要な資料を収集し、整理し、保存して、一般公衆の利用に供し、その教養、調査研究、レクリエーション等に資することを目的とする施設である（図書館法第2条）。

博物館とは、歴史、芸術、民俗、産業、自然科学等に関する資料を収集し、保管（育成）し、展示して教育的配慮の下に一般公衆の利用に供し、その教養、調査研究、レクリエーション等に資するために必要な事業を行う施設である。併せてこれらの資料に関する調査研究をすることも目的としている（博物館法第2条）。美術館や動物園、水族館等も博物館に含まれる。博物館法では、所在の都道府県教育委員会または指定都市教育委員会に登録したものを博物館というが（同法第31条の「博物館に相当する施設」も含む）、博物館法に基づかない同種の施設を博物館類似施設と呼んでいる。

公民館は、市町村その他一定区域内の住民のために、実際生活に即する教育、学術及び文化に関する各種の事業を行い、もって住民の教養の向上、健康の増進、情操の純化を図り、生活文化の振興、社会福祉の増進に寄与することを目的とする施設である（社会教育法第20条）。原則として市町村が設置するものであり、図書館、博物館と異なり国立、都道府県立の施設は存在しない。

(3) その他の社会教育施設

「その他の社会教育施設」にはどのような施設があるだろうか。文部科学省が３年毎に実施する社会教育調査では、青少年のために団体宿泊訓練又は各種の研修を行う青少年教育施設、女性又は女性教育指導者のために各種の研修又は情報提供等を行う女性教育施設、体育館や水泳プール、運動場等の一般の利用に供するスポーツ施設(社会体育施設、民間体育施設)、座席数300以上のホールを有する劇場・音楽堂等(市民会館、文化センター等を含む)、地域における生涯学習を推進するための中心機関である生涯学習センターが、調査対象となっている。

(4) 社会教育施設の設置者、所管、施設数

社会教育施設の設置者は、国や独立行政法人（国立)、地方公共団体（公立）が多くを占めるが、一般社団法人や一般財団法人、宗教法人、学校法人などが設置する場合（私立）もある。とりわけ博物館は私立の割合が比較的高くなっている。

公立社会教育施設の所管は従来教育委員会とされてきたが、現在は地方教育行政の組織及び運営に関する法律第23条により首長部局も可能となっている。図書館の所管は教育委員会が９割強だが、女性教育施設は教育委員会が１割で首長部局が９割となっており、施設の種類により大きく異なっている（表２-11-１、表２-11-２)。

施設数は、図書館、博物館、生涯学習センターが増加傾向にあるものの、公民館と青少年教育施設は大幅な減少が続いており、社会体育施設もやや減少している。博物館類似施設、女性教育施設、劇場・音楽堂等はおおむね横ばいである。

(5) 学校施設、関連施設の利用

教育基本法は、社会教育施設の設置に加え、「学校の施設の利用」も社会教育の振興の方法としてうたっている。学校教育法、社会教育法双方に、学校教育上支障がない限り、社会教育のために学校施設を利用することができると明記されている。

学校に限らず、地域にはコミュニティセンターや児童館など、教育意図を持って学習機会を提供し、学習活動を支援している様々な施設がある。学校教育行政はもちろん、首長部局が所管する一般行政、さらには企業やNPOとの連携も求められる今日、社会教育の事業を展開するに当たっては、社会教育調査が対象としている狭義の社会教育施設に加え、関連施設のことも視野に入れておくことが重要である。

表2-11-1　公民館、図書館、博物館の概要

（「令和３年度社会教育調査」（文部科学省）の結果を基に筆者作成）

	公民館（類似施設含む）	図書館（同種施設含む）	博物館	博物館類似施設
施設数 （うち公立施設数） （うち教委が所管する割合）	13,798 (13,796) -	3,394 (3,372) (92.4%)	1,305 (805) -	4,466 (3,575) (61.8%)
職員数（人） （１施設当たりの職員数、人）	44,436 (3.2)	43,859 (12.9)	22,607 (17.3)	31,552 (7.1)
指導系職員数（人） （職員数に占める割合）	11,795 (26.5%)	21,520 (49.1%)	5,350 (23.7%)	3,686 (11.7%)
ボランティア登録者数（人）	102,976	93,947	33,049	33,212
バリアフリー設備を設置している施設の割合	70.6%	96.7%	91.2%	75.2%
指定管理者導入施設数 （公立施設数に占める割合）	1,477 (10.7%)	704 (20.9%)	214 (26.6%)	1,100 (30.8%)

注１）図書館の指導系職員は司書、博物館・博物館類似施設の指導系職員は学芸員。司書補、学芸員補は指導系職員には含んでいない。

注２）バリアフリー設備を設置している施設とは、スロープ、障害者用トイレ、エレベーター、簡易昇降機、点字による案内、障害者用駐車場のいずれかを所有している施設。

注３）公民館の調査は、教育委員会所管の公民館のみを調査対象としているため、所管別割合は出されていない。

注４）博物館の所管別割合は、公表されていない。

2　社会教育施設の運営

社会教育施設のうち、図書館・博物館・公民館には、それぞれの法に基づき設置及び運営上の望ましい基準が定められている。これらの基準は共通点が多く、基準の定めのないその他の社会教育施設を含め、施設運営の指針を示していると言えよう。

(1) 職員

社会教育施設の運営を直接的に担うのはそれぞれの施設職員である。各施設にはそれぞれ指導系職員と呼ばれる職員が配置され、特徴を生かした事業を展開している。公民館主事や青少年教育施設等の指導系職員には特定の資格取得は求められていないが、図書館・博物館の場合は司書・学芸員の資格を取得していることが求められる。

表２-11-１、表２-11-２から分かるとおり、社会教育施設の職員配置は必ずしも

表２-11-２　その他の社会教育施設の概要
（「令和３年度社会教育調査」（文部科学省）の結果を基に筆者作成）

	青少年教育施設	女性教育施設	社会体育施設	民間体育施設	劇場・音楽堂等	生涯学習センター
施設数 （うち公立施設数） （うち教委が所管する割合）	840 (812) (76.0%)	358 (271) (10.7%)	45,658 (45,658) (46.0%)	29,821 - -	1,832 (1,718) (46.2%)	496 (496) (77.2%)
職員数（人） （１施設当たりの職員数、人）	7,736 (9.2)	4,130 (11.5)	160,698 (3.5)	351,432 (11.8)	21,080 (11.5)	4,542 (9.2)
指導系職員数（人） （職員数に占める割合）	2,720 (35.2%)	455 (11.0%)	18,800 (11.7%)	140,993 (40.1%)	2,254 (10.7%)	907 (20.0%)
ボランティア登録者数（人）	17,596	37,968	64,175	-	14,104	15,720
バリアフリー設備を設置している施設の割合	80.8%	78.5%	50.7%	27.5%	99.5%	89.9%
指定管理者導入施設数 （公立施設数に占める割合）	376 (46.3%)	98 (36.2%)	11,222* (42.1%)	- -	1,033 (60.1%)	166 (33.5%)

＊社会体育施設の指定管理者導入施設数については、施設数ではなく社会体育団体数（社会体育施設を単数又は複数保有している単位の数、合計26,663）で公表されている。

十分とは言い難いが、職員には様々な社会の変化に応じた対応が求められている。各施設が職員研修に取り組むとともに、文部科学大臣及び都道府県の教育委員会も職員の資質向上のため、必要な研修を行うよう努めなければならないとされている。

(2) 住民参加とボランティア

社会教育施設、とりわけ公立施設は、原則として地域住民の学習の場であるため、地域住民の意向を反映した運営をすることが望まれる。

例えば、公民館には「館長の諮問に応じ、公民館における各種の事業の企画実施につき調査審議する」役割を持つ、**公民館運営審議会**を置くことができるとされている（社会教育法第29～31条）。そして、公民館の設置者は公民館運営審議会を置く等の方法により、「地域の実情に応じ、地域住民の意向を適切に反映した公民館の運営がなされるよう努めるものとする」とされている（公民館の設置及び運営に関する基準

第７条）。

同様の制度としては、公立図書館に置くことができる図書館協議会（図書館法第14～16条）、公立博物館に置くことができる博物館協議会（博物館法第23～25条）があるが、形骸化を指摘する声も少なくない。前例踏襲ではなく真に必要な人材に委員を委嘱することによって、各施設の運営に大いに役立つものとなり得る。

ボランティアが様々な面で関与していることも社会教育施設運営の特徴の一つである。ボランティアは、施設運営を補助する人材であると同時に、施設を使用する学習者としての側面も持っている。ボランティア活動そのものが自己開発・自己実現につながり、学習成果を生かし深める実践としてボランティア活動がある。さらに人々の学びを支援するボランティア活動によって、生涯学習の振興が一層図られている。

関係する法律はいずれも、社会教育によって行われた学習の成果活用をうたっている（社会教育法第５条第１項第15号・図書館法第３条第８号・博物館法第３条第１項第10号）。住民あるいはボランティアの有する知識・能力を施設運営に生かすことは、「知の循環」の観点からも重視すべき取組である。

(3) 連携・協力と情報提供

学校、家庭及び地域住民等との連携・協力については、教育基本法第13条で述べられているところではあるが、地域の学習拠点として多様な学習機会を提供することが求められている社会教育施設においても、必要に応じて学校や他の社会教育施設、社会教育関係団体、NPO、その他の民間団体、関係行政機関等と連携・協力することが重要である。

地域住民等が社会教育施設について理解を深め、連携・協力するためには、前提条件として社会教育施設が自らの運営状況に関する情報を積極的に提供することが必要である。

(4) 多様な利用者への対応

社会教育施設は、特定の対象者の利用を想定して設置されている場合を除き、全ての人に開かれた施設である。青少年、高齢者、障害者、乳幼児の保護者、外国人、その他特に配慮を必要とする者の利用、あるいは事業参加を促進するよう努めることが必要である。

多様な利用者の利用・参加を促進するためには、職員一人一人の意識変革や事業・サービスの工夫はもちろんであるが、必要な施設・設備を備えることも欠かせない。

社会教育施設におけるバリアフリー関係設備（スロープ、障害者用トイレ等）の設置状況は年々改善されているが、一層の整備が望まれる。

(5) 危機管理

社会教育施設は多くの人々が集まる施設であるため、危機管理には十分な注意を払う必要がある。例えば、「図書館の設置及び運営上の望ましい基準」には、危機管理について「①　図書館は、事故、災害その他非常の事態による被害を防止するため、当該図書館の特性を考慮しつつ、想定される事態に係る危機管理に関する手引書の作成、関係機関と連携した危機管理に関する訓練の定期的な実施その他の十分な措置を講じるものとする。②　図書館は、利用者の安全の確保のため、防災上及び衛生上必要な設備を備えるものとする。」とある。博物館にも、多少の文言の違いはあるものの、同様の基準が存在する。

ただし、基準の有無にかかわらず、全ての社会教育施設において危機管理が求められることは言うまでもない。事故や災害は突然起こる。日頃の準備が重要である。

(6) PFIと指定管理者制度

平成11（1999）年、民間資金等の活用による公共施設等の整備等の促進に関する法律（PFI法）が制定された。PFI（Private Finance Initiative）とは、公共施設等の建設、維持管理、運営等を民間の資金、経営能力及び技術的能力を活用して行う手法である。国や地方公共団体等が直接実施するよりも効率的かつ効果的なサービスの提供が期待されている。

さらに平成15（2003）年の地方自治法の改正により、公の施設（地方自治法第244条「住民の福祉を増進する目的をもつてその利用に供するための施設」のこと）の管理運営を、企業やNPOなどの民間事業者から募集・選定した指定管理者に委ねることが可能になった。地方公共団体は、予算の単年度主義や定期的な人事異動といった行政特有の制約があるが、指定管理者の場合、これらの制約を受けずに柔軟な施設運営ができる。PFI同様、民間のノウハウにより、サービス向上や施設運営の効率化、経費削減効果等も期待される。

一方、指定管理者の指定期間は３～５年程度であり、比較的短い期間で運営者が変わる可能性があることから、中長期的な視点から計画を立てることが難しく、事業の継続性や安定性の面で課題があるとされている。施設運営の効率化についても、民間事業者は本来利潤追求を目的とする団体であるため、指定管理料や施設の利用料金などによる収入が十分に見込めない場合、経営効率を優先することによって結果的にサービスの質・量が低下する、職員の勤務条件が悪化する、等々の危険が存在すると言われる。職員の専門性形成に影響を及ぼす可能性も指摘されている。

指定管理者制度はいずれの公立社会教育施設にあってもその導入割合は増加傾向にあるが、導入に当たってはメリット・デメリットについて十分に検討する必要がある。

以上、社会教育施設の運営について6点を挙げて説明した。最後に、各社会教育施設はPDCAサイクルに従って、運営状況について自己点検・評価する、あるいは第三者による評価を受けて、その結果に基づき改善を図ることが必要であることを指摘しておきたい。

（山本　珠美）

第12節　公民館の機能と役割

1　公民館の位置付けと機能

(1) 公民館の歴史

公民館は市町村設置率がおよそ80%であり、施設数としても公立小学校（およそ18,000）と公立中学校（およそ9,000）のほぼ中間の規模で、行政による社会教育事業を実施する上で最も一般的と言える存在である。それゆえ、公民館の歴史を理解することは、第二次世界大戦戦後の日本における社会教育の歴史を理解することにもつながる。

公民館は敗戦後、文部省（当時）社会教育課長の寺中作雄によって創設されたと言って良い施設である。その始まりは、昭和21（1946）年７月の文部次官通牒（つうちょう）（現在の組織・制度で例えるならば、文部科学事務次官通知）であるが、その実質的な文書作成者は寺中であった。同通牒には「公民館設置運営の要綱」という別紙が付いており、公民館は「郷土に於ける公民学校、図書館、博物館、公会堂、町村集会所、産業指導所などの機能を兼ねた文化教養の機関」であり、「町村振興の底力を生み出す場所でもある」とその目的が示されている。敗戦によって国土が疲弊し、また国民を主権者とする民主的な国家へと転換する中で、文化・教養、地域振興とともに「民主主義の実際的訓練」の場としても公民館は構想された。館の名称に含まれる公民について、寺中作雄著『公民館の建設―新しい町村の文化施設』（公民館協会、昭和21（1946）年12月）では、「自己と社会との関係についての正しい自覚を持ち、自己の人間としての価値を重んずるとともに、一身の利害を超越して、相互の助け合いによって公共社会の完成の為に尽す様な人格を持った人又は其の様な人格たらんことを求めて努める人」のことであると説明されている。

文部次官通牒を契機として公民館は瞬く間に普及した。昭和24（1949）年６月の社会教育法公布時には「当時の市町村数一万余のうち実に四〇〇〇余の市町村が既に公民館を設置」しており（文部科学省『学制百五十年史』令和４（2022）年、147頁）、初めて社会教育調査が行われた昭和30（1955）年の公民館数は35,343館、市町村設置率は83.3%であった。初期の公民館には、看板だけのものや建物のない青空公民館のような有名無実のものも含まれていたが、公民館に対する当時の期待や需要の大きさを理解することができる。

公民館の法令上の根拠としては、昭和22（1947）年の教育基本法第７条の社会教育に関する条文中に公民館が明記されることに始まる。教育委員会の一般行政からの相対的独立を定めた昭和23（1948）年の教育委員会法によって、公民館は教育のための機関であるとの位置付けを確立し、昭和24（1949）年の社会教育法では国による補助規定を含む公民館制度の詳細が整備された。昭和34（1959）年の文部省告示「公民館の設置及び運営に関する基準」（以下「基準」という。）では、施設・設備並びに職員について具体的に定められ、公民館の条件整備の向上が図られることとなった（なお、平成15（2003）年に同基準は全部改正され、主として事業の方向性を示すものへと改められている。現在の基準については、以下の法令チェックを参照）。これらの法令も後押しして、公民館は瞬く間に普及したが、昭和30年頃からの高度経済成長期における過疎・過密、工業化、都市化、地域の連帯意識の低下、様々な公共施設の普及、学習行動の多様化などとして現れた社会の変化に伴って、公民館はその機能や独自性を問われることとなった。しかしながら、地域に根差した教育・文化活動の拠点、地域振興の拠点としての機能は今日まで変わることなく継続していると考えられる。

★法令チェック：公民館の設置及び運営に関する基準（第三条、第四条）

（地域の学習拠点としての機能の発揮）
第三条　公民館は、講座の開設、講習会の開催等を自ら行うとともに、必要に応じて学校、社会教育施設、社会教育関係団体、NPO（略）その他の民間団体、関係行政機関等と共同してこれらを行う等の方法により、多様な学習機会の提供に努めるものとする。
2　（略）
（地域の家庭教育支援拠点としての機能の発揮）
第四条　公民館は、家庭教育に関する学習機会及び学習情報の提供、相談及び助言の実施、交流機会の提供等の方法により、家庭教育への支援の充実に努めるものとする。

(2) 公民館の目的と機能

社会教育法の条文数のおよそ４割は公民館についての規定で占められており、公民館の目的については社会教育法第20条に示されている。

★法令チェック：社会教育法第二十条

（目的）
第二十条　公民館は、市町村その他一定区域内の住民のために、実際生活に即する教育、学術及び文化に関する各種の事業を行い、もつて住民の教養の向上、健康の増進、情操の純化を図り、生活文化の振興、社会福祉の増進に寄与することを目的とする。

条文の文言から、公民館は市町村、あるいは多くの場合においてそれよりも狭い区域（の住民）のための施設であることが理解できる。実際には一定区域外からの利用も受け入れている場合が一般的であるが、社会教育法が想定している利用対象は「一定区域内の住民」である。このことは、先に紹介した文部次官通牒などの趣旨から理解し得るものである。

さて、公民館と聞いてどのような活動をイメージするであろうか。利用経験のある方であれば、どのような活動が行われていると記憶しているであろうか。地域の集会や諸行事での利用、サークルによる利用を思い浮かべる方が多いと予想するが、実際には社会教育法第20条の目的を達成するために様々な事業が行われている。

社会教育法第22条では、６項目にわたって事業内容が記載されているが、それら６項目は、次の３つの機能に分けて理解することが可能である。

１）主催事業の実施：第22条の一、二、四に対応

２）施設の開放並びに各種資料の提供：第22条の三、六に対応

３）「各種の団体、機関等の連絡を図る」とともに、連絡・連携を基にした学習支援（広報活動を含む）：第22条の五に対応

２）と３）の機能について補足すると、公民館は、図書館や博物館、視聴覚センター、文化会館、社会体育施設の機能を自らが果たすだけではなく、これらの他種施設と連絡を図り、連携しながら、利用者からの学習相談に際して他種施設の情報を提供して利用を促すといった紹介、あっせんの機能も果たすということである。これらの事業が効果的に行われることによって、一定区域内の住民同士の人間関係が深まったり、学びが深まって地域の充実・発展をもたらしたりすることになる。

★法令チェック：社会教育法第二十二条

（公民館の事業）
第二十二条　公民館は、第二十条の目的達成のために、おおむね、左の事業を行う。但し、この法律及び他の法令によつて禁じられたものは、この限りでない。
一　定期講座を開設すること。
二　討論会、講習会、講演会、実習会、展示会等を開催すること。
三　図書、記録、模型、資料等を備え、その利用を図ること。
四　体育、レクリエーション等に関する集会を開催すること。
五　各種の団体、機関等の連絡を図ること。
六　その施設を住民の集会その他の公共的利用に供すること。

2　公民館の役割と職員

(1) 公民館の役割

公民館は社会教育施設であるから、社会教育のために利用されるという役割に疑問の余地はない。つまり、教育事業の企画実施や学習活動の支援が主たる役割となるが、そうした活動などを通して人々の関係や地域を豊かにする地域づくりも公民館の役割であると考えられている。そのことは、前項で紹介した文部次官通牒からも理解することができるだろう。

公民館の主たる役割は、先に挙げた社会教育法第22条に示される事業として具体化されているが、公民館の利用に当たって申請が不要なロビーやフリースペースなどを利用するだけ、そこで仲間と集まるだけの利用である場合、社会教育調査における施設利用者としては計上されない。このような行動は統計の数字には表れないものの、公民館が日常的な住民の居場所となることで地域づくりの役割を果たしていることの表れの一つであると言える。このような地域づくりの役割を果たすためには、利用申請が必要な部屋などにおいても申請手続きが簡単である、施設使用料について安価である・減免規定がある、学級・講座の受講料が安価であるなどの点も、日常的な施設の利用につながる要素として重要である。

公民館は避難所として指定されていたり、複合施設の場合には複合相手の施設の役割（役場の支所・出張所の役割である場合が多い）を兼ねるなど、更なる役割が与えられていたりする場合がある。これらは公民館にとって副次的な役割で、公共施設の一つとして期待されている役割であると言えるが、当該区域の住民にとっては、これらもまた大切な役割となる。それゆえ公民館としても該当する役割について、住民の期待に応えられるよう準備することが必要となる。

(2) 公民館の職員とその役割

公民館が施設の役割を十分に果たせるかについては、職員の存在・働きが重要である。社会教育法では第27条において、公民館の館長や主事の配置や役割などが示され、基準第８条では職員の配置や職員に求められる資質、職員への研修について規定されている。

★法令チェック：社会教育法第二十七条

(公民館の職員)
第二十七条　公民館に館長を置き、主事その他必要な職員を置くことができる。
2　館長は、公民館の行う各種の事業の企画実施その他必要な事務を行い、所属職員を監督する。
3　主事は、館長の命を受け、公民館の事業の実施にあたる。

★法令チェック：公民館の設置及び運営に関する基準第八条

(職員)
第八条　公民館に館長を置き、公民館の規模及び活動状況に応じて主事その他必要な職員を置くよう努めるものとする。
2　公民館の館長及び主事には、社会教育に関する識見と経験を有し、かつ公民館の事業に関する専門的な知識及び技術を有する者をもって充てるよう努めるものとする。
3　公民館の設置者は、館長、主事その他職員の資質及び能力の向上を図るため、研修の機会の充実に努めるものとする。

上記から、館長は必ず置かれるが、「事業の実施にあたる」とされる主事やその他の職員の設置は努力義務になっていること、館長や主事を採用・任用する条件や研修の実施についても努力義務になっていることが確認できる。また、社会教育調査によると職員のおよそ6割が非常勤職員であり、専任の公民館主事が置かれている公民館はおよそ15％、公民館本館のみに限定してもおよそ20％に過ぎず、職員の身分保障や配置が十分とは言い難い状況である。しかしながら、非常勤職員には館の対象区域をよく知る住民が任用される場合が多く、その意味において常勤職員（専任あるいは兼任の職員）よりも働きぶりに期待できる可能性があるとも考えられる。さらには、職員ではないが施設ボランティアが活動している公民館も一定程度存在している。地域住民がなり手となる場合の多い非常勤職員やボランティアは、その存在自体が住民の活動であって、地域の民主主義を体現するものであるという意味において、その存在が地域づくりの一部になっていると捉えることも可能である。

公民館職員の役割については、これまで述べてきた公民館の機能と役割に対応するものとなる。公民館職員の職務は、地域や館の対象区域によって異なる学習ニーズが何であるかを把握し、学習ニーズに対応するあるいは地域にとって必要な事業を企画実施する創造性が求められる。それゆえに難しい職務であると言えようが、地域への貢献を実感できる職務でもある。

3　公民館の現況と課題

戦後の地域振興の拠点として構想され、普及、充実が図られた公民館は、公立社会教育施設整備費補助金の平成9（1997）年度限りでの廃止や施設の老朽化、施設統廃合などの要因により、21世紀以降の社会教育調査では（本書刊行時点の直近データである令和3（2021）年度の調査まで）一貫して施設数の減少が続いている。また、職員についても前項（2）で説明したような状況であり、公民館制度全体で見ると、今後を楽観できるような現況にはない。しかしながら、仮に恵まれた人的・物的条件や支援体制がなくても優れた実践を行っている公民館は存在しており、その中には館独自の実践で条件整備を進展させたケースも見られる（「参考：優れた公民館活動を知る情報源」を参照）。何が優れているのかは、自治体、地域によって異なるものの、公民館の独自性と必要性を主張し得る優れた実践が各地で更に生み出されていくことが期待される。

●参考：優れた公民館活動を知る情報源

公民館における「優れた」活動というのは、各館の状況によって異なるものである。そのため優れた公民館活動として紹介されるものを形式的に真似することが、各館においても優れた活動と評価される結果になるとは限らない。しかしながら、優れた活動として紹介される事例から学ぶこと、示唆されることは多いと考えられる。

優れた公民館活動を知る情報源は、学術書や機関紙（誌）、関係団体の大会、各種研修、ウェブサイトなど、多様に存在するが、ここでは国立教育政策研究所社会教育実践研究センターのウェブサイト（https://www.nier.go.jp/jissen/index.htm）を推奨する。同サイトでは、公民館に関する基礎資料を提供しており、そこには文部科学省によって毎年度実施される優良公民館表彰を受けた公民館の概要と特色ある事業の一覧が示されている。

また、同サイトにおいては、社会教育情報番組である「社研の窓」を視聴することもできる。この番組では、様々な地域、施設種、事業内容に関する優れた事例が数多く紹介されており、社会教育行政、公民館の職員としての経験が無い者にも、活動の望ましい方向性が映像資料で理解できるようになっている。例えば、平成17（2005）年度実践事例シリーズ「社会教育で活躍している人たち　公民館サポーター」（栃木県野木町公民館）では、行政主催事業への参加者の減少傾向に悩んだ公民館が、県主催のボランティアセミナーをきっかけとして、館独自にボランティア養成講座を立ち上げた経緯が説明される。そして養成講座を経たボランティアは公民館サポーターとして、花壇の手入れや会場設営、コンサートの開催、複数の講座の企画運営などの様々な分野で活動し、館や地域が活性化した様子が紹介されている。ちなみに、「社研の窓」は平成15（2003）年から開始され、毎年度、新たな内容が追加されている。

最後に今後の課題について、国の諮問機関における近年の答申類に基づきながら指摘する。中央教育審議会答申「人口減少時代の新しい地域づくりに向けた社会教育の振興方策について」（平成30（2018）年12月21日）では、今後の社会教育施設に求められる役割として、「住民主体の地域づくり、持続可能な共生社会の構築に向けた幅広い取組」などを挙げ、特に公民館については「住民が主体的に地域課題を解決するために必要な学習を推進する役割や、学習の成果を地域課題の解決のための実際の活動につなげていくための役割、地域コミュニティの維持と持続的な発展を推進するセンター的役割」などが提唱されている。また、「第11期中央教育審議会生涯学習分科会における議論の整理～全ての人のウェルビーイングを実現する、共に学び支えあう生涯学習・社会教育に向けて～」（令和４（2022）年８月）では、今後の生涯学習・社会教育の振興方策の一つとして「公民館等の社会教育施設の機能強化、デジタル社会への対応」を挙げ、その中で公民館に関しては「地域のコミュニティ拠点機能の強化を図る観点」から、子供の居場所としての活用や社会教育士の配置推進などの方策が提言されている。

どちらの答申類においても、地域の持続可能性という課題への対応を含め、学習を通した地域づくりの役割が公民館に期待されており、それは地域コミュニティの衰退という状況認識が背景にあると考えられる。地域づくりに関しては、福祉や都市開発、農業など他の行政分野においてもそれぞれの観点で施策を行っている。そうした他の行政分野との連携・協働を図りながらも、公民館は教育・学習活動を通して人と人との交流を豊かにするという方法の特長を、自覚したり生かしたりしながら、地域づくりに貢献することが強く期待されている。

（井上　伸良）

第13節　図書館の機能と役割

1　図書館の目的と機能

(1) まちの読書施設

まちの中にあって、本を読んだり、借りたり、誰でも無料で利用したりすることができるふだん使いの読書施設が図書館である。

様々なジャンルの本が揃えてあるので、特にこれといった読みたい本がないときでも気軽に立ち寄り、書架を見て回って気に入った本を手に取り読むことができる。利用者登録をすれば資料を借り出すことができる。古いものから新しいものまで、絶版になって入手が難しいものや、政府や地元の地方公共団体が刊行し市販されていない資料なども収集・保存されており、幅広い資料を利用することができる。所蔵資料の目録が整備されており、特定の資料を探したり、特定のテーマに関する資料を探したりすることができる。近年では、インターネット上で図書館の外からでも資料を検索でき、予約した上で、後から来館して資料を受け取ることができる図書館も多い。

探している資料が見つからないときや、探し方が分からないとき、あるいは、特定のテーマについて資料調べを進めたいときなどには、図書館員に尋ねて資料探しを手伝ってもらうことができる。これはレファレンスサービスと呼ばれている。求める資料が貸出中の場合には、返却されたら確実に利用できるように予約することができる。図書館が所蔵していない資料に対しては、購入や他の図書館からの取り寄せにより資料を提供するようリクエストすることができる。図書館相互の協力組織を通じて、所蔵していない資料を互いに貸し出したり、レファレンスサービスに寄せられた質問で自館では答えられないものの調査を、他館に依頼したりすることもある。

子供に対するサービスでは、こうした資料を提供するサービスのほかに、お話会を開くなど、様々な工夫により子供が本に親しむ機会を作っている。障害者など、図書館を訪れることや本を読むことが難しい人に対しては、録音図書を作成提供したり、宅配するサービスもある。図書館は、あらゆる人に対して、それぞれの人に適したやり方で本を提供するように努めているのである。

図書館のサービスは、一人一人の個人に対して提供するのが主だが、団体に対するサービスもある。地域の読書グループ、保育園・幼稚園、学校などに対して本をまとめ貸ししたり、図書館員が出張して本を読み聞かせたり、逆に園児・児童・生徒が学級や学年でまとめて図書館を訪問したりする。

以上のように、図書館は、地域の様々な人やグループに対して、本を中核とする資料を収集・保存して提供し、読書を通じた自主的な学習を援助する施設である。こうした地域の図書館は、学校図書館や専門図書館などと区別するために、公共図書館と呼ばれることもある。しかし、あらゆる人にとって最も身近な図書館という意味で、法律では単に「図書館」と呼ばれている。図書館法制定時の文部省社会教育局長だった西崎恵はこの点について、立法の際に「公共図書館」という名称を用いる案もあったが、「図書館」という名称には公共性を持つ図書施設という社会通念があるため、それを尊重して単に「図書館」という名称を用いた、と説明している（西崎恵『図書館法』羽田書店，1950，p. 42.）。

(2) 図書館の歴史

まちの読書施設としての図書館は、今日すっかり定着した感があるが、現在のような機能と役割を担うようになるまでには幾多の変遷があった。

図書を中心とした資料を収集・保存する施設は、我が国では伝統的に「文庫」と呼ばれていた。「図書館」という名称が登場するのは明治以後のことで、19世紀になって欧米で成立・発達しつつあった近代図書館の制度、すなわち、資料を組織的に収集・整理して対象とする人々に提供することにより、知識の共有や普及を図る施設の制度が我が国に移入された際、伝統的な文庫とは異なる西洋伝来の施設であることを示す言葉として用いられるようになった。

戦前の図書館は、学校教育が整備されていく中で、それを補完する社会教育施設と位置付けられていた。中でも重視されたのが読書習慣の普及と義務教育終了後の青少年に対する学習機会の提供であった。館外への個人貸出よりは館内閲覧がサービスの中心であり、読書会や貸出文庫の活動も行われた。法が整備され、道府県や大きな市には相当な規模の図書館が設立されて、中には活発に活動する館もあったものの、大多数は蔵書５千冊未満の小規模な図書館で、篤志家等による私設の図書館も多かった。

第二次世界大戦による混乱の中で、こうした図書館の大部分は消えていった一方、戦後改革の一環として、図書館法を中心に、今日につながる制度が整備されていった。しかし、新制度の下で再出発したものの、実態は戦前からのサービスを継承した館内閲覧が中心のものであった。ほとんどの資料は閉架書庫に置かれていて、手続きをしなければ手に取ることができず、利用は少なかった。

図書館が今日のような姿に大きく変わるのは、昭和40年前後からである。市民に資料を提供することこそ図書館の本来の機能なのだから、資料提供の態勢を整備しようとする新しい図書館運営の考え方が提唱され、浸透していった。館外個人貸出をサービスの中核に据えて、新しく購入する図書の数を大幅に増やすとともに、資料は閲覧室内に開架で置かれ、利用者が自由に手に取ってみることができるようになった。また、利用手続きを簡略化して、簡単に資料を借りることができるようにした。気軽に来館して、気軽に資料を利用することのできる施設になったのである。

気軽に立ち寄ることのできる「まちの読書施設」が誕生したことで、日本の図書館は飛躍的に発展した。昭和40（1965）年度に図書館数が791館、年間個人貸出冊数が1,057万冊だった（『日本の図書館』社団法人日本図書館協会，1966.）のが、半世紀後の平成27（2015）年度には図書館数3,280館、年間個人貸出冊数７億352万冊を数えるまでに至った（『日本の図書館　統計と名簿』公益社団法人日本図書館協会，2016.）。

(3) 図書館の目的と事業

図書館の種類、目的、事業など、図書館の制度の骨格は図書館法によって規定されている。図書館法では、図書館の目的は第２条で規定されている。図書館は、図書等の資料を収集、整理、保存し、市民に提供する施設、すなわち、まちの読書施設で、その目的は市民の教養、調査研究、レクリエーション等に資すること、つまり、資料を通じて知識を得るという広い意味での読書を通じて、知的な面から各自の生活を充実した豊かなものにすることである。

★法令チェック：図書館法第二条

（定義）

第二条　この法律において「図書館」とは、図書、記録その他必要な資料を収集し、整理し、保存して、一般公衆の利用に供し、その教養、調査研究、レクリエーション等に資することを目的とする施設で、地方公共団体、（略）一般社団法人若しくは一般財団法人が設置するもの（略）をいう。

2　前項の図書館のうち、地方公共団体の設置する図書館を公立図書館といい、（略）一般社団法人若しくは一般財団法人の設置する図書館を私立図書館という。

資料を通じた個人の知的活動が個人と社会にもたらすものについて、ユネスコは、図書館が「個人および社会集団の生涯学習、独自の意思決定および文化的発展のための基本的条件を提供する」(「ユネスコ公共図書館宣言2022」『図書館雑誌』117(6)，公益社団法人日本図書館協会，2023，p. 347. 以下「ユネスコ公共図書館宣言」という。) としている。図書等の資料の提供を通じ生涯学習に貢献することは図書館の主要な目的である。

第２条はまた、本法が対象とする図書館は、上述の目的を持って事業を行う施設のうち、地方公共団体が設置する公立図書館と一部の法人が設置する私立図書館の２種類であることを規定している。このうち公立図書館については、「地方教育行政の組織及び運営に関する法律」の定めるところにより教育委員会が所管するが、同法第23条の特例規定により、首長部局が所管することも可能になっている。また、「地方自治法」第244条の２により、地方公共団体が指定する団体（指定管理者）に管理を委ねることができる。このため、公立図書館の中には、首長部局が所管するものや指定管理者が管理するものがある。

公立図書館の設置や運営に対して、法はいくつかの条件を付けている。設置は条例によって、つまり、地方公共団体の意思によってでなければならない。

★法令チェック：図書館法第十条

（設置）
第十条　公立図書館の設置に関する事項は、当該図書館を設置する地方公共団体の条例で定めなければならない。

公立図書館では、資料の利用は無料である。公立図書館は地域のあらゆる人に対して無料で開かれた読書施設である。

★法令チェック：図書館法第十七条

（入館料等）
第十七条　公立図書館は、入館料その他図書館資料の利用に対するいかなる対価をも徴収してはならない。

地域のあらゆる人の資料利用を保障するために、図書館の全国組織である日本図書館協会は、昭和29（1954）年に「図書館の自由に関する宣言」を採択し、「図書館は、基本的人権のひとつとして知る自由をもつ国民に、資料と施設を提供することをもっとも重要な任務とする」と宣言している。

図書館が行う事業は法第３条が提示している。すなわち、資料の収集・整理・提供、レファレンスサービス、他の図書館等との相互貸借を含む相互協力、サービス対象域内の全体に対するサービス、資料に関わるイベントの開催、時宜にかなった情報提供、生涯学習支援、地域の機関との連携・協力である。対象とする資料はデジタル資料等に拡大・多様化し、サービスのバリアフリー化や子供の読書活動推進等運営上の課題は変わってきているものの、図書館が行う事業は今日なお第３条によく列挙されていると言って良い。

★法令チェック：図書館法第三条

（図書館奉仕）

第三条　図書館は、図書館奉仕のため、土地の事情及び一般公衆の希望に沿い、更に学校教育を援助し、及び家庭教育の向上に資することとなるように留意し、おおむね次に掲げる事項の実施に努めなければならない。

一　（略）図書、記録、視聴覚教育の資料その他必要な資料（（略）以下「図書館資料」という。）を収集し、一般公衆の利用に供すること。

二　図書館資料の分類排列を適切にし、及びその目録を整備すること。

三　図書館の職員が図書館資料について十分な知識を持ち、その利用のための相談に応ずるようにすること。

四　他の図書館、国立国会図書館、地方公共団体の議会に附置する図書室及び学校に附属する図書館又は図書室と緊密に連絡し、協力し、図書館資料の相互貸借を行うこと。

五　分館、閲覧所、配本所等を設置し、及び自動車文庫、貸出文庫の巡回を行うこと。

六　読書会、研究会、鑑賞会、映写会、資料展示会等を主催し、及びこれらの開催を奨励すること。

七　時事に関する情報及び参考資料を紹介し、及び提供すること。

八　社会教育における学習の機会を利用して行つた学習の成果を活用して行う

教育活動その他の活動の機会を提供し、及びその提供を奨励すること。 九　学校、博物館、公民館、研究所等と緊密に連絡し、協力すること。

2　図書館の役割と職員

(1) 図書館の役割とその変遷

まちの読書施設としての図書館の基本的な機能は、図書館法に明記され昭和40年代からの実践を通じて変わらないものの、図書館が地域の中で担う具体的な役割は、時代により変化を遂げてきた。

昭和40年代以降、図書館が資料提供を中心に活発な活動を展開するようになると、基礎自治体である市町村の図書館と、広域自治体である都道府県の図書館との役割分担が課題とされるようになった。市町村立図書館が身近な読書施設として整備されたとき、都道府県立図書館はどのような役割を担うべきか、との問いが提起され、図書館未設置市町村に対する補完的なサービスの提供、域内図書館等の間の連絡調整、資料の相互貸借や協力レファレンス等を通じた市町村立図書館等に対する支援などの役割が提案され実践されてきた。

図書館での資料の利用には多様な形態がある。文芸書のように1冊の本を通読することもあれば、調べもののように関連する情報を求めて何冊もの本に当たる場合もある。お気に入りの雑誌の最新号を拾い読みしたり、本を眺めながら書架を見て歩き、面白そうな本を手に取って読んでみることもある。

利用する人たちも多様で、大人もいれば子供もいる。図書館の利用に障害のある人たちや、外国籍の人や日本語を母語としない人たちもいる。こうした人々は、読書に対してそれぞれ独自のニーズを持っている。子供は絵本などの子供向けの本を読むだろうし、紙に書かれた文字を肉眼で読むことが難しい人は、文字を大きくしたり他の人に朗読してもらったりする必要がある。

貸出などの資料提供サービスが充実するにつれ、こうした多様な利用者層や利用形態に対応する様々なサービスが登場し、施設・設備の整備が進められた。児童サービスは戦前からの長い歴史を持つ。障害者サービスは関係団体からの働きかけもあり、昭和40年代に始められた。一方、ティーンズや乳幼児に対するサービスが始められるのは昭和50年代後半以降であり、文化的・言語的な多様性に対応した図書館サービスの実現を目指す多文化サービスが始まったのは昭和60年代に入ってからである。

21世紀を迎える辺りから、資料・情報の提供を通じて、地域の特定の課題の解決に貢献しようとするサービスが登場した。課題に関連する資料を集めて特集コーナーを作り、利用者からの関連する質問や依頼に積極的に応ずるほか、講演会・相談会・ワークショップなどを開催して、人々の課題に対する気付きを誘ったり、課題を抱えた人に解決の糸口を提供したりする。例えば、健康医療情報サービスでは、病気と治療に関する信頼できる本やパンフレット、地域の医療機関を紹介する資料、闘病記などを排架するコーナーを設けるほか、医療者による講演会を開催して啓発の機会を持ち、血圧等の簡単な測定会や健康相談会の開催により健康診断に対する意識を高める機会を設けるなどしている。こうしたサービスは**課題解決支援サービス**と呼ばれ、各種の利用者層に対応するサービスとともに、ニーズに即して図書館サービスをデザインしようとする試みということができる。

サービスの広がりや利用形態の多様性に対応して、施設も大きな変化を遂げた。車椅子でも通ることができるように、書架の間は広くとられるようになった。点字ブロック、スロープ、バリアフリートイレなどが整備されたほか、視覚障害者のための対面朗読室やティーンズのためのヤングアダルトコーナーが設けられるようになった。多様な利用形態に対応するため、個人用のキャレルや、地図などの閲覧用の広机、読書用のスツールなどの様々な家具が置かれるようになった。児童コーナーやヤングアダルトコーナーには、人形などコーナーにふさわしい飾り付けがされ、絵本などは表紙を見せて並べることも行われている。夏場の熱中症関連本の展示や、芥川賞・直木賞受賞作家の特集コーナーなど、展示棚やブックトラックを利用した特集コーナーも図書館でよく見かける工夫である。

以上のように、近年の図書館は、多様な人々の多様なニーズにきめ細かく組織的に対応しようと試みてきている。図書館法第７条の２に基づき平成24（2012）年に告示・施行された「**図書館の設置及び運営上の望ましい基準**」（以下「望ましい基準」という。）では、図書館の行うべきサービスとして、利用者やその課題に踏み込んだサービスが挙げられている。また、資料提供と講演会や相談会等のイベントを組み合わせることによる多様な学習機会の提供や、ボランティア活動を通じ市民の社会参加を促すことも奨励されている。

★法令チェック：図書館の設置及び運営上の望ましい基準

第二　公立図書館

一　市町村立図書館
3　図書館サービス
（一）貸出サービス等（略）
（二）情報サービス（略）
（三）地域の課題に対応したサービス
（略）図書館は、利用者及び住民の生活や仕事に関する課題や地域の課題の解決に向けた活動を支援するため（略）次に掲げる事項その他のサービスの実施に努めるものとする。
ア　就職・転職、起業、職業能力開発、日常の仕事等に関する資料及び情報の整備・提供
イ　子育て、教育、若者の自立支援、健康・医療、福祉、法律・司法手続等に関する資料及び情報の整備・提供
ウ　地方公共団体の政策決定、行政事務の執行・改善及びこれらに関する理解に必要な資料及び情報の整備・提供
（四）利用者に対応したサービス
（略）図書館は、多様な利用者及び住民の利用を促進するため、関係機関・団体と連携を図りながら、次に掲げる事項その他のサービスの充実に努めるものとする。
ア　（児童・青少年に対するサービス）（略）
イ　（高齢者に対するサービス）（略）
ウ　（障害者に対するサービス）（略）
エ　（乳幼児とその保護者に対するサービス）（略）
オ　（外国人等に対するサービス）（略）
カ　（図書館への来館が困難な者に対するサービス）（略）
（五）多様な学習機会の提供（略）
（六）ボランティア活動等の促進（略）

(2) 図書館職員の種類と役割

図書館法第４条は、図書館で専門的事務に従事する職員を**司書**、司書を補佐する職員を**司書補**と規定している。次々に出版される本などの資料の中から、地域の実情と将来の利用を考慮して適切なものを選択収集すること、収集した資料を利用者が容易

に利用できるように整理し排架し維持管理すること、目録などの検索ツールを整備すること、利用者の資料探しを手伝うこと、他の図書館そのほかの機関や団体と連携して人々の学習を多面的にサポートすることといった、第３条に列挙されたサービスを適切に実施するためには、資料を読む力を持ち、その扱い方を知る職員が必要である。図書館法は、そうした専門的な知識と技能を持つ職員を司書、専門的事務について司書の補佐をする職員を司書補と呼んでいる。なお、司書・司書補の職は図書館法が規定する公立図書館及び私立図書館に限定され、国立国会図書館、大学図書館、学校図書館等には適用されないので注意が必要である。

第５条と第６条では、司書・司書補の資格条件とその取得方法を規定している。司書の資格は大学または高等専門学校を卒業したもので、大学で所定の科目を履修しているか、文部科学大臣が大学に委嘱する講習を修了した者に与えられる。司書補の資格は高等学校卒業等により大学入学資格を持つもので、文部科学大臣が委嘱する講習を修了した者に与えられる。なお、司書補ないし相当の職に３年以上勤務した人も、司書講習を修了すれば司書資格を取得できる。

図書館には司書・司書補のほかに事務職員や技術職員が働いている。近年では、図書館数は増えたものの、非常勤職員（会計年度任用職員）が増え、指定管理者によって運営される図書館もあるために、職員全体に占める専任の司書・司書補の割合は多くない。令和３（2021）年度の社会教育調査によれば、図書館で働く職員のうち専任は10,550人（うち司書は5,439人、司書補は72人）、兼任は2,169人、非常勤は21,088人、指定管理者の雇用による者は10,052人であった。望ましい基準では、「図書館の設置者は、当該図書館の設置の目的を適切に達成するため、司書及び司書補の確保並びに資質・能力の向上に十分留意しつつ、必要な管理運営体制の構築に努めるものとする」とうたわれている。

3　図書館の現況と課題

(1) 図書館の現況

令和３（2021）年度の社会教育調査によれば、全国の図書館数は3,394館、設置率は都道府県が100%、市が99%であるのに対し、町65%、村29%と、小規模な地方公共団体では未設置のところが多い。蔵書総数は約４億4,800万冊である。調査対象となった令和２（2020）年度は新型コロナウイルス感染症対策で閉館が続いたため、年間個人貸出冊数は令和元（2019）年度の数値を日本図書館協会の調査によって求めると６億5,345万冊に上る。人口一人当たり年間5.2冊借りている計算になる。

貸出やレファレンスサービスといった資料提供サービスをベースに、多様な利用者の多様なニーズに目を向けたサービスが登場したことは既に述べた。特に図書館利用に障害のある人々に対しては、「視覚障害者等の読書環境の整備の推進に関する法律」（読書バリアフリー法）の制定等もあり、図書館は読書のバリアフリー化に向けた取組の一翼を担っている。また、近年は利用者参加型のサービスも行われるようになってきた。例えば、ぬいぐるみお泊り会は、図書館が子供たちからぬいぐるみを一晩預かり、ぬいぐるみが夜中に本を読んだり遊んだりする様子を写真に撮って、ぬいぐるみに写真とお勧めの本を添えて返す、というイベントである。

図書館法に基づき条例によって設置される図書館協議会やボランティア活動などは、従来から行われてきた図書館運営への市民参加の方法であるが、それらに加え近年は市民の自由参加によるワークショップでイベントを企画したり、図書館運営に提言したり、地域の課題を話し合ったりするなど、多様なやり方で市民の参加が試みられている。

新型コロナウイルス感染症が流行した際には、図書館は一時閉館するなど、館内での利用を制限する一方、市民からの強い要望に応えて、貸出や予約サービスを早期に再開させ、まちの読書施設としての図書館の役割を果たす努力が払われた。一方、対面によるサービスの代替手段として、電子書籍の導入が進んだ。電子出版制作・流通協議会の調査では、令和２（2020）年１月時点での電子書籍サービス導入地方公共団体は90だったのが、令和６（2024）年７月には566に達している（図書館未設置団体を含む）。

(2) 今後の課題

「ユネスコ公共図書館宣言」は図書館を地域において知識を得る窓口であるとして、その機能を「教育、文化、社会的包摂、情報の活力であり、持続可能な開発のための、そしてすべての個人の心のなかに平和と精神的な幸福を達成するための必須の機関である」と記している。図書館はそのサービスを通じて、教育や文化だけでなく、社会的包摂、持続可能な開発、ウェルビーイングの実現といった社会的課題の解決に向けた取組の一翼を担うことが目指されているのである。また、こうした取組のためには住民参加と連携とが重要であることが強調されている。

我が国の現状を「ユネスコ公共図書館宣言」と比べてみると、達成の程度はともかく、目指す方向はほぼ同一であると言って構わないであろう。資料・情報の提供による「まちの読書施設」であるという基本的な在り方は変わらないものの、図書館法第

２条がうたう生涯学習への貢献という個人レベルの目的が、社会的包摂、持続可能な開発、ウェルビーイングの実現といった社会的なレベルの目的と結び付いていることを自覚し、その達成に向けて市民参加や連携を図っているのである。

「ユネスコ公共図書館宣言」が重視していることの中で、我が国の図書館で十分に取り組まれていないのが、デジタル化への対応である。「ユネスコ公共図書館宣言」では資料やサービスのデジタル化とともに、デジタルリテラシーの向上もうたわれている。我が国では電子書籍こそ普及し始めたものの、提供可能な電子書籍の範囲は紙の資料よりはるかに小さいし、インターネット上の情報資源の活用、インターネット上でのサービス展開、デジタルリテラシー向上への貢献もこれからの課題である。

提供する資料が多様化する中で、多様な利用者やその課題に対応したサービスを組み立てるには、資料の扱いに通暁し、著作権法等関連法規・制度の変化に目を配り、ニーズに沿ってサービスを組み立てる能力を備えた司書が必要である。専任の司書が少ない中で、その充実が必要とされている。

（田村　俊作）

第14節　博物館の機能と役割

1　博物館の位置付けと機能

(1) 博物館の歴史

博物館は主にヨーロッパで発達した。ギリシャ・ローマの時代から中世にかけては珍品などを集める時代であった。ルネサンスの時代には集めたモノに価値付けをし、コレクションを形成し、回廊を意味するガレリア（ギャラリー）、多種多様な収集品を分け隔てなく部屋の天井や壁面に飾るヴンダーカマー（驚異の部屋）などの陳列方法が発達した。大航海時代になると世界各地の珍品、奇品がヨーロッパに集まり、その収集管理、整理分類のための博物学が発展した。17世紀以降に個人や王室が持つコレクションを一般に公開することで大英博物館やルーブル美術館に代表される近代博物館が誕生した。19世紀には産業革命による近代化とともに博覧会と博物館が発達してきた。我が国においては古代から正倉院の御物などの収集保管を行っていたが、近代博物館が発達するのは明治以降である。

明治５（1872）年に湯島聖堂大成殿を会場として文部省（当時）博物局による博覧会が開かれ、翌年のウィーン万国博覧会への準備を兼ねて全国から広く収集した陳列品の分野は、はく製や標本など多岐にわたった。博覧会終了後も開館し、我が国最初の常設による博物館（後の東京国立博物館）となった。明治10（1877）年には文部省が設置した東京博物館を改称して「教育博物館」（後の国立科学博物館）が創立された。教育博物館では大正期には実験や観察ができる体験型展示を取り入れた。また通俗教育（社会教育）として人々の日常生活にかかわりの深い感染予防、公衆衛生、時間の有効活用の励行、メートル・キログラム等の計量の普及を目的にした特別展（通俗展覧会）が多く開催された。これらの取組は多くの人に来館を促し、科学技術の知識などを伝える取組である。期間を決めて行う特別展は全国でも開催されるようになり、地方行政、学校、各種団体にとって博物館の社会教育機関としての役割が理解されるようになった。

昭和24（1949）年に社会教育法が公布・施行され、「図書館及び博物館は、社会教育のための機関とする」（第９条）とされ、博物館は社会教育機関として規定された。昭和26（1951）年に博物館法が公布され、博物館は法制度上の基盤を得ることとなった。

(2) 博物館の目的と事業

①　博物館の目的

博物館の目的については、博物館法第２条において「歴史、芸術、民俗、産業、自然科学等に関する資料を収集し、保管（育成を含む。以下同じ。）し、展示して教育的配慮の下に一般公衆の利用に供し、その教養、調査研究、レクリエーション等に資するために必要な事業を行い、併せてこれらの資料に関する調査研究をすることを目的とする」と規定されている。資料を収集し保管すること、展示して一般の人々に公開すること、必要な事業を行うこと、資料に関する調査研究をすることが博物館の目的である。これらは博物館の役割、基本的機能でもある。

②　博物館の事業

博物館の事業は、以下に示した博物館法第３条において規定されている。博物館の事業として、資料の収集・保管、展示・公開、調査研究、講演会、生涯学習の支援、人材養成、他の博物館・社会教育機関などとの連携のほか、令和４（2022）年の博物館法改正では、第３号の博物館資料に係る電磁的記録を作成、公開や第３項の教育、学術、文化の振興、文化観光の推進による地域の活力向上に寄与することなどが追加された。

★法令チェック：博物館法第三条

（博物館の事業）

第三条　博物館は、前条第一項に規定する目的を達成するため、おおむね次に掲げる事業を行う。

一　実物、標本、模写、模型、文献、図表、写真、フィルム、レコード等の博物館資料を豊富に収集し、保管し、及び展示すること。

二　分館を設置し、又は博物館資料を当該博物館外で展示すること。

三　博物館資料に係る電磁的記録を作成し、公開すること。

四　一般公衆に対して、博物館資料の利用に関し必要な説明、助言、指導等を行い、又は研究室、実験室、工作室、図書室等を設置してこれを利用させること。

五　博物館資料に関する専門的、技術的な調査研究を行うこと。

六　博物館資料の保管及び展示等に関する技術的研究を行うこと。

七　博物館資料に関する案内書、解説書、目録、図録、年報、調査研究の報告書等を作成し、及び頒布すること。
八　博物館資料に関する講演会、講習会、映写会、研究会等を主催し、及びその開催を援助すること。
九　当該博物館の所在地又はその周辺にある文化財保護法（昭和二十五年法律第二百十四号）の適用を受ける文化財について、解説書又は目録を作成する等一般公衆の当該文化財の利用の便を図ること。
十　社会教育における学習の機会を利用して行つた学習の成果を活用して行う教育活動その他の活動の機会を提供し、及びその提供を奨励すること。
十一　学芸員その他の博物館の事業に従事する人材の養成及び研修を行うこと。
十二　学校、図書館、研究所、公民館等の教育、学術又は文化に関する諸施設と協力し、その活動を援助すること。
2　博物館は、前項各号に掲げる事業の充実を図るため、他の博物館、第三十一条第二項に規定する指定施設その他これらに類する施設との間において、資料の相互貸借、職員の交流、刊行物及び情報の交換その他の活動を通じ、相互に連携を図りながら協力するよう努めるものとする。
3　博物館は、第一項各号に掲げる事業の成果を活用するとともに、地方公共団体、学校、社会教育施設その他の関係機関及び民間団体と相互に連携を図りながら協力し、当該博物館が所在する地域における教育、学術及び文化の振興、文化観光（有形又は無形の文化的所産その他の文化に関する資源（以下この項において「文化資源」という。）の観覧、文化資源に関する体験活動その他の活動を通じて文化についての理解を深めることを目的とする観光をいう。）その他の活動の推進を図り、もつて地域の活力の向上に寄与するよう努めるものとする。

③　博物館の目的と事業

各博物館は独自の設置目的、使命を持ち、それに基づく計画を策定し事業を展開している。平成23（2011）年12月20日に文部科学省が告示した「博物館の設置及び運営上の望ましい基準」（以下「望ましい基準」という。）第３条では「博物館は、その設置の目的を踏まえ、資料の収集・保管・展示、調査研究、教育普及活動等の実施に関する基本的な運営の方針（以下「基本的運営方針」という。）を策定し、公表するよう努めるものとする。博物館は、基本的運営方針を踏まえ、事業年度ごとに、その事業年度の事業計画を策定し、公表するよう努めるものとする」としている。

独立行政法人の場合も同様で、国立科学博物館は設置目的と文部科学大臣から指示された中期目標（５年間）に基づき、５年間の中期計画と年度ごとの年度計画を策定、公表し、事業を展開している（※１参照）。中期目標に掲げた目標値に対し、達成度を評価し、次年度の計画と事業展開と次期中期目標に生かしていくPDCAサイクルによる経営改善を行っている。

●参考：独立行政法人国立科学博物館の設置目的と使命（※１）

・設置目的（独立行政法人国立科学博物館法第３条）

独立行政法人国立科学博物館は、博物館を設置して、自然史に関する科学その他の自然科学及びその応用に関する調査及び研究並びにこれらに関する資料の収集・保管（育成を含む）及び公衆への供覧等を行うことにより、自然科学及び社会教育の振興を図ることを目的とする。

・使命（第５期（令和３～７年度）中期目標より）

国立科学博物館は自然史及び科学技術史の中核的研究機関として、また我が国の主導的な博物館として調査・研究、標本・資料の収集・保管・活用、展示・学習支援活動を通じ、人々が、地球規模課題を含む地球や生命、科学技術に対する認識を深め、地球と人類の望ましい関係について考察することに貢献することを使命とする。

(3) 博物館の設置と種類

博物館は、国、地方公共団体、独立行政法人、地方独立行政法人、一般社団法人・財団法人、企業などが設置することができる。

法制上、登録博物館、指定施設（博物館に相当する施設）、博物館類似施設に分類される。

①　登録博物館

博物館法第２条に定める定義による機関で、博物館法による登録審査を受けた博物館を「登録博物館」という。登録の要件として、設置者が地方公共団体又は地方独立行政法人のほか、博物館を運営するに必要な経済的基礎、役員の知識・経験などを有する法人であること、博物館の資料の収集・保管・展示・調査研究を行う体制、館長・学芸員の配置、施設及び設備が教育委員会の基準に適合すること、年間150日以上開館することなどが規定されている。登録に当たっては都道府県教育委員会が博物館の学識経験者の意見を聴いて行うこととしている（博物館法第13条）。

②　指定施設

登録博物館に類する事業を行う施設であって博物館に相当する施設として指定を受けた博物館を「指定施設」という（博物館法第31条）。指定要件は、類する事業に必要な資料の収集・保管・展示・調査研究を行う体制、職員の配置、施設・設備が文部科学大臣または教育委員会の定める基準に適合すること、年間100日以上の開館などが規定されている（博物館法施行規則第24条）。

③　博物館類似施設

博物館法に基づく分類ではないが、社会教育調査において、調査上の定義（博物館と同種の事業を行い、博物館法第31条に規定する博物館に相当する施設と同等以上の規模の施設）に基づいて教育委員会が把握した施設は「博物館類似施設」と分類されている。

その他、博物館法第２条では、地方公共団体又は地方独立行政法人が設置する博物館を「公立博物館」、それ以外の博物館を「私立博物館」と規定している。

法制上の分類の他、取り扱う資料による博物館の分類としては、次のものがある。「総合博物館」は人文科学及び自然科学に関する資料を、「科学博物館」は自然科学に関する資料を、「歴史博物館」は歴史及び民俗に関する資料を、「美術博物館」は美術に関する資料を、それぞれ収集・保管・展示する博物館である。「野外博物館」は戸外の自然の景観及び家屋等の形態を収集・保管・展示する博物館である。「動物園」は動物を、「植物園」は植物を、「動植物園」は動物・植物を、「水族館」は魚類を、それぞれ育成してその生態を展示する博物館である。

2　博物館の役割と職員

(1) 博物館の役割

博物館は昭和26（1951）年の博物館法によって法制上、社会教育機関として位置付けられてきた（表2-14-1参照）。平成20（2008）年には、平成18（2006）年の教育基本法の改正を踏まえて博物館法が改正され、博物館の事業に「社会教育における学習の機会を利用して行った学習の成果を活用して行う教育活動その他の活動の機会を提供し、及びその提供を奨励すること」（博物館法第３条第１項第10号）が新設された。これは教育基本法に新設された生涯学習の理念を反映したものと考えられる。このように博物館が知の循環型社会の構築のために生涯学習を振興する役割を果たしてきたと言えよう。

その後、平成27（2015）年にUNESCOの「ミュージアムとコレクションの保存活用、その多様性と社会における役割に関する勧告」では、博物館の社会的役割が取り上げられ、令和元（2019）年のICOM京都大会では、気候変動、紛争、エネルギー問題、貧困問題、ジェンダー、脱植民地化、社会包摂などの社会的課題に対する博物館の果たすべき役割について議論された。

◆用語解説：ICOM（International Council of Museums）

国際博物館会議と言われ、博物館の進歩発展を目的として昭和21（1946）年に創設された国際的な非政府組織である。世界の博物館及び博物館専門家が、話し合い、交流するためのコミュニティでもある。

令和元（2019）年に、「地域の自主性及び自立性を高めるための改革の推進を図るための関係法律の整備に関する法律（第９次地方分権一括法）」が成立し、博物館を教育委員会に限らず首長部局などが所管できるようになった。また、令和２（2020）年に、「文化観光拠点施設を中核とした地域における文化観光の推進に関する法律（文化観光推進法）」が成立し、博物館等が「文化観光拠点施設」としての役割を担うようになった。このように、現代の博物館は社会教育機関として地域の生涯学習の拠点になるとともに、文化観光、地域振興などの役割を期待されている。

さらに、令和４（2022）年に改正された博物館法は、社会教育法とともに文化芸術基本法の精神を踏まえた法令となった。これにより博物館は社会教育機関としての役割とともに文化施設としての役割が鮮明になった。法改正に向けて博物館の在り方を議論した文化審議会答申「博物館制度の今後の在り方について」（令和３（2021）年）では、以下の５つの博物館の役割・機能を提示している。すなわち①資料の収集・保存と文化の継承、②資料の展示、情報の発信と文化の共有、③多世代への学びの提供、④社会や地域の課題への対応、⑤専門的人材の確保、持続可能な活動と経営

表2-14-1　近年の博物館を取り巻く環境の変化（筆者作成）

昭和21（1946）年	ICOM 創設
昭和25（1950）年	文化財保護法公布
昭和26（1951）年	博物館法公布
昭和35（1960）年	UNESCO 勧告：博物館をあらゆる人に開放する最も有効な方法に関する勧告
平成11（1999）年	PFI 法、独立行政法人通則法公布 →これにより、平成13（2001）年にかつての国立博物館が独立行政法人化される
平成12（2000）年	日本博物館協会報告書「対話と連携の博物館－理解への対話・行動への連携」
平成15（2003）年	指定管理者制度開始 地方独立行政法人法公布 →これにより、平成31（2019）年に初めて「地方独立行政法人大阪市博物館機構」が設立される
平成18（2006）年	教育基本法改正 →これに関連して、平成20（2008）年に社会教育法・博物館法が改正される
平成25（2013）年	障害を理由とする差別の解消の推進に関する法律公布
平成27（2015）年	国連：持続可能な開発のための 2030 アジェンダ SDGs 採択 UNESCO 勧告：コレクションの活用とミュージアムの社会における役割を勧告
平成29（2017）年	文化芸術基本法公布・施行：文化芸術そのものの振興に加え、観光・まちづくり・国際交流・福祉・教育・産業等の分野における施策についても法律の範囲に取り込む
平成30（2018）年	文化財保護法改正：博物館は地域の文化財の保存・活用において重要な役割を担う 文部科学省設置法改正：博物館行政を「文化庁」が一括して所管する
令和元（2019）年	ICOM 京都大会：「文化をつなぐミュージアム」として博物館の社会的役割を重視
令和2（2020）年	文化観光推進法公布・施行：博物館等を「文化観光拠点施設」とする
令和4（2022）年	博物館法改正

の改善向上である。

(2) 博物館の職員とその役割

登録博物館には、館長、学芸員を置くことが規定されている（博物館法第４条）。館長は、「館務を掌理し、所属職員を監督」すること（同条第２項)、学芸員は専門的職員として「博物館資料の収集、保管、展示及び調査研究その他これと関連する事業についての専門的事項をつかさどる」（同条第４項）と規定されている。このほか、学芸員の職務を助ける学芸員補等の職員を置くことができる（同条第５、６項)。

文部科学大臣及び都道府県教育委員会は館長、学芸員、その他の職員などに対し、資質向上のために必要な研修を行うよう努める旨が規定されている（博物館法第７条)。近年では、インタープリター（解説員）やサイエンスコミュニケータなど、専門的な展示内容を分かりやすく伝える人材の養成・活用が期待されている。例えば国立科学博物館では、サイエンスコミュニケーションを担う人材の養成を体系的に行っており、大学および他の博物館においても類似する人材養成を行っている。日本科学未来館に代表される科学館では、サイエンスコミュニケータを雇用し、展示の解説、教育活動の企画・実施において重要な役割を果たしている。埼玉県立川の博物館のように交流員を雇用して来館者に対し展示の案内・解説を行っている館も見られる一方、ボランティアによる展示解説を行っている館もある。

令和４（2022）年の博物館法改正では学芸員の在り方については今後の課題とされ、大幅な改定はなかった。平成19（2007）年の「新しい時代の博物館制度の在り方について」(これからの博物館の在り方に関する検討協力者会議報告書（第１次報告書)）によれば、学芸員に求められる専門性は、①資料及びその専門分野に必要な知識と研究能力、②資料に関する収集・保管・展示等の実践的技術、③コミュニケーション能力と地域課題に寄与する教育活動等の展開能力、④住民のニーズと参画を踏まえた博物館活動の運営管理能力とされている。学芸員は、多様な博物館活動の推進のために重要な役割を担っている。住民の生涯学習への支援を含め、博物館に期待される諸機能の強化や社会変化に対応するためにも、学芸員などの養成・研修の充実が重視されている。このような学芸員を養成するために、平成21（2009）年には「学芸員養成の充実方策について」として上記の第２次報告書を発表した。大学での養成課程は学芸員として必要な専門的な知識・技術を身に付けるための入口として、汎用性のある基礎的な知識（Museum Basics）の習得の徹底という考え方で改善を図り、現在の科目単位数（９科目19単位）に至っている。

(3) 評価

博物館法第９条には「博物館は、当該博物館の運営の状況について評価を行うとともに、その結果に基づき博物館の運営の改善を図るため必要な措置を講ずるよう努めなければならない」と規定されている。博物館は事業計画を立て事業を展開して、その成果を明らかにし、より良い経営を行うために、自己点検評価を行うとともに外部による評価を行う。自己点検評価は当初の事業の目標計画に基づき、目標を到達したかどうかを博物館職員自ら点検し、事業の改善に生かすものである。通常館内に評価委員会を設置して行う。外部評価は博物館職員以外の外部の者（あるいは第三者）が当該博物館の業務実績報告書や自己点検評価報告書を基に多角的に総合的に評価を行い、当該博物館の経営者及び設置者に対し評価結果を伝え、次期の事業運営に生かすものである。事業評価のみならず、博物館の使命を達成するための組織、管理体制、システムなどの在り方であるガバナンスに対する評価も行うことが望ましい。

以下の望ましい基準では、博物館協議会などを通じて学校教育、社会教育、家庭教育の関係者、学識経験者、博物館利用者、地域住民による評価を実施するように具体的に規定している。

★法令チェック：博物館の設置及び運営上の望ましい基準第四条

（運営の状況に関する点検及び評価等）

第四条　博物館は、基本的運営方針に基づいた運営がなされることを確保し、その事業の水準の向上を図るため、各年度の事業計画の達成状況その他の運営の状況について、自ら点検及び評価を行うよう努めるものとする。

2　博物館は、前項の点検及び評価のほか、当該博物館の運営体制の整備の状況に応じ、博物館協議会の活用その他の方法により、学校教育又は社会教育の関係者、家庭教育の向上に資する活動を行う者、当該博物館の事業に関して学識経験のある者、当該博物館の利用者、地域住民その他の者による評価を行うよう努めるものとする。

3～4　（略）

3　博物館の現状と課題

(1) 博物館の現状

令和３（2021）年度の社会教育調査によると、全国の博物館（登録博物館と博物館に相当する施設）の数は1,305館、博物館類似施設は4,466館、合計5,771館である。学芸員の数は博物館で5,350人、博物館類似施設で3,686人、合計9,036人である。前回の調査（平成30（2018）年度）と比較し、博物館の数も学芸員の数も増えてきている。１館当たりの学芸員数は博物館で約4.1人、博物館類似施設で約0.8人と前回の調査に比較し、わずかに改善されているが、少ない状況が続いている。

(2) 今後の課題

令和元（2019）年度の日本の博物館総合調査報告書（日本博物館協会）によると、「財政面で厳しい」「施設の老朽化」「職員が不足」に加え、近年「外国人向けの対応」「ICT を利用した展示方法の未導入」に課題を感じている博物館が多い。インバウンドの増加による外国人向けの対応については、都市近郊の博物館では外国語対応やキャッシュレスに対応したチケットの導入などを行っているが、外国人が来館しない博物館においては対応が遅れ気味である。また展示手法に限らず、資料のデジタル化、さらにはオンラインチケットと SNS などによる集客戦略、デジタルマーケティングなど、博物館経営において DX 化が課題となっている。

「財政面で厳しい」「施設の老朽化」「職員が不足」は従来からの課題である。特に令和２～４（2020～22）年の新型コロナウイルス感染症の拡大により、外出制限、臨時閉館などにより入館者数が減り、経営環境の悪化が続いている。博物館の基礎となる資料収集・保管に関して人的措置、施設の充実などの予算措置の状況は厳しく、自治体の財政ひっ迫を背景に、博物館に対する費用は減少傾向にある。昭和26（1951）年の博物館法の公布以来、博物館の制度化が進み、博物館は公共施設として公的資金によって運営されるのが当たり前の時代であった。1990年代になり国及び自治体の財政状況が悪化する中で、公的資金の使途に対する説明責任、透明性の確保、公務員人件費の削減などの見直しがなされ、市場原理を再評価し、政府による個人や市場への介入を最低限とすべきとする考え方に基づく政策が実行されてきた。その結果 PFI、独立行政法人、指定管理者制度の導入が続き、博物館の経営形態が多様化している（表２-14-１参照）。例えば指定管理者が運営する博物館は、公立博物館805館のうち214館であり、その割合は約27％である。（令和３（2021）年度社会教育調査）。多様な経営形態にあっても博物館には、事業の継続的、安定的な体制とその結果としての質の高い事業の成果が期待され、地域の人々とともに地域文化を創造し、継承していくことが求められる。

前述したように、社会教育機関として位置付けられてきた博物館は、近年は地域活性化のために、人々の生涯学習を支援するとともに文化観光を振興し、気候変動や社会包摂などの社会的課題に貢献することが求められている。令和元（2019）年のICOM京都大会においてOECD（経済開発協力機構）とICOMが共同して編纂した「文化と地域発展：最大限の成果を求めて一地方政府、コミュニティ、ミュージアム向けガイド」では、①地域の経済発展のためにミュージアムの力を活用する、②都市の再生と地域社会の発展におけるミュージアムの役割を確立する、③文化を意識し創造的な社会を促進する、④包摂、健康と幸福の場としてのミュージアムを推進する、⑤地域発展にミュージアムの役割を位置づける、の5つのテーマを挙げている。博物館にはこれまでの文化を継承する生涯学習機関としての機能を発展させ、経済発展、都市再生、人々と社会のウェルビーイング、地域発展への貢献が期待されている。我が国において既に取り組んでいることもあるが、これらは目前の課題を解決するだけでなく、将来の社会の在り方を考えて貢献する博物館の可能性を提示している。

社会的課題の解決、創造的な社会を構築することが期待されている博物館ではあるが、財政的な基盤と人材の不足という経営資源が厳しい中でどのように博物館を経営していくのかが重要な課題である。令和4（2022）年に採択されたICOMの博物館定義にそのミュージアム・マネジメントの答えを探ってみよう。

●参考：ICOMによる博物館の定義（ICOM日本委員会訳）

博物館は、有形及び無形の遺産を研究、収集、保存、解釈、展示する、社会のための非営利の常設機関である。博物館は一般に公開され、誰もが利用でき、包摂的であって、多様性と持続可能性を育む。倫理的かつ専門性をもってコミュニケーションを図り、コミュニティの参加とともに博物館は活動し、教育、愉しみ、省察と知識共有のための様々な経験を提供する。

この定義には博物館の基本的な機能である研究、収集保管、展示が例示され、包摂性、多様性、持続可能性のある社会への博物館の貢献を期待している。さらにそのような社会を実現するために、地域あるいは関連するコミュニティの参加と参画により、博物館の持つ知識とともに人々の持つ知識と経験を共有し、事業を展開することとしている。

これからの博物館は、地域の人々あるいは博物館に関係するコミュティとともに経営資源を創造し、事業を展開していくこと、すなわちこれまでの社会教育機関として地域あるいはコミュニティとの連携で培ったノウハウ、人的ネットワークである社会関係資本を活用し、創造的な社会の構築のために博物館を経営することが重要であろう。

（小川　義和）

第15節　その他の社会教育施設の機能と役割

1　青少年教育施設

青少年教育施設とは、青少年が学校以外の場で各種体験活動を通して人格形成を図る機会を提供し、併せて青少年の団体活動の場を提供する教育施設である。昭和34（1959）年設置の国立中央青年の家（現・国立中央青少年交流の家）、昭和50（1975）年の国立室戸少年自然の家（現・国立室戸青少年自然の家）をはじめ、全国各地に少年自然の家、青年の家（宿泊型・非宿泊型）、児童文化センター、野外教育施設等が設置されている。

生活・文化体験活動、自然体験活動、社会体験活動等の体験活動は、人づくりの“原点”である。しかし、都市化、少子化、電子メディアの普及、地域とのつながりの希薄化、あるいは保護者の経済力や保護者自身の経験の多寡等によって、青少年の体験活動の機会に「体験格差」が生じていると指摘されている。未来の社会を担う全ての青少年に人間的な成長に不可欠な体験を経験させるため、青少年教育施設には、家庭や学校と連携しつつ、教育活動の一環としての体験活動の機会を意図的・計画的に創出することが求められている。

●参考：青少年の体験活動の意義

> 体験活動は教育的効果が高く、幼少期から青年期まで多くの人とかかわりながら体験を積み重ねることにより、「社会を生き抜く力」として必要となる基礎的な能力を養うという効果があり、社会で求められるコミュニケーション能力や自立心、主体性、協調性、チャレンジ精神、責任感、創造力、変化に対応する力、異なる他者と協働したりする能力等を育むためには、様々な体験活動が不可欠である。
> （出典：中央教育審議会答申「今後の青少年の体験活動の推進について」平成25（2013）年）

2　女性教育施設

昭和52（1977）年に設置された国立婦人教育会館（現・国立女性教育会館）をはじめとする女性教育施設は、当初、女性または女性教育指導者のために各種の研修・

情報提供等を行い、併せてその施設を女性の利用に供する目的を持つ施設として誕生した。女性教育とは、女性一人一人が、自らの意識と能力を高め、政治的・経済的・社会的及び文化的に力を持った存在になる（＝エンパワーメント）ための教育である。平成11（1999）年には男女共同参画社会基本法が制定・施行され、女性教育は男女共同参画社会の実現に向けた、固定的な性別役割分業意識と態度の変容のための教育とも言い換えられるだろう（女性教育施設には男女共同参画センターという名称を持つものが少なくない）。女性教育施設は、このような観点に基づき、女性の就労支援・キャリアアップ支援を行うとともに、男女かかわらず配偶者や恋人からのドメスティック・バイオレンス（DV）やセクシャルハラスメントへの対策に取り組んできた。

近年、女性教育施設において、「多様な性」の視点を盛り込みつつ「ジェンダー平等」の実現に取り組む事例も増えている。人の性は男性と女性に二分できるものではない。令和５（2023）年には性的指向及びジェンダーアイデンティティの多様性に関する国民の理解の増進に関する法律（LGBT法）が制定・施行され、性的マイノリティを含む多様な人々を尊重し認め合う社会が目指されている。

3　スポーツ施設（社会体育施設、民間体育施設等）

余暇時間の増大や、健康志向のライフスタイルの広まりを受け、生涯を通じたスポーツ活動（生涯スポーツ）の重要性が認められるようになった。観戦するスポーツだけではなく、自らスポーツをするための環境整備が求められている。

昭和36（1961）年に制定されたスポーツ振興法は、平成23（2011）年に全部改正されてスポーツ基本法となった。同法第12条は「国及び地方公共団体は、国民が身近にスポーツに親しむことができるようにするとともに、競技水準の向上を図ることができるよう、スポーツ施設（スポーツの設備を含む。以下同じ。）の整備、利用者の需要に応じたスポーツ施設の運用の改善、スポーツ施設への指導者等の配置その他の必要な施策を講ずるよう努めなければならない」とスポーツ施設の整備等について定めている。

平成７（1995）年から育成が始まった総合型地域スポーツクラブは、地域における生涯スポーツの拠点となっている。総合型地域スポーツクラブは、子供から高齢者まで（多世代）、様々なスポーツを愛好する人々が（多種目）、初心者からトップレベルまで、それぞれの志向・レベルに合わせて参加できる（多志向）という特徴を持ち、地域住民により自主的・主体的に運営されている。スポーツ施設は、各地域の総合型地域スポーツクラブと連携し、その活動を支援していくことも求められている。

●参考：最も身近で、多様なスポーツ施設

社会教育施設の中で最も多いのが、一般の利用に供する目的で公的セクターが設置した社会体育施設である。令和３（2021）年度の社会教育調査によると、その数45,658箇所、公民館の３倍強である。社会体育施設とは別に、民間体育施設も29,821箇所ある。

市民の中には学校施設を利用してスポーツをしている人もいるだろう。令和３（2021）年度のスポーツ庁「体育・スポーツ施設現況調査」によると、日本にあるスポーツ施設の数は全部で約21万箇所。そのうちの６割強が学校・大学等の施設であり、開放が期待されている。

スポーツ施設は種類も多様である。21万箇所のうち、上位５つを挙げると、体育館45,300箇所、多目的運動場41,119箇所、水泳プール（屋外）26,177箇所、庭球場（屋外）16,716箇所、トレーニング場11,072箇所となっている。

スポーツ施設と言えば国立競技場を思い浮かべる人も多いだろう。前身の明治神宮外苑競技場は大正13（1924）年に完成。第二次世界大戦後には連合国軍に接収された時期もあったが、昭和33（1958）年に国立競技場として再生した。令和元（2019）年には新国立競技場として再度生まれ変わり、令和３（2021）年の東京オリンピック・パラリンピックをはじめ、各種の国内・国際大会の会場として使用されている。

4　劇場・音楽堂等

劇場・音楽堂等（市民会館、文化センター等を含む）は、社会教育調査において、音楽、演劇、舞踊等主として舞台芸術のためのホールを持つ施設（固定席数300席以上）とされている。例として主な国立施設を列挙すると、国立劇場（昭和41（1966）年開場、本書執筆現在再整備等事業のため閉場中）、国立演芸場（昭和54（1979）年開場）、国立能楽堂（昭和58（1983）年開場）、国立文楽劇場（昭和59（1984）年開場）、新国立劇場（平成９（1997）年開場）、国立劇場おきなわ（平成16（2004）年開場）がある。

平成29（2017）年に文化芸術振興基本法が**文化芸術基本法**へと改正された。同法第２条第３項は「国民が（略）文化芸術を鑑賞し、これに参加し、又はこれを創造することができるような環境の整備が図られなければならない」と定め、スポーツ同様、

文化芸術においても鑑賞のみならず、参加・創造する環境整備をうたっている。併せて劇場・音楽堂等の充実（第25条）、地域における文化芸術活動の場の充実（第27条）も定めている。

5　生涯学習センター

生涯学習センターとは、主として都道府県立の施設で、広域的な視点に立って、地域住民の生涯学習を推進するための中心機関として、指導者・助言者の養成・研修、学習プログラムの研究・企画、生涯学習情報の提供や学習相談体制の整備充実、関係機関との連携・協力、学習成果の評価等を行う施設である。平成２（1990）年の中央教育審議会答申「生涯学習の基盤整備について」において、都道府県に「生涯学習推進センター」の設置がうたわれ、整備が進んだ。

現在では都道府県立以外に、市町村立の生涯学習センターも設置されている。市町村立の中には、中央公民館としての機能を果たしている施設がある一方で、貸館業務のみを行っている施設もあるのが現状である。

概して、今日の社会教育施設は、指導系職員の体制が十分とは言い難い中で、社会の変化に応じた必要十分な対応をしなければならない。とりわけ都道府県立生涯学習センターには、職員研修の充実など、域内の社会教育施設に対する支援が求められる。

●参考：国立の社会教育関連施設

社会教育に関する国立の施設は、平成13（2001）年４月以降、独立行政法人化された。国立文化財機構（東京、京都、奈良、九州の国立博物館など）、国立美術館（東京、京都の近代美術館、西洋美術館など）、国立科学博物館、国立青少年教育振興機構（オリンピック記念青少年総合センター、青少年交流の家、青少年自然の家）、国立女性教育会館、日本スポーツ振興センター（国立競技場を含む）、日本芸術文化振興会（国立劇場、国立演芸場、国立能楽堂など）は、いずれも現在では独立行政法人として運営されている。

独立行政法人制度の目的は、国民のニーズに即応したサービスを効果的かつ効率的に提供することである。会計制度が変わったことにより、弾力的な経費の使用ができるようになった反面、自己収入を増やす努力も求められている。

（山本　珠美）

第３章
生涯学習社会の構築に向けた家庭・学校・地域の役割

この章では、生涯学習社会の構築という視点から、家庭教育・学校教育・社会教育の各教育領域の意義や課題、具体的な事業等について学びます。特に近年では、家庭・学校・地域がそれぞれ適切な役割分担を果たすだけでなく、相互の連携・協働を通じて充実・改善をはかっていく教育体制の整備が、強く求められるようになっています。

そこで、第１節では、現代における家庭教育の現状や家庭教育支援の在り方について、こども家庭庁での子育て支援策との連携・協働についても学びながら考えていきましょう。

第２節では、コミュニティ・スクールや社会に開かれた教育課程について学び、地域との連携・協働による学校運営の改善や教育課程の充実の在り方について考えていきましょう。

第３節では、地域と学校がパートナーとして連携・協働しながら、子供たちの学びや成長を支える地域学校協働活動について学び、人づくり、つながりづくり、地域づくりの好循環について考えていきましょう。

第1節　生涯学習社会と家庭教育

1　家庭教育とは

家庭教育とは、父母その他の保護者が子に対して行う教育をいう。家族の触れ合いを通じて、基本的な生活習慣・生活能力、人に対する信頼感、豊かな情操、他人に対する思いやりや善悪の判断などの基本的倫理観、自立心や自制心、社会的なマナーなどを身に付ける上で重要な役割を担っている。

家庭教育の営みは、家族の団らんや共同体験なども含めた共同生活の中で行われる。その際、親が意図的にこどもに働きかける場合と、日常生活を送ることで自然に行われる場合があり、後者による影響が大きくなっている。このため、家庭教育は、学校教育に代表されるフォーマルな教育（formal education)、社会教育における講習や研修等に代表されるノンフォーマルな教育（non-formal education）に対して、インフォーマルな教育（informal education）の代表的な営みとして挙げられることも多い。

家庭教育は、このように私的な領域で営まれるものである一方で、「家庭教育講座」や「家庭教育学級」などのように、政策的に「振興」あるいは「奨励」されるべきものとして展開されてきた一面も持つ。その歴史的な背景には、明治期からの近代化への歩みの中で、社会の改良と国家の発展の基盤としての学校教育の位置付けがあり、そのより良い実現のための補完的な役割を家庭教育の充実に求める眼差しがあった。

今日、社会や家庭生活の変化に伴って様々な課題が指摘される中で、家庭教育は「振興」「奨励」されるものから必要な「支援」を行うものへと捉え直されている。平成18（2006）年に改正された教育基本法は、旧教育基本法において「社会教育」の条文に組み込まれていた「家庭教育」を独立規定として定め、子の教育に関する保護者の責任と併せて、家庭教育の自主性を尊重した支援施策を国と地方公共団体の努力義務としている。

★法令チェック：教育基本法第十条

（家庭教育）
第十条　父母その他の保護者は、子の教育について第一義的責任を有するものであって、生活のために必要な習慣を身に付けさせるとともに、自立心を育成し、心身の調和のとれた発達を図るよう努めるものとする。
２　国及び地方公共団体は、家庭教育の自主性を尊重しつつ、保護者に対する学習の機会及び情報の提供その他の家庭教育を支援するために必要な施策を講ずるよう努めなければならない。

２　今日の家庭教育の困難性

平成24（2012）年３月、文部科学省に設置された「家庭教育支援の推進に関する検討委員会」は、今日の社会を「家庭教育が困難になっている社会」と捉え直すことを提言した。これは、家庭やこどもの育ちを取り巻く様々な状況を「家庭の教育力の低下」として捉える従前の社会認識に対して、諸問題の要因を親の責任だけに帰着させてしまう危険性を指摘し、社会的課題として捉え直すことの重要性を提言したものである。ここでは、家庭教育が困難になっている背景を整理しながら、概説していく。

(1)　家庭生活の変化による自然な教育的営みの困難性

令和５年度厚生労働白書によると、1990年代から2000年頃を境として、共働き世帯の割合が専業主婦・夫世帯の割合を上回り、平成30（2018）年からは２倍を超えるようになった。家庭教育は、第二次世界大戦前後を通じて「婦人教育」と結び付いて「振興」や「奨励」の対象となってきた歴史的経緯を有するが、平成11（1999）年の男女共同参画社会基本法の施行等を契機として、家庭教育も「男女共同参画の考え方に立って」支援策が講じられてきている。しかし、夫の家事及び育児時間は増加傾向であるものの、妻が担う時間とは依然として開きがある。

女性の活躍が政策的にも推進され、「家庭生活」と「労働生活」の分離や両立の困難さが生じる中で、家族が一緒に過ごす時間の確保や共同生活の営みが困難になる状況もある。また、親の働き方や生活が多様化することで、こども同士が身近な地域でつながりながら遊ぶ環境も形成しにくくなっている。こうした生活の変化の中で、教育的な営みが「自然に行われる」ことが困難になっている状況がうかがえる。

(2)　価値観の多様化や社会経済格差と家庭教育を取り巻く諸問題

令和６（2024）年に内閣府が公表した「満足度・生活の質に関する調査報告書～

我が国のWell-beingの動向～」によれば、生活満足度につながる13分野の中で「重視している事項」として選択された割合は「家計と資産」（52.6%）、「健康状態」（52.6%）「生活の楽しさ・面白さ」（37.6%）、「仕事と生活（WLB：ワークライフバランス）」（33.4%）などで高く、「子育てのしやすさ」は、9.0%と２番目に低いことが示された。この割合は、年齢階層別（39歳以下、40歳－64歳、65歳以上）では若い層ほど僅かに高くなっているものの、社会全体において、「子育てのしやすさ」は生活満足度の中であまり重視されていないことを示したと言える。

この背景には少子化があり、子育て当事者が社会の中で少数派となっている状況が見て取れる。社会全体の価値観の多様化の中で、子育て家庭の孤立や悩みの共有の難しさ、こどもに触れる機会のある大人の減少などは、家庭教育の困難性にもつながっていく。

また、こどもの貧困問題では、家庭の生活困窮によって、こどもの生活・社会経験や学習、社会関係等に生じる不利や制約が蓄積し、貧困の世代間再生産につながることが課題視される。家庭生活の困難さが家庭教育の困難さへと影響してしまうことを如実に表す問題でもあり、「家庭生活の支援」と「家庭教育の支援」の連続性が求められている。

児童虐待問題では、こども家庭庁の公表結果から児童相談所への相談内容別で見ると、近年「心理的虐待」が約60%（令和４（2022）年時点）を占め、相談経路も警察からの通報が約50%と最も高い。これは、ドメスティックバイオレンス（DV）をこどもの目の前で見せるいわゆる「面前DV」が心理的虐待に当たるとの認識の広がりによって、DV事案で出動した警察官による面前DVの確認と虐待通告が急増したものとされる。大人同士の生活や関係性の困難さがこどもに大きな影響を与えていることが分かる。

このように、家庭教育の困難性には、今日の社会の多様化や大人が抱える生活の諸問題が大きく影響している。「家庭生活の支援」と「家庭教育の支援」の連続性を考慮しながら、社会全体でこれをどう構築していくかが求められていると言えよう。

3　家庭教育を取り巻く施策

(1) こども基本法とこども家庭庁の発足

このような社会状況を踏まえ、こどもの権利を保障し、こどもや若者、そして子育て当事者の視点を尊重しながらこども施策を推進していく司令塔として、令和５（2023）年４月にこども家庭庁が発足し、同日、こども基本法が施行された。こども基本法には、平成元（1989）年に国連で採択された「児童の権利に関する条約」（日本は平成６（1994）年に批准）の４つの一般原則が基本理念に盛り込まれ、包括的にこどもの権利を保障する「基本法」が誕生した。また、令和５（2023）年12月には「こどもまんなか社会」の実現を目指してこども施策の基本方針を定めた「こども大綱」が策定され、これまで別々に作成されていた少子化社会対策大綱、子供・若者育成支援推進大綱、子供の貧困対策に関する大綱が一つに束ねられた。今後、これに基づいて都道府県・市町村においても「こども計画」が策定され、こども施策（こどもに関する施策と一体的に講ずべき子育て支援などを含む）が進められていくこととなる。

●参考：こども大綱におけるこども施策の基本方針

①　こども・若者は権利の主体であり、今とこれからの最善の利益を図ること
②　こども・若者や子育て当事者とともに進めていくこと
③　ライフステージに応じて切れ目なく十分に支援すること
④　良好な成育環境を確保し、貧困と格差の解消を図ること
⑤　若い世代の生活の基盤の安定を確保し、若い世代の視点に立った結婚・子育ての希望を実現すること
⑥　施策の総合性を確保すること

（出典：こども大綱の閣議決定に当たっての内閣府特命担当大臣メッセージより抜粋）

(2) 子育て支援施策の複雑性

「当事者視点の尊重」「切れ目のない支援」「施策の総合化」などを重視したこども施策であるが、その体系は非常に複雑である。

元々、児童福祉領域における「子育て支援施策」には、それほど古い歴史があるわけではない。児童福祉は、全てのこどもを対象とする「健全育成」と「社会的養護」など主に要保護児童を対象とする福祉とに大別されるが、児童福祉法は、家庭や地域社会の互助を中心とする日本の子育て社会を前提とし、互助では対応できない場合に、そのこどもを要保護児童として行政機関が職権で施設入所させて福祉を図るという構造をとってきた。そのため、「健全育成」分野は家庭教育と社会教育の豊かな厚みが支えており、児童福祉施策は「社会的養護」に傾倒してきたという歴史的経緯がある。

こうした構造が急速に変化するのは、平成元（1989）年の人口動態統計における合計特殊出生率「1.57ショック」からである。以後、「少子化対策」の強化の文脈から「健全育成」分野に様々な「子育て支援施策」が投入されていく。平成6（1994）年のエンゼルプラン策定以降、従来「保育に欠ける」こどもの入所施設であった保育所の量的拡大、「措置」から「選択的利用」への部分移行、学童保育の法制化などが進んだ。また、平成15（2003）年には次世代育成支援対策推進法制定と児童福祉法の改正によって「子育て支援事業」が市町村の努力義務となり、平成24（2012）年の子ども・子育て支援法の制定及び児童福祉法改正（平成27（2015）年4月施行）により「地域子ども・子育て支援事業」13事業が市町村の事業として法定化され、消費税財源の追加投入により充実が図られていくこととなった（表3-1-1参照）。

また、平成2（1990）年前後からの児童虐待問題の深刻化が「予防から保護・自立支援まで」の施策体系づくりを必要とし、「社会的養護」の予防が「子育て支援施策」に求められていく。要保護児童対策地域協議会などが市町村に設置され、さらに、児童館や保育所、「地域子ども・子育て支援事業」などの施策に「問題の予防や早期発見」等の機能拡大が求められている。

こども家庭庁の発足とこども基本法の制定は、こうして複雑化した子ども・子育て施策の総合化を図る意味で、必然の帰着とも言える。従来、家庭教育と社会教育が担ってきた領域に、細分化した「子育て支援施策」が入り込む中で、今日、家庭教育支援施策の役割や方向性が問われている。

4　家庭教育支援施策とその役割

(1) 支援の方向性

「つながりが創る豊かな家庭教育」（文部科学省家庭教育支援の推進に関する検討委員会報告、2012）によれば、家庭教育の支援には、①親の育ちを応援する、②家庭のネットワークを広げる、③支援のネットワークを広げる、の3つの方向性がある。

まず、家庭教育は、全ての教育の出発点であり、こどもが「生きる力」の資質や能力を身に付けていく基礎として、「こども自身が持つ発達する力」を共に支え、育んでいくことが重要となる。しかし、親が発達の過程にあるこどもとのかかわりを初めから知っているわけではなく、「親としての学びや育ちを応援する」ことが、家庭教育支援の基本となる。

また、親同士のつながりを支えることで、悩みや情報を共有したり、遊びやかかわりを模倣したりすることのできる環境や、こども同士のつながりの中で自然に育ち合

表３-１-１　「地域子ども・子育て支援事業」の概要

事業名	概要
利用者支援事業	身近な場所において、教育・保育施設や地域の子育て支援事業等の情報提供、相談・助言、関係機関との連絡調整等を行う
地域子育て支援拠点事業	乳幼児及びその保護者の相互交流の場所を開設し、相談、情報提供、助言その他の援助を行う
妊婦健康診査	妊婦に対する健康診査（①健康状態の把握、②検査計測、③保健指導）、妊娠期間中の適時における必要に応じた医学的検査
乳児家庭全戸訪問事業	生後４か月までの乳児のいる全ての家庭を訪問し、情報提供、養育環境等の把握を行う
養育支援訪問事業	養育支援が特に必要な家庭の居宅を訪問し、養育に関する指導・助言等を通して適切な養育の実施の確保を図る
子どもを守る地域ネットワーク機能強化事業	要保護児童対策協議会の機能強化のため、調整機関職員や関係機関の専門性強化と、ネットワーク機関間の連携強化を図る取組を実施する
子育て短期支援事業	保護者の疾病等の理由により家庭養育が一時的に困難となった児童について、児童養護施設等に入所させ、必要な保護を行う
ファミリー・サポート・センター事業	乳幼児や小学生等の児童の保護者を会員として、児童の預かり等の援助を希望する者と、当該援助を行う者との相互援助活動の連絡調整を行う
一時預かり事業	家庭保育が一時的に困難となった乳幼児について、主として昼間、認定こども園、幼稚園、保育所、地域子育て支援拠点等で預かり、必要な保護を行う
延長保育事業	保育認定を受けた子どもについて、通常の利用日及び利用時間以外の日及び時間において、認定こども園、保育所等で保育を実施する
病児保育事業	病児について、病院・保育所等に付設された専用スペース等において、看護師等が一時的に保育等を実施する
放課後児童クラブ	保護者が労働等により昼間家庭にいない小学生に対し、授業の終了後に余裕教室、児童館等で遊び及び生活の場を与え健全な育成を図る
実費徴収に係る補足給付を行う事業	保護者の世帯所得の状況等を勘案して、特定教育・保育施設等に対して保護者が支払うべき物品の購入又は行事への参加に要する費用等を助成する
多様な事業者の参入促進・能力活用事業	多様な事業者の新規参入、特別な支援が必要な子どもを受け入れる認定こども園の設置者に対して、必要な費用の一部を補助する

※法律上は「養育支援訪問事業」と「子どもを守る地域ネットワーク機能強化事業」は同号に規定
（出典：こども家庭庁「地域子ども・子育て支援事業の概要」を基に作成）

う環境を醸成するなど、「家庭のネットワークを広げる」ことにより、自然に行われる教育的営みを豊かにすること、必要なときには地域のサポートを活用できるよう応援していくことも重要となる。

さらに、家庭の抱える複雑な課題への対応のためには、身近なつながりに留まらず、教育や児童家庭福祉分野の専門家、専門機関・団体等の支援につなぐための「支援のネットワークを広げる」仕組みづくりが必要となる。

今日、これらの支援の方向性をいずれも家庭教育支援施策単独で講じることは困難であり、３つの方向性を重視しながら、領域を超えた多様な施策との連携・協働を前提とした支援の在り方が求められている。

(2) 多様な施策との連携・協働が必要な家庭教育支援施策

図３-１-１は、保護者とこどもの生活の重なりや違いを前提にしながら、それぞれに展開される施策領域の概略を示し、その中の家庭教育支援のおおよその位置を当てはめたものである。家庭教育は、主として親子のかかわりや共同生活を通して行われる営みであるが、今日、分離しがちな親子それぞれの生活の結び付きや連続性を豊か

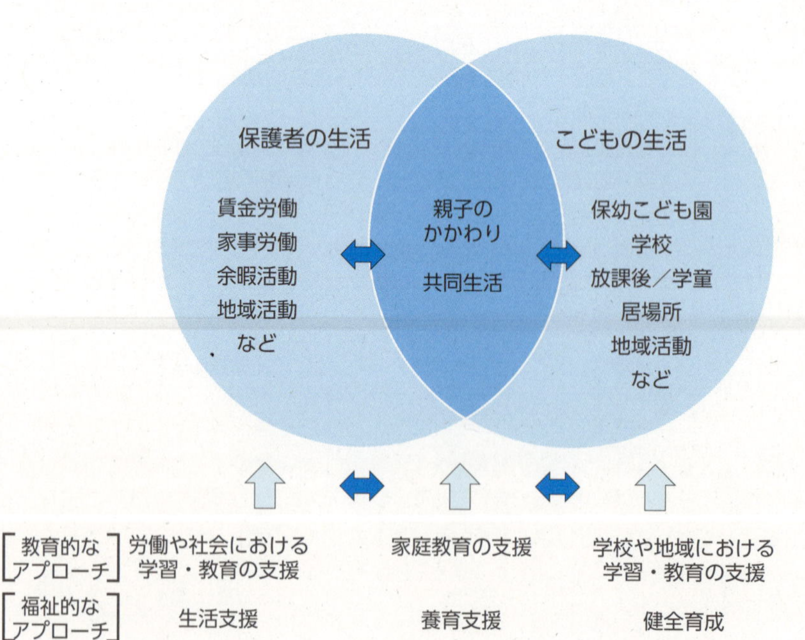

図３-１-１　保護者とこどもの生活と家庭教育支援（筆者作成）

にするような支援がまず求められる。

これを踏まえて、家庭教育支援と多様な施策とが連携・協働する際の視点を整理すると、次の３点が考えられる。視点１は、主に「①親の育ちを応援する」「②家庭のネットワークを広げる」方向性を支えるものであり、視点２及び３は、主に「③支援のネットワークを広げる」方向性を支えるものである。

○視点１　こどもの遊びや学びの連続性のための連携・協働

今日、家庭の生活の多様化に伴って、認定こども園・保育所・幼稚園、学校等の施設や「地域子ども・子育て支援事業」等の選択的利用が広がり、こどもの生活世界も多様化している。同時に、保護者の生活も多様であり、労働生活が身近な地域から離れ、こどもの生活世界との接点が乏しい場合も少なくない。そのような中で親子のかかわりを支えるためには、こどもが過ごす場で行われる遊びや学びを保護者が知り、家庭での営みとつなげることで、こどもが家庭と地域や学校等を行き来しながら遊びや学びを広げたり深めたりできるようにすることが重要になる。また、保護者の労働生活や余暇・地域活動とこどもの生活とのつながりを見出すことも重要である。家庭が持つ多様な関係者との交流の中で、保護者もこどもとのかかわり方を学び、深め、不安や悩みを軽減することにつながっていく。そのため、こどもが保護者以外の他者と触れ合える保育・教育施設の利用や健全育成、地域活動等への参加促進、これらの施設・拠点等の関係者と連携・協働した家庭教育の講座や居場所づくり等の支援は、まず重要となる。

○視点２　生活支援と家庭教育支援の連続性のための連携・協働

保護者が労働生活や家庭生活に過度な負担や困難を抱えている場合には、必要に応じて生活支援や心理・医療的ケア等につなぐことで家庭教育の環境を改善することも重要である。生活困難が軽減しないまま、学びの場や居場所を活用することでかえって悩みや孤立を深めてしまう場合もある。このため、家庭教育の支援者は、スクールソーシャルワーカーや令和６（2024）年度から新たに認定資格となったこども家庭ソーシャルワーカー、保健福祉領域の専門人材・機関等と連携・協働する体制を構築しておくことで、これらの専門人材を介して生活支援施策につなぎ、その状況や段階に応じて、家庭教育支援施策と連動していくことも重要である。

○視点３　こどもの抱える困難支援と家庭教育支援の連続性のための連携・協働

保護者の生活状況に大きな困難が生じていなくとも、こどもが抱える困難によって、家庭教育が困難になる場合もある。例えば、令和５年度児童生徒の問題行動・不登校等生徒指導上の諸課題に関する調査結果では、急増する不登校児童生徒のうち約４割は、学校内外の機関等の専門的な相談・指導等につながっていない状況がある。この場合に、保護者が離職したり、勤務を減らしたりして対応することで、家庭の経済状況が悪化する場合も少なくない。また、親子が家庭内に閉じて生活することで、親子関係に困難が生じたり、不安や葛藤が衝突したりしてしまうなどの過度のストレスを抱える状況も危惧される。また、特別支援教育を受ける児童生徒も増加の一途を辿(たど)っており、親子のかかわりの中でこどもの障害や特性等に気付き、悩みや不安を抱える場合も多い。

家庭教育の支援者は、「チームとしての学校」とも連動し、教育相談コーディネーターや特別支援教育コーディネーター、養護教諭、スクールカウンセラー、スクールソーシャルワーカー等が連携・協働して行う支援や、地域で子ども・若者支援を担う居場所、関係機関等の支援を視野に入れておくことも重要となる。こうした関係者との連携の中で、同じ悩みを持つ親同士の交流や地域資源とのつながりを作る場面で役割を果たすことも期待される。

(3) 家庭教育支援チームによるアプローチ

このように、多様な施策との連携・協働の中で家庭教育支援を展開していくためには、「家庭教育支援チーム」などを緩やかに形成し、子育て当事者の視点や身近な地域のつながりを持つ家庭教育の支援者と多職種・多機関の専門人材が連携・協働できる体制を日頃から構築していることが重要であろう。

文部科学省によれば、「家庭教育支援チーム」とは、子育て経験者をはじめとする地域の多様な人材で構成された自主的な集まりであり、身近な地域で子育てや家庭教育に関する相談にのったり、親子で参加する様々な取組や講座などの学習機会、地域の情報などを提供したり、学校や地域、教育委員会、福祉関係機関と連携しながら、子育てや家庭教育を応援するチームのことである。学校や公民館などを拠点にしながら、幼稚園や保育所、子育て支援センター、保健センター、児童館、小・中学校、企業などへも出向き、要望があれば家庭へ訪問も行う。

家庭の多様な状況を踏まえれば、「家庭教育支援チーム」だけで全ての家庭の家庭教育支援を行うことは困難である。先述の視点も踏まえながら、多様な施策や関係機関等の広がりを捉えつつ、支援展開に必要な構成員や連携・協働体制を緩やかに構築することが重要であろう。家庭教育チームが、「チームとしての学校」や「コミュニティ・スクール」などの学校の仕組みに位置付きながら、多様な教育・福祉関係人材、関係機関等との連携・協働体制を構築することも有効である。

●参考：文部科学省による「家庭教育支援チーム」の支援展開例

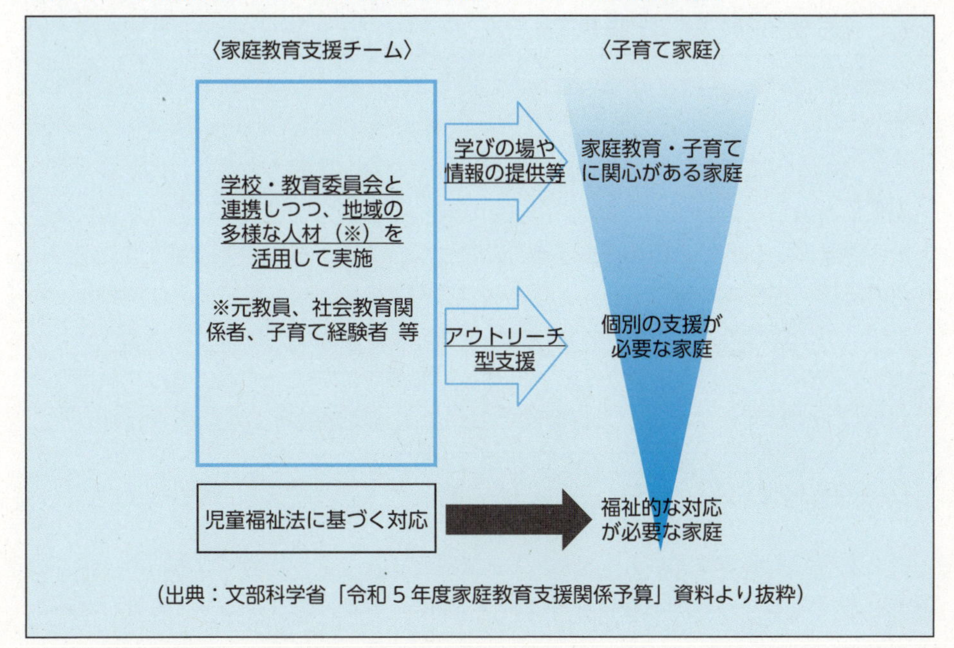

5　生涯学習社会と家庭教育支援

(1) 家庭教育・家庭教育支援による生涯学習社会形成

これまで述べてきたような家庭教育支援は、生涯学習社会においてどのような意味を持つだろうか。生涯学習社会という言葉は、人々が生涯を通じて、いつでも、自由に学習の機会を選択して学ぶことができ、その成果が適切に評価され生かされる社会を意味するものとして用いられる。

まず、家庭教育そのものは、生涯学習の最も根幹を成すものと考えられるであろう。こどもを産み育てる中で、こどもが外界や身近な他者との相互作用を通して様々な感覚や能力を獲得し、発達の過程でその力を高め、社会関係を広げていく姿を目の当たりにしながら、成長を支えていく重要な役割を担う。家庭教育の営みそのものが「人が育つ」ことに関する生涯を通じた学習であり、親子相互の学び合いによる学習実践でもあり、家庭や家庭がつながる社会は学習の実践コミュニティでもある。

次に、家庭教育の支援はどうであろうか。文部科学省が平成29（2017）年にまとめた「家庭教育支援の具体的な推進方策について」には次のようにある。

●参考：文部科学省「家庭教育支援の具体的な推進方策について（家庭教育支援の推進方策に関する検討委員会報告）」より

> 全ての親の親としての学びや育ちを応援することが、家庭教育支援の基本である。
> その中で、応援される側が学び育つばかりでなく、応援する側も共に学び育つ関係にあることをもって、双方向の実践を通じた学びの循環が家庭教育支援全体の生涯学習としての性格を形成することにつながる。さらに、その学びは、応援される側、応援する側という人と人との結び付きの広がりを介して、仲間作り、ひいては地域コミュニティ作りに展開、発展していく可能性を持っている。（略）支援する側、支援される側という一方通行の関係ではなく、一緒になって家庭教育を行っていくという、いわば協働の関係により家庭教育支援に取り組むことで、家庭教育支援に関わる者の学びが深まり成長が促される。

ここからは、家庭教育の主体者である保護者と支援者の協働的で双方向の「学びの循環」が生涯学習としての性格を形成し、「学びの循環」コミュニティの広がりが生涯学習社会の形成につながっていく様相を読み解くことができる。

(2) 家庭教育・家庭教育支援が持つ普遍的意義

さらに、家庭教育・家庭教育支援は、その学びの特徴から人としての普遍的で重要な意義を有する営みであるということができよう。本節の結びとして、この点を整理して閉じることとしたい。

家庭教育・家庭教育支援による学びの特徴の一つとして、「発達の過程にあるこども」との相互作用から生まれる学びであることが挙げられる。

「発達の過程にあるこども」との相互作用から生まれる学びは、コミュニケーションに用いる表現や言語、遊びや学びを媒介する具体的な道具や手掛かり、経験や探究を広げる時空間など、様々な面で大人のみの学習とは異なっている。つまり家庭教育・家庭教育支援の担い手は「発達の過程にあるこども」の世界観に入り込み、寄り添いながら、その営みを大人の視点で再解釈をしながら学びを進めていく。このことは、生涯にわたる発達の中で「人が学び、育つとはどういうことか」という学習の根幹に触れる学習機会であると言えよう。

二つ目の特徴としては、社会の歪みや不合理に直面した家庭の成長に触れる学びであることが挙げられる。

全ての親の親としての学びや育ちを応援することが家庭教育支援の基本であることは繰り返し述べた。中には、社会の歪みや不合理の中で困難を抱える家庭の支援に触れることもある。家庭教育支援は、専門的な援助につなぎつつも、当事者性を重視した「親の親としての学びや成長を応援する」という立場に変わりない。その意味で、社会から排除されがちな「当事者の視点」から社会のあり様を見つめ、行動していく学習機会であると考えられる。

三つ目の特徴としては、多様な世代が築いてきた社会の礎の引き渡しを伴う学びであることが挙げられる。

こどもを産み育てるという営みは人類に限らず脈々と続いてきた営為であるが、その命が関わる社会は刻一刻と変化し、また価値志向も変化していく。家庭教育支援は、支援の担い手が育った社会とは異なる「今日の（最も未来に近い）社会」の中で成長するこどもの育ちから学ぶことを通して、蓄積された価値と新たな価値との交流や転換を伴いながら社会の礎を引き渡していく過程に埋め込まれた学習機会であると言えよう。

既に述べたように、今日、社会の多様化、少子化に伴って、家庭教育に取り組む当事者やそこに関心を寄せる人々も少数派となってしまう状況がある。個別の家庭に対する支援だけでなく、こうした学習の価値を社会全体で捉え直すことを通して、こどもと親を真ん中に据え、社会全体で学び育ち合える環境を創り出していくことが、今後の家庭教育支援には強く求められているのである。

（入江　優子）

※本節における「子ども」「子供」「こども」の表記については、法律名・施策名・事業名の表記を用いた。ただし、この領域については、所管省庁の移管や相互関連が模索されている側面もあるため、筆者の意向により、文脈に応じて表記を工夫している箇所がある。

第２節　生涯学習社会と学校教育

1　生涯学習社会における学校教育の在り方

(1) 生涯教育と学校教育の関係

平成18（2006）年に改正された教育基本法では、第３条として「生涯学習の理念」が示され、生涯学習社会の実現を図ることが目指されている。すなわち生涯学習という考え方は、教育を支える基本的な理念であると言えよう。しかし、生涯学習に対してはまだ誤解が多いようだ。例えば、平成20（2008）年に出された内閣府の「生涯学習に関する世論調査」によると、言葉の周知度は当時８割にも上っていたが、生涯学習と聞けば、高齢者の生きがいづくりとして、公民館等で趣味・教養を中心とした学習を行うというイメージを持っている方も多いことだろう。このイメージが、生涯学習は高齢者のものであり、子供や学校教育とは関連がないという誤解を生んだのかもしれない。

だが、中央教育審議会答申「生涯学習の基盤整備について」（平成２（1990）年１月）では、「生涯学習は、学校や社会の中で意図的、組織的な学習活動として行われるだけでなく、人々のスポーツ活動、文化活動、趣味、レクリエーション活動、ボランティア活動などの中でも行うものであること」と位置付けられているのを見落としてはならない。つまり、学校の中で行われる学習も生涯学習なのである。

このように見ると、生涯学習、それを支える生涯教育は、学校教育、家庭教育、社会教育等、「全ての教育機会・機能を対象にして、これらを人々の生涯にわたる学習に役立つように組み立てる上位の概念」と考えることができる（伊藤俊夫編（国立教育政策研究所社会教育実践研究センター）『生涯学習概論』文憲堂，2006，p. 2.）。そのため、生涯学習（教育）には、全ての教育を関連付け、互いに補完しあったり、相互媒介による新たな力を創出したりする、統合（integrated）という考えが重要になってくる。昭和40（1965）年にパリで開かれたユネスコ成人教育推進国際委員会で、ポール・ラングランによって提唱された生涯教育が、英語で“lifelong integrated education”と表現されたのも、このためであろう。

生涯学習における鍵概念である統合は、一生涯という時間的な垂直的統合と、学校・家庭・地域という教育の場の空間的な統合を図る水平的統合の二つの意味から成っている。ここでは垂直的統合と水平的統合という、いわゆるタテとヨコの視点から、生涯学習社会における学校教育の在り方について考えることにしよう。

(2) 垂直的統合の視点

① 序曲としての学校教育

垂直的統合の視点で、学校教育を捉えると、学校の卒業は学びのゴールではなく、むしろ生涯続く学びのスタートであると言えるだろう。つまり、ラングランがいうように、学校教育は「音楽にたとえれば、序曲の役割を担う」ことになるのである(A・S・M・ヒーリー（諸岡和房訳）『現代の成人教育』日本放送出版協会，1972，p. 262.)。その際、学校では、「いろいろなテーマに関するコースを提供するよりはむしろ、未来の大人が、自己を表現し、他の人と意志の疎通ができるような手段を身につけさせるべきで」あり、「力点は、言語を使いこなすこと、集中力や観察能力を発達させること、また、どこでどうすれば必要な情報が得られるかを知ること、そしてさらに、他の人とともに協働できる能力を獲得することなどにおかれるべきである」とも言っている（前掲，ヒーリー，p. 262.)。

急激に変化する現代社会だからこそ、生涯学習者として学習を続けていくための基礎能力の育成という重要な役割が、ますます学校教育に求められている。

② 未来を生き抜き、未来社会を創る生徒エージェンシー

現在の社会は、複雑で予測が難しい「VUCA の時代」だと言われる。「人生100年時代」と「VUCA の時代」が同時に到来する、これからの生涯学習社会を生き抜くため、そして何より個人と社会のウェルビーイングの実現を目指すため、子供たちに身に付けてほしい力の一つとして注目を集めているのが、「生徒エージェンシー（student agency)」である。それは、OECD（経済協力開発機構）が令和元(2019) 年に公表した「ラーニング・コンパス（学びの羅針盤）2030」の中で、中核的な概念として位置付けた力である。この力を育むためには、社会を構成する当事者として、自ら主体的に考え、責任ある行動を取ることができるよう、授業にアクティブ・ラーニング（active learning：主体的・対話的で深い学び）の手法を取り入れて、学校教育を学習者主体に転換させ、彼・彼女らがエージェンシーを発揮しながら学んでいくことが求められる。

◆用語解説：エージェンシー（agency)

OECD では、エージェンシーを「変化を起こすために、自分で目標を設定し、

振り返り、責任をもって行動する能力（the capacity to set a goal, reflect and act responsibly to effect change)」と定義付けている。学びにおいて子供たちが生徒エージェンシーを発揮し、共同エージェンシーという関係性に至るためには教師の役割と力、すなわち、教師エージェンシーが重要になる。

(3) 水平的統合の視点

①　共同エージェンシー

エージェンシーには直接対応する日本語訳がなく、捉えにくい概念であるが、「主体性」や「主体的」といった我が国の教育界でも重視される言葉に重なる部分があるとされる。しかし、主体性という言葉が周囲の意見や指示に頼らず、自分自身の考えを軸として問題に取り組む意味合いが強いのに対して、エージェンシーは、個人に閉じず、その発達においても発揮においても、周囲との関係性を重視している点に特徴や違いがあると言える。そのため、OECDは「共同エージェンシー(co-agency)」という重要な概念も提唱している。共同エージェンシーとは、「生徒が、共有された目標に向かって邁進できるように支援する、保護者との、教師との、コミュニティとの、そして生徒同士との、双方向的な互いに支え合う関係」と定義付けられている。つまり、エージェンシーは、他者や社会との関係性、とりわけ異質で多様な価値観を持った人たちとの出会いや学び合いを通して育まれるのである。そのため、水平的統合の視点から、学校は地域や家庭と連携して教育に当たることが求められている。

②　学校の在り方の問い直し－チームとしての学校と地域とともにある学校－

ここまで見てきた生涯学習社会における学校教育の役割は、学校自体の在り方に問い直しを迫るものであった。その在り方については、平成27（2015）年12月に中央教育審議会から出された「チームとしての学校の在り方と今後の改善方策について」と「新しい時代の教育や地方創生の実現に向けた学校と地域の連携・協働の在り方と今後の推進方策について（以下「協働答申」という。)」の両答申によって問われている。具体的には、「チームとしての学校」と「地域とともにある学校」という新しい時代の学校像がそれぞれの答申によって示された。

まず、これからの学校の新たなマネジメントモデルとして提案されたのが、「チームとしての学校」である。これまで我が国の学校は、教員を中心にして組み立てられてきた。特に、教員個人の努力と頑張りで支えられてきたため、「個の集合体」とも言われてきた。こうした教員の努力と頑張りを認めつつ、これからの学校を「個の集合体」から「多職種の協働による組織体」へと変えていくことが、この「チームとしての学校の在り方と今後の改善方策について（答申）」の重要なポイントである。さらに、答申では「多職種」と表現され、「他の職」ではなく、「多くの職」という漢字が用いられている点が注目される。すなわち、多くの職種が存在することを踏まえて、それぞれの専門性を生かした「多職種協働」が、これからの学校の新しいマネジメントモデルの姿であり、スクールカウンセラーなどの専門スタッフのほかに、地域住民や保護者なども「チーム学校」の一員として連携・協働することが求められている。地域住民や保護者が、パートナーとして学校と連携・協働することで、学校教育の在り方を変えようというものであった。

次に、「多職種協働」という概念で学校を組み立てるとなれば、学校内だけでなく、地域との関係の在り方も問い直す必要が出てくる。関連して中央教育審議会では、協働答申が取りまとめられ、学校と地域がパートナーとして相互に連携・協働し、社会総がかりで教育の実現を図る必要性が強調されている。そして、これからの学校と地域の目指すべき連携・協働の姿として、「地域とともにある学校への転換」、「子供も大人も学び合い育ち合う教育体制の構築」、「学校を核とした地域づくりの推進」を提案している。とりわけ、学校に対しては、従来から進められてきた「開かれた学校」から一歩踏み出し、地域の人々と目標やビジョンを共有し、地域と一体となって子供たちを育む「地域とともにある学校」への転換を求めている。

この答申によって、地域と連携・協働する上での今後の目指すべき新たな学校、すなわち「地域とともにある学校」の在り方が示されたと言って良い。具体的には、地域と学校が連携・協働して、地域全体で未来を担う子供たちの成長を支え、地域を創生する「地域学校協働活動」の推進、その活動を推進するための新たな体制として「地域学校協働本部」の整備、地域住民や保護者が学校運営に参画する「**コミュニティ・スクール**（**学校運営協議会制度**）」の推進などが提言されている。さらに、この「地域とともにある学校づくり」と並んで位置付けられているのが、「学校を核とした地域づくり」であり、いわば双方が両輪となって、新しい時代の教育や地方創生に向けた改革を推し進めていくことが求められている。

●参考：学校を核とした地域づくり

協働答申では、学校を「子供たちの豊かな学びと成長を保障する場としての役割のみならず、地域コミュニティの拠点」としても位置付け、「地方創生の観点からも、学校という場を核とした連携・協働の取組を通じて、子供たちに地域への愛着や誇りを育み、地域の将来を担う人材の育成を図るとともに、地域住民のつながりを深め、自立した地域社会の基盤の構築・活性化を図る『学校を核とした地域づくり』を推進していくことが重要である。」と述べている。

2　生涯学習理念に基づく学校教育改革

(1) 社会に開かれた教育課程の実現

生涯学習の理念に基づいて新しい時代の学校への転換を図るため、学校教育の改革として、「社会に開かれた教育課程」の実現が目指されている。

令和２（2020）年度からの学習指導要領では、「よりよい学校教育を通じてよりよい社会を創る」という目標を学校と社会が共有し、連携・協働しながら未来の創り手となるために必要な資質・能力を子供たちに育む「社会に開かれた教育課程」の実現を重視し、その理念を前文に明示している。新しい学習指導要領の基本的理念と言える「社会に開かれた教育課程」については、次の３点が重要と位置付けられている。

●参考：「社会に開かれた教育課程」の重要点

① 社会や世界の状況を幅広く視野に入れ、よりよい学校教育を通じてよりよい社会を創るという目標を持ち、教育課程を介してその目標を社会と共有していくこと。

② これからの社会を創り出していく子供たちが、社会や世界に向き合い関わり合い、自らの人生を切り拓（ひら）いていくために求められる資質・能力とは何かを、教育課程において明確化し育んでいくこと。

③ 教育課程の実施に当たって、地域の人的・物的資源を活用したり、放課後や土曜日等を活用した社会教育との連携を図ったりし、学校教育を学校内に閉じずに、その目指すところを社会と共有・連携しながら実現させること。

（出典：中央教育審議会教育課程部会「次期学習指導要領等に向けたこれまでの審議のまとめ」平成28（2016）年）

①の「よりよい学校教育を通じてよりよい社会を創るという目標」には、「学校づくり」と「地域（社会）づくり」がつながっていることがしっかりと押さえられている。さらに、「教育課程を介して」には、そうしたつながりを強化し、目標を共有していくのは、「教育課程」にほかならないことが示されている。②に関連して、教育課程については、「『何を知っているか』という知識の内容を体系的に示した計画に留まらず、『それを使ってどのように社会・世界と関わり、よりよい人生を送るか』までを視野に入れたものとして」、構造的な見直しを行う必要も述べている。つまり、学校での「学習」と現実社会の「生活」とを統合し、「知の総合化」を図る教育課程が目指されているのである。③の「社会に開かれた教育課程」の実施については、「学校教育を学校内に閉じずに、その目指すところを社会と共有・連携しながら実現させる」必要があり、さらにそれを「保護者や地域の人々等を巻き込んだ『カリキュラム・マネジメント』」によって運営していくことが示されている。「社会に開かれた教育課程」を推進していくには、学校内だけではなく、保護者や地域の人々等を巻き込んだ「カリキュラム・マネジメント」の確立が望まれる。

こうして見ると、「社会に開かれた教育課程」の実現には、学校と地域のつながりを強め、「学校づくり」と「地域づくり」を往還させることが重要であり、そのことによって相乗効果を上げることが期待される。先ほど、「地域とともにある学校づくり」と「学校を核とした地域づくり」は改革の両輪であると指摘したが、この両輪をつなぐ「軸（シャフト）」になるのが、“手段”としての「社会に開かれた教育課程」と位置付けられるだろう。教育課程とリンクするからこそ、双方を意図的・計画的・継続的に推し進めることができる。

(2) コミュニティ・スクールの推進

だからといって、単に教育課程とリンクすれば良いわけではない。連携の目的や意味を地域学校協働に関わる大人たち、つまり教職員や保護者、地域住民等が「共有」することが肝心になる。教育課程とリンクした場合であっても、目的の共有がないと、ゲストティーチャーにお任せの活動となったり、一過性のイベントとなったりする問題も生じるおそれがある。そのため、将来的に成し遂げたいビジョンと言える「目指す子供像」やエージェンシーから敷衍（ふえん）される「身に付けさせたい具体的な力」を学校や地域の実態と課題に引き付けて検討・設定し、地域学校協働に関わる大人たち同士で熟議を通して共有していくことが大事なのである。

その場として有効なのが学校運営協議会であることは間違いない。学校運営協議会制度は、保護者や地域住民等が一定の権限と責任を持って学校運営に参画し、彼らのニーズを学校運営により一層的確に反映させる仕組みとして、平成16（2004）年に導入された。行政委嘱委員という一個人で学校運営に意見を述べていた「学校評議員」と違い、学校運営協議会は権限と責任を与えられた合議制の機関であり、その構成員も校長ではなく教育委員会によって任命された非常勤の特別職地方公務員として位置付けられる。この学校運営協議会を置いた学校のことをコミュニティ・スクールと呼んでいる。

●参考：学校運営協議会の権限（地方教育行政の組織及び運営に関する法律第四十七条の五）

学校運営協議会は、学校の管理運営について、次のような権限・機能を持つ。①校長が作成する学校運営の基本方針を承認する（必須）。②学校運営について、教育委員会又は校長に意見を述べることができる。③教職員の任用に関して、教育委員会規則に定める事項について、教育委員会に意見を述べることができる。

ここまでをまとめると、図3-2-1のように捉えることができる。“手段”としての「社会に開かれた教育課程」を軸につながった「地域とともにある学校づくり」と「学校を核とした地域づくり」の両輪を推進するエネルギー源となるのが地域学校協働に関わる大人たちの熟議であり、動力源としての学校運営協議会をエンジンにして、共有ビジョンとして掲げられた「目指す子供像」に向けて実践を進めていくことが肝要になる。そして、“理念”としての「社会に開かれた教育課程」の実現には、学校・家庭・地域といった、ヨコの連携によるカリキュラム・マネジメントに加えて、子供の発達を踏まえた学校種間のタテの連携によるカリキュラム・マネジメントも求められてくる。とりわけ、学校支援ボランティア活動が展開され、効果を実感しやすい「地域とともにある学校づくり」に比べて、遅効的な「学校を核とした地域づくり」を進めるには、異学年・異年齢・異世代間での交流や学び合いの機会を意図的・継続的に作っていくことが重要である。そのため、「社会に開かれた教育課程」の理念を標榜（ひょうぼう）し、「学校づくり」と「地域づくり」の更なる好循環を促すには、長期的な戦略の下、タテとヨコのカリキュラム・マネジメントによって体系的に関連付けられた地域学校協働活動を、計画的かつ着実に実施していくことが求められよう。

最後に、「社会に開かれた教育課程」の実現に向けて改革を進めていくには、コミュ

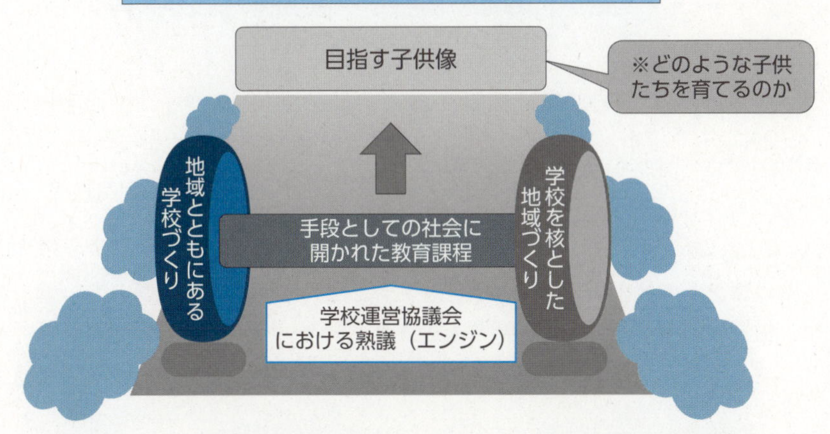

図３-２-１　学校運営協議会をエンジンとした改革の推進（筆者作成）

ニティ・スクールを通して、地域学校協働に関わる大人たちの熟議の活性化、もう少し言うと、子供たちや教職員、保護者、地域の人々などを巻き込んだ熟議による共同エージェンシーの質を高めることが鍵を握っていると言えるだろう。地域の大人たちには、子供たちのエージェンシーが、他者や社会との関係性を通して育まれること（地域とともにある学校づくり）を理解してほしいし、何より、地域学校協働に関わることで子供たちだけでなく、大人自身の学びやエージェンシーの成長にもつながることを実感してほしい。そして、大人たちのエージェンシーの発達による地域の活性化（学校を核とした地域づくり）が子供たちのエージェンシーの発達や発揮に、更なる良い影響を与えていくという「好循環」が生み出されるのである。

（熊谷　慎之輔）

第３節　学校・家庭・地域の連携・協働と社会教育の役割

1　学校・家庭・地域の連携・協働の意義と必要性

(1) 学校・家庭・地域の連携・協力の登場 ―教育基本法第13条の新設―

平成18（2006）年に行われた教育基本法の改正において、第13条に「学校、家庭及び地域住民その他の関係者は、教育におけるそれぞれの役割と責任を自覚するとともに、相互の連携及び協力に努めるものとする」という条文が追加された。これが契機となり、学校、家庭、地域それぞれが持つ教育の役割と責任や、三者の連携・協力の在り方について議論をし、共に推進していくための教育体制の構築が政策として着手されることとなる。

またそれを通じ、変化の激しい時代に求められる学校教育、社会教育、家庭教育支援等についての議論が活性化し、具体的な実践活動が全国で展開することが期待された。その意味で、本条文は以前まで「学社連携」・「学社融合」と表現されてきた、あらゆる学習機会の時空間的統合や、その充実・改善に向けた体制整備を推進する法的根拠として機能することともなった。

(2) 学校・家庭・地域の連携・協力の意義

第13条が制定された当初、この条文は、保護者や地域住民には学校の要請に応じた様々な支援活動を引き受ける役割や責務がある、ということを示した条文などと誤解されたこともあった。しかし、“地域ぐるみの子育て”や“地域総がかりで取り組む教育”といったかけ声の下で、地域の教育力の向上を目指す地域住民の学習活動や、子供の成長を軸にした教職員を含む地域の大人同士の横のつながりづくりが活性化されることによって、理念への理解が次第に広まっていく。

それらをけん引した事業が、平成21（2009）年度から始まった学校・家庭・地域の連携協力推進事業である。先行的に実施されていた放課後子ども教室、家庭教育支援チーム、学校支援地域本部といった地域の教育力を活用した社会教育の取組が支柱となり、何度か枠組みが変更されながらも、今日まで続けられている。

さらに、平成23（2011）年度に、この３事業を有機的に組み合わせ、学校教育、家庭教育、社会教育を総合的に進めるビジョンが示されると、学校・家庭・地域の連携・協力の具体的な推進方策が、以下のような３つにおおよそ整理されることとなった。すなわち、１）保護者や地域住民による子供や学校を支援するためのボランティア活動やそれを通じた子供の学習機会の活性化、だけでなく、２）自らの経験や生涯学習を通じた学習成果を子供の教育資源へと活用するために必要となる、大人の学習や研修機会の活性化（人づくり）、さらには、３）家庭・地域での教育と学校教育との双方向性を高めることによって、三者の相互理解や信頼感の向上やネットワークの醸成（地域づくり）が目指されることになる。

◆用語解説：放課後子ども教室（現：放課後子供教室）

子供たちが安全・安心に過ごし、多様な体験・活動ができるよう、地域住民等の参画を得て、平日の放課後や土曜日、夏休み等に、学校の余裕教室や体育館、公民館等において、全ての児童を対象として、学習や体験・交流活動などを行う事業

◆用語解説：家庭教育支援チーム

子育て経験者をはじめとする地域の多様な人材で構成された自主的なチームが、身近な地域で子育てや家庭教育に関する相談にのったり、親子で参加する様々な取組や講座などの学習機会、地域の情報などを提供したりする事業

◆用語解説：学校支援地域本部

学校の様々な活動に対し、地域住民の生涯学習成果や経験を活用した支援活動を行うことで、学校の教育活動の充実・改善を図るとともに、学校・家庭・地域が一体となった地域づくりを推進する組織

(3) 学校・家庭・地域の連携・協働への展開ー地域学校協働活動ー

社会教育の領域においては、学校・家庭・地域の連携・協力は学校・家庭・地域連携協力推進事業が中心となって進展されるが、学校教育分野においては、学校運営協議会制度（コミュニティ・スクール）の普及が中心となって進展しており、当初両者は別個に展開していた。

ちなみに、コミュニティ・スクールとは、地方教育行政の組織及び運営に関する法律に基づき、学校と地域住民等が力を合わせて学校の運営に取り組む学校運営協議会という協議体が、教育委員会によって設置された学校のことを指す。学校運営に保護者や地域住民の声を積極的に生かすことで、開かれた学校運営を進めるとともに、より良い学校教育を教職員とともに創造しようという保護者や地域住民の意識を高める仕組みとして、平成16（2004）年に法整備がなされ、制度導入がなされた。学校と地域とが一体となって協働体制を築くことで、子供の学びの機会の拡充を図ろうという側面では、学校・家庭・地域連携協力推進事業と通底する部分も大きい。

こうした縦割りのまま発展していた学校運営の改善（コミュニティ・スクール）と、地域教育力の向上（学校・家庭・地域の連携・協力）という二つの取組の成果を積極的に連環させ、学校運営の改善と、地域教育力の向上を目指す取組を一体的に拡充する新たな枠組みが提示されることとなる。それが、平成27（2015）年12月の中央教育審議会答申「新しい時代の教育や地方創生の実現に向けた学校と地域の連携・協働の在り方と今後の推進方策について」であった。

同答申では、これまで貸し借りの関係に捉えられがちな学校と地域の関係を見直し、「よりよい教育に向けて相互に補完的な役割を担い合う成熟した関係性＝協働」へと深化させていくことが目指された。そのため、学校・家庭・地域の連携・協力というスローガンは、**学校・家庭・地域の連携・協働**へと表現を置き換えられた。また、両者が対等なパートナーとして取り組む活動や、そのための協働関係を深める活動に、**地域学校協働活動**という総称が与えられることになる。さらに、学校や学校運営協議会と調整し、一体的に地域学校協働活動を推進する地域側の組織として、**地域学校協働本部**を配置する必要性についても言及がなされた。

◆用語解説：地域学校協働本部

地域学校協働活動に、より多くのより幅広い層の地域住民、団体等が参画し、相互の緩やかなネットワークを形成することを推進する体制。この体制が整備されている要素として、①コーディネート機能（連絡調整、活動の企画・調整の役割を担う地域学校協働活動推進員等が配置されていること）、②多様な活動（子供の成長を軸に、放課後子供教室、家庭教育支援、学校支援といった多様な活動を総合的に捉え、実施すること）、③継続的な活動（参画者が地域の実情等に応じた内容を選択しながら、継続的・安定的に取り組める工夫や役割分担が検討されていること）が挙げられる。

２　学校・家庭・地域の連携・協働における社会教育の役割

(1) 学校・家庭・地域の連携・協働に向けた社会教育法の改正

前掲の平成27（2015）年中央教育審議会答申を受け、地域学校協働活動を全国的に推進する法整備も進められ、平成29（2017）年に社会教育法が改正される。この改正により、地域学校協働活動が地域住民の積極的な参加を得て、学校との適切な連携の下に円滑かつ効果的に実施されるよう、地域住民等と学校との連携協力体制の整備、地域学校協働活動に関する普及啓発等の必要な措置を市町村が講ずること（第５条の２）、また都道府県でも同様の措置を講ずること（第６条の２）が追加された。こうして地域学校協働活動は、従来の青少年教育や家庭教育支援、職業教育といった多岐にわたる社会教育活動の一分野として正式に位置付けられることになる。

もう一つ重要な改正として第９条の７に、「教育委員会は、地域学校協働活動の円滑かつ効果的な実施を図るため、社会的信望があり、かつ、地域学校協働活動の推進に熱意と識見を有する者のうちから、**地域学校協働活動推進員**を委嘱することができる」ことが追加された点を指摘しておきたい。それ以前までも、放課後子供教室や学校支援地域本部といった個別の事業ごとに、活動の調整役を担う地域コーディネーター等と呼ばれる者が配置されてはいたが、法律に位置付けられた存在として、地域住民の中から地域学校協働活動推進員を配置することが必須と考えられた理由は大きく二つある。

一つは、教育委員会が地域の中から適切な熱意と識見を持った人材を選び委嘱することにより、教職員でも保護者でもない一般の地域住民が、外部者の立ち入りに敏感にならざるを得ない学校や子供の集まる場で信頼され、運営に深く関わりやすくなることが期待されたことが挙げられる。教育委員会によって正式に委嘱される役職に就くことで、校内や教育委員会内でのメンバーシップ、居場所、相談体制が確保されたり、研修機会が保障されたりすることにもつながっていく。

もう一つは、個別の学校支援や子供支援の活動の企画・運営に関わるだけでなく、もう一歩踏み込み、地域の子供たちの成長に積極的に関わろうとする人づくりや、人材や機会のネットワーク化といった地域づくりへと活動を拡大できることが期待された点である。従来の社会教育等の取組において人づくりや地域づくりに関わってきた人々が地域学校協働活動推進員としても活躍することで、地域と学校の連携・協働の更なる多様性や持続可能性の確保につながっていくことが想定されていたとも言えよう。

まずは地域学校協働活動推進員を法律に基づいてしっかりと配置し、学校内・地域内で信任を受けて活躍できる環境を整えていくこと、加えて、更なる充実を目指して研修を受け続けられる体制を拡充していくことは、当該自治体の地域学校協働活動の成熟に重要な鍵となる。

(2) 学校・家庭・地域の連携・協働の実際－社会教育行政の役割－

では、地域学校協働活動として全国でどのような取組がなされているのか、その現状について全国調査の結果を基に解説する。文部科学省が毎年実施している「コミュニティ・スクール及び地域学校協働活動実施状況調査」によると、令和6（2024）年5月時点で、全公立学校34,334校のうち地域学校協働本部が整備されている学校（会議体や事務局等が必ずしも設置されていなくても、地域と学校が目標を共有しながら、様々な地域学校協働活動が実施されている状況にある学校）は、21,935校あり、63.9%を占めている。法律に基づいて教育委員会が委嘱した地域学校協働活動推進員は15,230人、その他地域コーディネーター等と呼ばれる地域学校協働活動に関わる者も19,383人に上る。

令和3（2021）年からの地域学校協働本部が設置されている学校数の推移を表した図3-3-1からも、毎年少しずつ増加していることが分かるだろう。

同調査の令和5年度版では、地域学校協働活動推進員と地域コーディネーターとを合わせた人材（33,399人）を「地域学校協働活動推進員等」と一括して捉え、更に詳しい実態分析を行っている。

地域学校協働活動推進員等のうち、一体的推進が求められている学校運営協議会の委員となっている者は11,125人と33.3%となっている。委嘱されている人材の属性を見ると、最も多いのが「退職教員」であり、40.2%の自治体で地域学校協働活動推進員等として委嘱されている。次いで多いのが、「学校運営協議会の委員や学校評議員」（35.0%）、「自治会等関係者」（33.6%）、「元 PTA 関係者」（33.4%）、「現役の PTA 関係者」（22.3%）となっている。

図3-3-2は、同調査において地域学校協働活動推進員等が担っている役割をたずねた結果（複数回答）をまとめたものである。これを見ると、多い回答として、地域ボランティアの募集・育成・ネットワークづくり等に関する「支援ボランティアの募集・人材育成」、地域住民への情報提供や助言、活動の促進等に関する「地域住民への情報提供、活動促進の支援」が続いており、地域学校協働活動の普及の担い手として機能していることが分かる。次に多く回答されたのが、放課後子供教室をはじめと

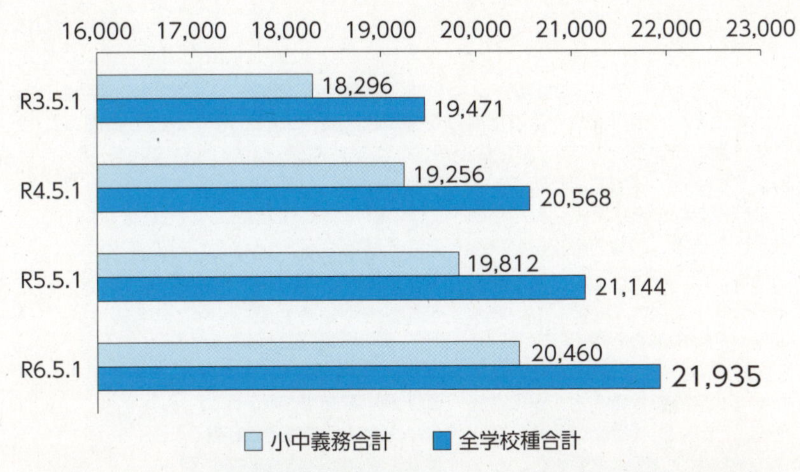

図３-３-１　地域学校協働本部が整備されている学校数の推移（筆者作成）

する、放課後や土曜・日曜、長期休業期間中の多様な体験・交流活動に関する「放課後等の体験・交流活動」と、登下校時の子供の安全に関する協力活動や環境整備等に関する「安全管理支援、環境整備支援」に係る役割であった。これらは、長年取り組まれてきた取組ではあるが、それぞれの連絡・調整が３番目と４番目に、取組の企画・運営が５番目・６番目に並んでいる。こうした結果からは、いまだに学校・家庭・地域の連携協力推進事業の先行事業であった、放課後子ども教室や学校支援地域本部の影響を色濃く残しながら地域学校協働活動が実施されている様子を垣間見ることができる。

反対に、あまり担っているケースが少ない取組としては、「不登校支援」や「夜間、放課後等の補導対応支援」、「部活動に関する支援活動」といった直接生徒の指導に関わる取組や、「家庭教育支援活動」に関わる取組が挙げられている。これらに係る役割は、企画・運営も、連絡・調整も共にあまり担われていない。さらに、「社会に開かれた教育課程」の実現の視点を踏まえた「授業づくりの企画・運営」といった学校教育活動の充実や改善に関わる役割を担っているケースも全体的に低い。

こうしたデータからは、地域学校協働活動の課題として、旧来から続く子供や学校を支援するボランティア活動を地域住民が行う取組に傾斜する傾向が根強く、学校教育、家庭教育、社会教育を総合的に進める地域学校協働の関係性の構築や、**コミュニティ・スクールと地域学校協働活動の一体的な推進**が、いまだ発展途上である状況を理解することができるだろう。

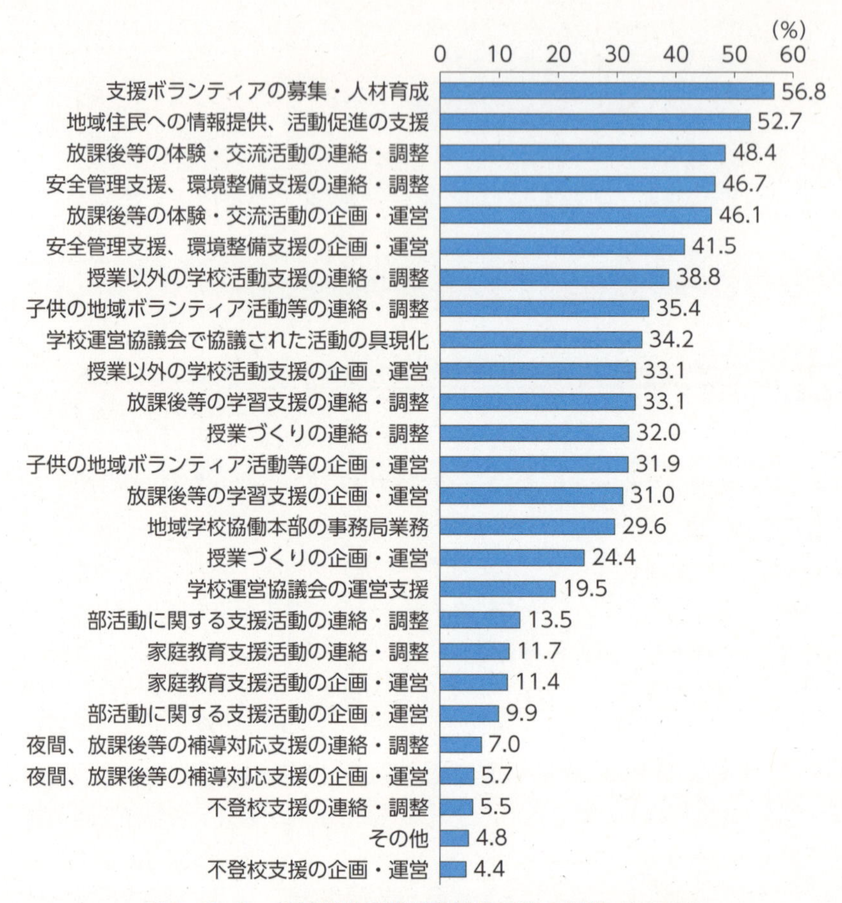

図３-３-２　地域学校協働活動推進員等の役割（筆者作成）

(3)　学校・家庭・地域の連携・協働の課題―コミュニティ・スクールと地域学校協働活動の一体的な推進―

最後に、コミュニティ・スクールと地域学校協働活動の一体的な推進へと更に深化するための課題について３点ほど指摘し、それらを解決するアプローチとして先進事例についても紹介する。

①　地域の教育力を活用した学習機会の拡充

放課後子供教室や家庭教育支援、学校支援活動といった取組では、実施回数やそれに関わるボランティア数の増加、取組内容の充実等が注目されやすい。しかし、地域の教育力を生かした活動だけで次世代育成を捉えるのではなく、共に育てたい子供像や教育目標を共有し、教育資源等を調整し合いながら、学校教育や、子供に関わる地域の活動（例えば民間団体の子ども食堂や居場所づくりの取組、企業の社会的責任に基づく活動等）と総合的に考え、役割分担や連携・協働を図っていくことが目指されている。

例えば、学校教育では、学習指導要領の基本的な考え方として示されている「社会に開かれた教育課程」が取り組まれている。学校が地域社会と接点を持ちつつ、多様な人々とつながりを保ちながら学ぶことのできる、開かれた環境となるため、地域との連携・協働が模索されている。全国の多くの学校で、地域住民の生涯学習の成果、社会教育施設や地域団体が培ってきた教育プログラム、企業や専門機関等を含む地域が有している教育資源等と、学校での学習活動とを積極的に結び付け、特色のある魅力的な授業づくりが試みられている。

あるいは、これまで学校・家庭・地域で別個に進めてきた子供の学びの機会を、生涯学習の視点に立って改めて整理・体系化してみることで、学校・家庭・地域といった空間的つながりだけでなく、乳幼児期から青年期といった時間的な視点からも次世代育成の在り方や環境整備について再点検することなどが期待されている。

その先進事例として、島根県鹿足郡津和野町教育委員会の「０歳児からのひとづくりプログラム」を挙げておきたい。「タテの連携」として18歳までの系統性のある教育環境づくりを進めるため、保小中高が連携した学習プログラムの開発・実施、教職員間の情報共有や対話の機会の確保、学校間の児童・生徒間の交流の機会等が提供されている。また、「ヨコの連携」では、教育活動に関わるあらゆる大人（保護者、地域住民、教職員や行政職員、NPO 等）のネットワークづくりや相互理解、学びの機会の活性化が推進されている。こうした地域全体の教育機会を再構成していくことで、子供の成長を支える地域活動の数やバランスを見直し、更なる拡充につなげていくことが求められている。

②　次世代育成に関わる「ひとづくり」の活性化

地域住民の次世代育成に対する当事者意識やそのためのスキルアップを図る機会として、学校運営協議会制度導入当初から重視されてきた手法が、熟議である。熟議とは、多くの当事者が「熟慮」と「議論」によって問題の解決を目指す対話のことである。対話を重ねていくためには、教職員、保護者、地域住民等、様々な立場の関係者が対等な立場で相互理解をしながら協議する場が必要であり、それが、学校運営協議会や地域学校協働本部等に当たる。また、そこで発せられた自分たちの新しいアイディアや考えを基に、個々人が納得して自分の役割を果たそうとする取組が生まれることになる。特に、平成29（2017）年度から学校運営協議会制度の導入が努力義務となったこともあり、協議会での議論を活性化させたり、形骸化を防いだりする方策として、学校運営協議会による熟議の実施が重要視されるようになってきている。

また、変化の激しい社会の中で継続的に次世代育成に参画していくためには、自らの子供時代、あるいはかつて子育てをしていた時代に抱いていた学校観、子供観、家庭観のまま、今日の教育課題を理解したり、協議したりすることは難しい。現代の学校や子供、家庭をめぐる課題について学び直したり、理解を深めたりといった知識等のブラッシュアップを図る学習機会も不可欠となる。

こうした大人の学びの機会を積極的に進めている先進事例として、滋賀県蒲生郡竜王町の取組が挙げられる。竜王町では、各学校運営協議会において熟議が重ねられていることはもとより、町内の中学校、小学校、こども園の支援を行う地域学校協働本部においても、公民館事業と結び付けながら、関わることができる人材を増やしたり、スキル向上が目指されていたりする。元々竜王町では、公民館内に地域学校協働本部（当初は学校支援地域本部）が設置されてきた。子供や学校の支援につながりやすい活動やテーマを軸にした公民館講座等が企画され、その講座に参加した地域住民が自らの学習だけでなく、次世代育成のためにも活躍できる人づくりの機会が設けられてきている。このように、それまで社会教育事業として公民館の場で取り組まれてきた地域人材の育成の取組を、学校運営協議会や地域学校協働の取組へと拡大し、そこに関わる人材確保、養成、スキルアップ、広報等の機会を継続的に設けている。こうした取組により、地域住民がこれまであまり意識していなかった次世代育成に関するそれぞれの役割と責任を真摯に引き受け、参画できるようになるための場として機能しているのである。地域住民にとって身近な学びの場である公民館という施設が、学校・家庭・地域の連携・協働を継続的に発展させていくための核となっているという点で、参考になる事例だと言えよう。

③　「地域づくり」の基盤となる学校と地域の深い相互理解の醸成

学校・家庭・地域の間のいわゆる“風通し”を良くするだけなく、子供も大人も自らの地域を深く理解し、地域住民のつながりを深め、自立した地域社会の活性化を図る「学校を核とした地域づくり」へと活動を展開させることが期待されている。そのためには、学校を中心につながった地域住民、学校関係者、NPOなどとのつながりを地域の力と捉え、より多様な人々と地域活性化や防災・防犯、高齢化対策といった地域課題の解決に取り組む活動へとつなげていくコーディネート機能の強化が求められており、教育委員会等の地域学校協働活動に対する支援体制や、研修体制等の整備も求められている。

学校・家庭・地域の連携・協働の「協働」という関係性の定義については諸説あるが、ごく簡便に要約するならば、以下のような３つのプロセスを経ることが想定される。すなわち、１）異なる目的を持つ組織や立場にある者同士が共に解決しなければならない共通の課題や拡充すべき取組を確認【課題の抽出・共有】、２）課題解決や取組の拡充に向けた各々の役割・責任、自らの持てる諸資源の確認・評価【現状の確認・評価】、３）それら現状把握を踏まえた上で、達成すべき目標を明確にし、役割分担をしたり進捗を確認したりするといった管理を担い合うこと【明確な目標設定・管理】である。

こうした学校と地域による協働の関係を育む土壌づくりの一環として、東京都杉並区立天沼小学校では、毎年夏に、学校運営協議会が主催するサマーワークショップが開催されている。ふだんの学校運営協議会に参加している委員や主に管理職を中心とした教職員だけでなく、広く保護者や地域住民、教職員等が一堂に会し、ひざを突き合わせながら、子供の成長について語り合う取組が続けられてきた。令和４（2022）年は「子どもたちの心の教育について考えよう～道徳教育の今～」、令和５（2023）年は「ワクワクする学校ってどんな学校？」など、時流にかなったテーマが設定されている。学校の現状や教育の最新動向を確認しつつ、関係者間の率直な意見交換・相互理解の機会が、学校運営協議会メンバーの企画・運営によって実現されている。教職員を含め、地域の大人が今日的な教育的課題の当事者として、主体的に関わるきっかけや、人間関係、相互信頼を培う場、それを生かし活躍できる場の醸成を、学校運営協議会を中心に取り組んでいる好事例と言える。

（志々田　まなみ）

参考資料

教育基本法

（平成十八年十二月二十二日法律第百二十号）

教育基本法（昭和二十二年法律第二十五号）の全部を改正する。

目次

我々日本国民は、たゆまぬ努力によって築いてきた民主的で文化的な国家を更に発展させるとともに、世界の平和と人類の福祉の向上に貢献することを願うものである。

我々は、この理想を実現するため、個人の尊厳を重んじ、真理と正義を希求し、公共の精神を尊び、豊かな人間性と創造性を備えた人間の育成を期するとともに、伝統を継承し、新しい文化の創造を目指す教育を推進する。

ここに、我々は、日本国憲法の精神にのっとり、我が国の未来を切り拓（ひら）く教育の基本を確立し、その振興を図るため、この法律を制定する。

第一章　教育の目的及び理念

（教育の目的）

第一条　教育は、人格の完成を目指し、平和で民主的な国家及び社会の形成者として必要な資質を備えた心身ともに健康な国民の育成を期して行われなければならない。

（教育の目標）

第二条　教育は、その目的を実現するため、学問の自由を尊重しつつ、次に掲げる目標を達成するよう行われるものとする。

一　幅広い知識と教養を身に付け、真理を求める態度を養い、豊かな情操と道徳心を培うとともに、健やかな身体を養うこと。

二　個人の価値を尊重して、その能力を伸ばし、創造性を培い、自主及び自律の精神を養うとともに、職業及び生活との関連を重視し、勤労を重んずる態度を養うこと。

三　正義と責任、男女の平等、自他の敬愛と協力を重んずるとともに、公共の精神に基づき、主体的に社会の形成に参画し、その発展に寄与する態度を養うこと。

四　生命を尊び、自然を大切にし、環境の保全に寄与する態度を養うこと。

五　伝統と文化を尊重し、それらをはぐくんできた我が国と郷土を愛するとともに、他国を尊重し、国際社会の平和と発展に寄与する態度を養うこと。

（生涯学習の理念）

第三条　国民一人一人が、自己の人格を磨き、豊かな人生を送ることができるよう、その生涯にわたって、あらゆる機会に、あらゆる場所において学習することができ、その成果を適切に生かすことのできる社会の実現が図られなければならない。

（教育の機会均等）

第四条　すべて国民は、ひとしく、その能力に応じた教育を受ける機会を与えられなければならず、人種、信条、性別、社会的身分、経済的地位又は門地によって、教育上差別されない。

2　国及び地方公共団体は、障害のある者が、その障害の状態に応じ、十分な教育を受けられるよう、教育上必要な支援を講じなければならない。

3　国及び地方公共団体は、能力があるにもかかわらず、経済的理由によって修学が困難な者に対して、奨学の措置を講じなければならない。

第二章　教育の実施に関する基本

（義務教育）

第五条　国民は、その保護する子に、別に法律で定めるところにより、普通教育を受けさせる義務を負う。

2　義務教育として行われる普通教育は、各個人の有する能力を伸ばしつつ社会において自立的に生きる基礎を培い、また、国家及び社会の形成者として必要とされる基本的な資質を養うことを目的として行われるものとする。

3　国及び地方公共団体は、義務教育の機会を保障し、その水準を確保するため、適切な役割分担及び相互の協力の下、その実施に責任を負う。

4　国又は地方公共団体の設置する学校における義務教育については、授業料を徴収しない。

（学校教育）

第六条　法律に定める学校は、公の性質を有するものであって、国、地方公共団体及び法律に定める法人のみが、これを設置することができる。

2　前項の学校においては、教育の目標が達成されるよう、教育を受ける者の心身の発達に応じて、体系的な教育が組織的に行われなければならない。この場合において、教育を受ける者が、学校生活を営む上で必要な規律を重んずるとともに、自ら進んで学習に取り組む意欲を高めることを重視して行われなければならない。

（大学）

第七条　大学は、学術の中心として、高い教養と専門的能力を培うとともに、深く真理を探究して新たな知見を創造し、これらの成果を広く社会に提供することにより、社会の発展に寄与するものとする。

2　大学については、自主性、自律性その他の大学における教育及び研究の特性が尊重されなければならない。

（私立学校）

第八条　私立学校の有する公の性質及び学校教育において果たす重要な役割にかんがみ、国及び地方公共団体は、その自主性を尊重しつつ、助成その他の適当な方法によって私立学校教育の振興に努めなければならない。

（教員）

第九条　法律に定める学校の教員は、自己の崇高な使命を深く自覚し、絶えず研究と修養に励み、その職責の遂行に努めなければならない。

2　前項の教員については、その使命と職責の重要性にかんがみ、その身分は尊重され、待遇の適正が期せられるとともに、養成と研修の充実が図られなければならない。

（家庭教育）

第十条　父母その他の保護者は、子の教育について第一義的責任を有するものであって、生活のために必要な習慣を身に付けさせるとともに、自立心を育成し、心身の調和のとれた発達を図るよう努めるものとする。

2　国及び地方公共団体は、家庭教育の自主性を尊重しつつ、保護者に対する学習の機会及び情報の提供その他の家庭教育を支援するために必要な施策を講ずるよう努めなければならない。

（幼児期の教育）

第十一条　幼児期の教育は、生涯にわたる人格形成の基礎を培う重要なものであることにかんがみ、国及び地方公共団体は、幼児の健やかな成長に資する良好な環境の整備その他適当な方法によって、その振興に努めなければならない。

（社会教育）

第十二条　個人の要望や社会の要請にこたえ、社会において行われる教育は、国及び地方公共団体によって奨励されなければならない。

2　国及び地方公共団体は、図書館、博物館、公民館その他の社会教育施設の設置、学校の施設の利用、学習の機会及び情報の提供その他の適当な方法によって社会教育の振興に努めなければならない。

（学校、家庭及び地域住民等の相互の連携協力）

第十三条　学校、家庭及び地域住民その他の関係者は、教育におけるそれぞれの役割と責任を自覚するとともに、相互の連携及び協力に努めるものとする。

（政治教育）

第十四条　良識ある公民として必要な政治的教養は、教育上尊重されなければならない。

2　法律に定める学校は、特定の政党を支持し、又はこれに反対するための政治教育その他政治的活動をしてはならない。

（宗教教育）

第十五条　宗教に関する寛容の態度、宗教に関する一般的な教養及び宗教の社会生活における地位は、教育上尊重されなければならない。

2　国及び地方公共団体が設置する学校は、特定の宗教のための宗教教育その他宗教的活動をしてはならない。

第三章　教育行政

（教育行政）

第十六条　教育は、不当な支配に服することなく、この法律及び他の法律の定めるところにより行われるべきものであり、教育行政は、国と地方公共団体との適切な役割分担及び相互の協力の下、公正かつ適正に行われなければならない。

2　国は、全国的な教育の機会均等と教育水準の維持向上を図るため、教育に関する施策を総合的に策定し、実施しなければならない。

3　地方公共団体は、その地域における教育の振興を図るため、その実情に応じた教育に関する施策を策定し、実施しなければならない。

4　国及び地方公共団体は、教育が円滑かつ継続的に実施されるよう、必要な財政上の措置を講じなければならない。

（教育振興基本計画）

第十七条　政府は、教育の振興に関する施策の総合的かつ計画的な推進を図るため、教育の振興に関する施策についての基本的な方針及び講ずべき施策その他必要な事項について、基本的な計画を定め、これを国会に報告するとともに、公表しなければならない。

2　地方公共団体は、前項の計画を参酌し、その地域の実情に応じ、当該地方公共団体における教育の振興のための施策に関する基本的な計画を定めるよう努めなければならない。

第四章　法令の制定

第十八条　この法律に規定する諸条項を実施するため、必要な法令が制定されなければならない。

附　則　（省略）

社会教育法

（昭和二十四年六月十日法律第二百七号）
〔最終改正　令和四年六月十七日法律第六八号〕

目次

第一章　総則

（この法律の目的）
第一条　この法律は、教育基本法（平成十八年法律第百二十号）の精神に則り、社会教育に関する国及び地方公共団体の任務を明らかにすることを目的とする。
（社会教育の定義）
第二条　この法律において「社会教育」とは、学校教育法（昭和二十二年法律第二十六号）又は就学前の子どもに関する教育、保育等の総合的な提供の推進に関する法律（平成十八年法律第七十七号）に基づき、学校の教育課程として行われる教育活動を除き、主として青少年及び成人に対して行われる組織的な教育活動（体育及びレクリエーションの活動を含む。）をいう。
（国及び地方公共団体の任務）
第三条　国及び地方公共団体は、この法律及び他の法令の定めるところにより、社会教育の奨励に必要な施設の設置及び運営、集会の開催、資料の作製、頒布その他の方法により、すべての国民があらゆる機会、あらゆる場所を利用して、自ら実際生活に即する文化的教養を高め得るような環境を醸成するように努めなければならない。
2　国及び地方公共団体は、前項の任務を行うに当たつては、国民の学習に対する多様な需要を踏まえ、これに適切に対応するために必要な学習の機会の提供及びその奨励を行うことにより、生涯学習の振興に寄与することとなるよう努めるものとする。
3　国及び地方公共団体は、第一項の任務を行うに当たつては、社会教育が学校教育及び家庭教育との密接な関連性を有することにかんがみ、学校教育との連携の確保に努め、及び家庭教育の向上に資することとなるよう必要な配慮をするとともに、学校、家庭及び地域住民その他の関係者相互間の連携及び協力の促進に資することとなるよう努めるものとする。

（国の地方公共団体に対する援助）

第四条　前条第一項の任務を達成するために、国は、この法律及び他の法令の定めるところにより、地方公共団体に対し、予算の範囲内において、財政的援助並びに物資の提供及びそのあつせんを行う。

（市町村の教育委員会の事務）

第五条　市（特別区を含む。以下同じ。）町村の教育委員会は、社会教育に関し、当該地方の必要に応じ、予算の範囲内において、次の事務を行う。

一　社会教育に必要な援助を行うこと。

二　社会教育委員の委嘱に関すること。

三　公民館の設置及び管理に関すること。

四　所管に属する図書館、博物館、青年の家その他の社会教育施設の設置及び管理に関すること。

五　所管に属する学校の行う社会教育のための講座の開設及びその奨励に関すること。

六　講座の開設及び討論会、講習会、講演会、展示会その他の集会の開催並びにこれらの奨励に関すること。

七　家庭教育に関する学習の機会を提供するための講座の開設及び集会の開催並びに家庭教育に関する情報の提供並びにこれらの奨励に関すること。

八　職業教育及び産業に関する科学技術指導のための集会の開催並びにその奨励に関すること。

九　生活の科学化の指導のための集会の開催及びその奨励に関すること。

十　情報化の進展に対応して情報の収集及び利用を円滑かつ適正に行うために必要な知識又は技能に関する学習の機会を提供するための講座の開設及び集会の開催並びにこれらの奨励に関すること。

十一　運動会、競技会その他体育指導のための集会の開催及びその奨励に関すること。

十二　音楽、演劇、美術その他芸術の発表会等の開催及びその奨励に関すること。

十三　主として学齢児童及び学齢生徒（それぞれ学校教育法第十八条に規定する学齢児童及び学齢生徒をいう。）に対し、学校の授業の終了後又は休業日において学校、社会教育施設その他適切な施設を利用して行う学習その他の活動の機会を提供する事業の実施並びにその奨励に関すること。

十四　青少年に対しボランティア活動など社会奉仕体験活動、自然体験活動その他の体験活動の機会を提供する事業の実施及びその奨励に関すること。

十五　社会教育における学習の機会を利用して行つた学習の成果を活用して学校、社会教育施設その他地域において行う教育活動その他の活動の機会を提供する事業の実施及びその奨励に関すること。

十六　社会教育に関する情報の収集、整理及び提供に関すること。

十七　視聴覚教育、体育及びレクリエーションに必要な設備、器材及び資料の提供に関すること。

十八　情報の交換及び調査研究に関すること。

十九　その他第三条第一項の任務を達成するために必要な事務

2　市町村の教育委員会は、前項第十三号から第十五号までに規定する活動であつて地域住民その他の関係者（以下この項及び第九条の七第二項において「地域住民等」という。）が学校と協働して行うもの（以下「地域学校協働活動」という。）の機会を提供する事業を実施するに当たつては、地域住民等の積極的な参加を得て当該地域学校協働活動が学校との適切な連携の下に円滑かつ効果的に実施されるよう、地域住民等と学校との連携協力体制の整備、地域学校協働活動に関する普及啓発その他の必要な措置を講ずるものとする。

3　地方教育行政の組織及び運営に関する法律（昭和三十一年法律第百六十二号）第二十三条第一項の条例の定めるところによりその長が同項第一号に掲げる事務（以下「特定事務」という。）を管理し、及び執行することとされた地方公共団体（以下「特定地方公共団体」という。）である市町村にあつては、第一項の規定にかかわらず、同項第三号及び第四号の事務のうち特定事務に関するものは、その長が行うものとする。

（都道府県の教育委員会の事務）

第六条　都道府県の教育委員会は、社会教育に関し、当該地方の必要に応じ、予算の範囲内において、前条第一項各号の事務（同項第三号の事務を除く。）を行うほか、次の事務を行う。

一　公民館及び図書館の設置及び管理に関し、必要な指導及び調査を行うこと。

二　社会教育を行う者の研修に必要な施設の設置及び運営、講習会の開催、資料の配布等に関すること。

三　社会教育施設の設置及び運営に必要な物資の提供及びそのあつせんに関すること。

四　市町村の教育委員会との連絡に関すること。

五　その他法令によりその職務権限に属する事項

2　前条第二項の規定は、都道府県の教育委員会が地域学校協働活動の機会を提供する事業を実施する場合に準用する。

3　特定地方公共団体である都道府県にあつては、第一項の規定にかかわらず、前条第一項第四号の事務のうち特定事務に関するものは、その長が行うものとする。

（教育委員会と地方公共団体の長との関係）

第七条　地方公共団体の長は、その所掌に関する必要な広報宣伝で視聴覚教育の手段を利用することその他教育の施設及び手段によることを適当とするものにつき、教育委員会に対し、その実施を依頼し、又は実施の協力を求めることができる。

2　前項の規定は、他の行政庁がその所掌に関する必要な広報宣伝につき、教育委員会（特定地方公共団体にあつては、その長又は教育委員会）に対し、その実施を依頼し、又は実施の協力を求める場合に準用する。

第八条　教育委員会は、社会教育に関する事務を行うために必要があるときは、当該地方公共団体の長及び関係行政庁に対し、必要な資料の提供その他の協力を求めることができる。

第八条の二　特定地方公共団体の長は、特定事務のうち当該特定地方公共団体の教育委員会の所管に属する学校、社会教育施設その他の施設における教育活動と密接な関連を有するものとして当該特定地方公共団体の規則で定めるものを管理し、及び執行するに当たつては、当該教育委員会の意見を聴かなければならない。

2　特定地方公共団体の長は、前項の規則を制定し、又は改廃しようとするときは、あらかじめ、当該特定地方公共団体の教育委員会の意見を聴かなければならない。

第八条の三　特定地方公共団体の教育委員会は、特定事務の管理及び執行について、その職務に関して必要と認めるときは、当該特定地方公共団体の長に対し、意見を述べることができる。

（図書館及び博物館）

第九条　図書館及び博物館は、社会教育のための機関とする。

2　図書館及び博物館に関し必要な事項は、別に法律をもつて定める。

第二章　社会教育主事等

（社会教育主事及び社会教育主事補の設置）

第九条の二　都道府県及び市町村の教育委員会の事務局に、社会教育主事を置く。

2　都道府県及び市町村の教育委員会の事務局に、社会教育主事補を置くことができる。

（社会教育主事及び社会教育主事補の職務）

第九条の三　社会教育主事は、社会教育を行う者に専門的技術的な助言と指導を与える。ただし、命令及び監督をしてはならない。

2　社会教育主事は、学校が社会教育関係団体、地域住民その他の関係者の協力を得て教育活動を行う場合には、その求めに応じて、必要な助言を行うことができる。

3　社会教育主事補は、社会教育主事の職務を助ける。

（社会教育主事の資格）

第九条の四　次の各号のいずれかに該当する者は、社会教育主事となる資格を有する。

一　大学に二年以上在学して六十二単位以上を修得し、又は高等専門学校を卒業し、かつ、次に掲げる期間を通算した期間が三年以上になる者で、次条の規定による社会教育主事の講習を修了したもの

イ　社会教育主事補の職にあつた期間

ロ　官公署、学校、社会教育施設又は社会教育関係団体における職で司書、学芸員その他の社会教育主事補の職と同等以上の職として文部科学大臣の指定するものにあつた期間

ハ　官公署、学校、社会教育施設又は社会教育関係団体が実施する社会教育に関係のある事業における業務であつて、社会教育主事として必要な知識又は技能の習得に資するものとして文部科学大臣が指定するものに従事した期間（イ又はロに掲げる期間に該当する期間を除く。）

二　教育職員の普通免許状を有し、かつ、五年以上文部科学大臣の指定する教育に関する職にあつた者で、次条の規定による社会教育主事の講習を修了したもの

三　大学に二年以上在学して、六十二単位以上を修得し、かつ、大学において文部科学省令で定める社会教育に関する科目の単位を修得した者で、第一号イからハまでに掲げる期間を通算した期間が一年以上になるもの

四　次条の規定による社会教育主事の講習を修了した者（第一号及び第二号に掲げる者を除く。）で、社会教育に関する専門的事項について前三号に掲げる者に相当する教養と経験があると都道府県の教育委員会が認定したもの

（社会教育主事の講習）

第九条の五　社会教育主事の講習は、文部科学大臣の委嘱を受けた大学その他の教育機関が行う。

2　受講資格その他社会教育主事の講習に関し必要な事項は、文部科学省令で定める。

（社会教育主事及び社会教育主事補の研修）

第九条の六　社会教育主事及び社会教育主事補の研修は、任命権者が行うもののほか、文部科学大臣及び都道府県が行う。

（地域学校協働活動推進員）

第九条の七　教育委員会は、地域学校協働活動の円滑かつ効果的な実施を図るため、社会的信望があり、かつ、地域学校協働活動の推進に熱意と識見を有する者のうちから、地域学校協働活動推進員を委嘱することができる。

2　地域学校協働活動推進員は、地域学校協働活動に関する事項につき、教育委員会の施策に協力して、地域住民等と学校との間の情報の共有を図るとともに、地域学校協働活動を行う地域住民等に対する助言その他の援助を行う。

第三章　社会教育関係団体

（社会教育関係団体の定義）

第十条　この法律で「社会教育関係団体」とは、法人であると否とを問わず、公の支配に属しない団体で社会教育に関する事業を行うことを主たる目的とするものをいう。

（文部科学大臣及び教育委員会との関係）

第十一条　文部科学大臣及び教育委員会は、社会教育関係団体の求めに応じ、これに対し、専門的技術的指導又は助言を与えることができる。

２　文部科学大臣及び教育委員会は、社会教育関係団体の求めに応じ、これに対し、社会教育に関する事業に必要な物資の確保につき援助を行う。

（国及び地方公共団体との関係）

第十二条　国及び地方公共団体は、社会教育関係団体に対し、いかなる方法によつても、不当に統制的支配を及ぼし、又はその事業に干渉を加えてはならない。

（審議会等への諮問）

第十三条　国又は地方公共団体が社会教育関係団体に対し補助金を交付しようとする場合には、あらかじめ、国にあつては文部科学大臣が審議会等（国家行政組織法（昭和二十三年法律第百二十号）第八条に規定する機関をいう。第五十一条第三項において同じ。）で政令で定めるものの、地方公共団体にあつては教育委員会が社会教育委員の会議（社会教育委員が置かれていない場合には、条例で定めるところにより社会教育に係る補助金の交付に関する事項を調査審議する審議会その他の合議制の機関）の意見を聴いて行わなければならない。

（報告）

第十四条　文部科学大臣及び教育委員会は、社会教育関係団体に対し、指導資料の作製及び調査研究のために必要な報告を求めることができる。

第四章　社会教育委員

（社会教育委員の設置）

第十五条　都道府県及び市町村に社会教育委員を置くことができる。

２　社会教育委員は、教育委員会が委嘱する。

第十六条　削除

（社会教育委員の職務）

第十七条　社会教育委員は、社会教育に関し教育委員会に助言するため、次の職務を行う。

一　社会教育に関する諸計画を立案すること。

二　定時又は臨時に会議を開き、教育委員会の諮問に応じ、これに対して、意見を述べること。

三　前二号の職務を行うために必要な研究調査を行うこと。

2　社会教育委員は、教育委員会の会議に出席して社会教育に関し意見を述べることができる。

3　市町村の社会教育委員は、当該市町村の教育委員会から委嘱を受けた青少年教育に関する特定の事項について、社会教育関係団体、社会教育指導者その他関係者に対し、助言と指導を与えることができる。

（社会教育委員の委嘱の基準等）

第十八条　社会教育委員の委嘱の基準、定数及び任期その他社会教育委員に関し必要な事項は、当該地方公共団体の条例で定める。この場合において、社会教育委員の委嘱の基準については、文部科学省令で定める基準を参酌するものとする。

第十九条　削除

第五章　公民館

（目的）

第二十条　公民館は、市町村その他一定区域内の住民のために、実際生活に即する教育、学術及び文化に関する各種の事業を行い、もつて住民の教養の向上、健康の増進、情操の純化を図り、生活文化の振興、社会福祉の増進に寄与することを目的とする。

（公民館の設置者）

第二十一条　公民館は、市町村が設置する。

2　前項の場合を除くほか、公民館は、公民館の設置を目的とする一般社団法人又は一般財団法人（以下この章において「法人」という。）でなければ設置することができない。

3　公民館の事業の運営上必要があるときは、公民館に分館を設けることができる。

（公民館の事業）

第二十二条　公民館は、第二十条の目的達成のために、おおむね、左の事業を行う。但し、この法律及び他の法令によつて禁じられたものは、この限りでない。

一　定期講座を開設すること。

二　討論会、講習会、講演会、実習会、展示会等を開催すること。

三　図書、記録、模型、資料等を備え、その利用を図ること。

四　体育、レクリエーション等に関する集会を開催すること。

五　各種の団体、機関等の連絡を図ること。

六　その施設を住民の集会その他の公共的利用に供すること。

（公民館の運営方針）

第二十三条　公民館は、次の行為を行つてはならない。

一　もつぱら営利を目的として事業を行い、特定の営利事務に公民館の名称を利用させその他営利事業を援助すること。

二　特定の政党の利害に関する事業を行い、又は公私の選挙に関し、特定の候補者を支持すること。

2　市町村の設置する公民館は、特定の宗教を支持し、又は特定の教派、宗派若しくは教団を支援してはならない。

（公民館の基準）

第二十三条の二　文部科学大臣は、公民館の健全な発達を図るために、公民館の設置及び運営上必要な基準を定めるものとする。

2　文部科学大臣及び都道府県の教育委員会は、市町村の設置する公民館が前項の基準に従つて設置され及び運営されるように、当該市町村に対し、指導、助言その他の援助に努めるものとする。

（公民館の設置）

第二十四条　市町村が公民館を設置しようとするときは、条例で、公民館の設置及び管理に関する事項を定めなければならない。

第二十五条及び第二十六条　削除

（公民館の職員）

第二十七条　公民館に館長を置き、主事その他必要な職員を置くことができる。

2　館長は、公民館の行う各種の事業の企画実施その他必要な事務を行い、所属職員を監督する。

3　主事は、館長の命を受け、公民館の事業の実施にあたる。

第二十八条　市町村の設置する公民館の館長、主事その他必要な職員は、当該市町村の教育委員会（特定地方公共団体である市町村の長がその設置、管理及び廃止に関する事務を管理し、及び執行することとされた公民館（第三十条第一項及び第四十条第一項において「特定公民館」という。）の館長、主事その他必要な職員にあつては、当該市町村の長）が任命する。

（公民館の職員の研修）

第二十八条の二　第九条の六の規定は、公民館の職員の研修について準用する。

（公民館運営審議会）

第二十九条　公民館に公民館運営審議会を置くことができる。

2　公民館運営審議会は、館長の諮問に応じ、公民館における各種の事業の企画実施につき調査審議するものとする。

第三十条　市町村の設置する公民館にあつては、公民館運営審議会の委員は、当該市町村の教育委員会（特定公民館に置く公民館運営審議会の委員にあつては、当該市町村の長）が委嘱する。

2　前項の公民館運営審議会の委員の委嘱の基準、定数及び任期その他当該公民館運営審議会に関し必要な事項は、当該市町村の条例で定める。この場合において、委員の委嘱の基準については、文部科学省令で定める基準を参酌するものとする。

第三十一条　法人の設置する公民館に公民館運営審議会を置く場合にあつては、その委員は、当該法人の役員をもつて充てるものとする。

（運営の状況に関する評価等）

第三十二条　公民館は、当該公民館の運営の状況について評価を行うとともに、その結果に基づき公民館の運営の改善を図るため必要な措置を講ずるよう努めなければならない。

（運営の状況に関する情報の提供）

第三十二条の二　公民館は、当該公民館の事業に関する地域住民その他の関係者の理解を深めるとともに、これらの者との連携及び協力の推進に資するため、当該公民館の運営の状況に関する情報を積極的に提供するよう努めなければならない。

（基金）

第三十三条　公民館を設置する市町村にあつては、公民館の維持運営のために、地方自治法（昭和二十二年法律第六十七号）第二百四十一条の基金を設けることができる。

（特別会計）

第三十四条　公民館を設置する市町村にあつては、公民館の維持運営のために、特別会計を設けることができる。

（公民館の補助）

第三十五条　国は、公民館を設置する市町村に対し、予算の範囲内において、公民館の施設、設備に要する経費その他必要な経費の一部を補助することができる。

2　前項の補助金の交付に関し必要な事項は、政令で定める。

第三十六条　削除

第三十七条　都道府県が地方自治法第二百三十二条の二の規定により、公民館の運営に要する経費を補助する場合において、文部科学大臣は、政令の定めるところにより、その補助金の額、補助の比率、補助の方法その他必要な事項につき報告を求めることができる。

第三十八条　国庫の補助を受けた市町村は、左に掲げる場合においては、その受けた補助金を国庫に返還しなければならない。

一　公民館がこの法律若しくはこの法律に基く命令又はこれらに基いてした処分に違反したとき。

二　公民館がその事業の全部若しくは一部を廃止し、又は第二十条に掲げる目的以外の用途に利用されるようになつたとき。

三　補助金交付の条件に違反したとき。

四　虚偽の方法で補助金の交付を受けたとき。

（法人の設置する公民館の指導）

第三十九条　文部科学大臣及び都道府県の教育委員会は、法人の設置する公民館の運営その他に関し、その求めに応じて、必要な指導及び助言を与えることができる。

（公民館の事業又は行為の停止）

第四十条　公民館が第二十三条の規定に違反する行為を行つたときは、市町村の設置する公民館にあつては当該市町村の教育委員会（特定公民館にあつては、当該市町村の長）、法人の設置する公民館にあつては都道府県の教育委員会は、その事業又は行為の停止を命ずることができる。

2　前項の規定による法人の設置する公民館の事業又は行為の停止命令に関し必要な事項は、都道府県の条例で定めることができる。

（罰則）

第四十一条　前条第一項の規定による公民館の事業又は行為の停止命令に違反する行為をした者は、一年以下の拘禁刑又は三万円以下の罰金に処する。

（公民館類似施設）

第四十二条　公民館に類似する施設は、何人もこれを設置することができる。

2　前項の施設の運営その他に関しては、第三十九条の規定を準用する。

第六章　学校施設の利用

（適用範囲）

第四十三条　社会教育のためにする国立学校（学校教育法第一条に規定する学校（以下この条において「第一条学校」という。）及び就学前の子どもに関する教育、保育等の総合的な提供の推進に関する法律第二条第七項に規定する幼保連携型認定こども園（以下「幼保連携型認定こども園」という。）であつて国（国立大学法人法（平成十五年法律第百十二号）第二条第一項に規定する国立大学法人（次条第二項において「国立大学法人」という。）及び独立行政法人国立高等専門学校機構を含む。）が設置するものをいう。以下同じ。）又は公立学校（第一条学校及び幼保連携型認定こども園であつて地方公共団体（地方独立行政法人法（平成十五年法律第百十八号）第六十八条第一項に規定する公立大学法人（次条第二項及び第四十八条第一項において「公立大学法人」という。）を含む。）が設置するものをいう。以下同じ。）の施設の利用に関しては、この章の定めるところによる。

（学校施設の利用）

第四十四条　学校（国立学校又は公立学校をいう。以下この章において同じ。）の管理機関は、学校教育上支障がないと認める限り、その管理する学校の施設を社会教育のために利用に供するように努めなければならない。

2　前項において「学校の管理機関」とは、国立学校にあつては設置者である国立大学法人の学長若しくは理事長又は独立行政法人国立高等専門学校機構の理事長、公立学校のうち、大学及び幼保連携型認定こども園にあつては設置者である地方公共団体の長又は公立大学法人の理事長、大学及び幼保連携型認定こども園以外の公立学校にあつては設置者である地方公共団体に設置されている教育委員会又は公立大学法人の理事長をいう。

（学校施設利用の許可）

第四十五条　社会教育のために学校の施設を利用しようとする者は、当該学校の管理機関の許可を受けなければならない。

2　前項の規定により、学校の管理機関が学校施設の利用を許可しようとするときは、あらかじめ、学校の長の意見を聞かなければならない。

第四十六条　国又は地方公共団体が社会教育のために、学校の施設を利用しようとするときは、前条の規定にかかわらず、当該学校の管理機関と協議するものとする。

第四十七条　第四十五条の規定による学校施設の利用が一時的である場合には、学校の管理機関は、同条第一項の許可に関する権限を学校の長に委任することができる。

2　前項の権限の委任その他学校施設の利用に関し必要な事項は、学校の管理機関が定める。

（社会教育の講座）

第四十八条　文部科学大臣は国立学校に対し、地方公共団体の長は当該地方公共団体が設置する大学若しくは幼保連携型認定こども園又は当該地方公共団体が設立する公立大学法人が設置する公立学校に対し、地方公共団体に設置されている教育委員会は当該地方公共団体が設置する大学及び幼保連携型認定こども園以外の公立学校に対し、その教育組織及び学校の施設の状況に応じ、文化講座、専門講座、夏期講座、社会学級講座等学校施設の利用による社会教育のための講座の開設を求めることができる。

2　文化講座は、成人の一般的教養に関し、専門講座は、成人の専門的学術知識に関し、夏期講座は、夏期休暇中、成人の一般的教養又は専門的学術知識に関し、それぞれ大学、高等専門学校又は高等学校において開設する。

3　社会学級講座は、成人の一般的教養に関し、小学校、中学校又は義務教育学校において開設する。

4　第一項の規定する講座を担当する講師の報酬その他必要な経費は、予算の範囲内において、国又は地方公共団体が負担する。

第七章　通信教育

（適用範囲）

第四十九条　学校教育法第五十四条、第七十条第一項、第八十二条及び第八十四条の規定に

より行うものを除き、通信による教育に関しては、この章の定めるところによる。

（通信教育の定義）

第五十条　この法律において「通信教育」とは、通信の方法により一定の教育計画の下に、教材、補助教材等を受講者に送付し、これに基き、設問解答、添削指導、質疑応答等を行う教育をいう。

2　通信教育を行う者は、その計画実現のために、必要な指導者を置かなければならない。

（通信教育の認定）

第五十一条　文部科学大臣は、学校又は一般社団法人若しくは一般財団法人の行う通信教育で社会教育上奨励すべきものについて、通信教育の認定（以下「認定」という。）を与えることができる。

2　認定を受けようとする者は、文部科学大臣の定めるところにより、文部科学大臣に申請しなければならない。

3　文部科学大臣が、第一項の規定により、認定を与えようとするときは、あらかじめ、第十三条の政令で定める審議会等に諮問しなければならない。

（認定手数料）

第五十二条　文部科学大臣は、認定を申請する者から実費の範囲内において文部科学省令で定める額の手数料を徴収することができる。ただし、国立学校又は公立学校が行う通信教育に関しては、この限りでない。

第五十三条　削除

（郵便料金の特別取扱）

第五十四条　認定を受けた通信教育に要する郵便料金については、郵便法（昭和二十二年法律第百六十五号）の定めるところにより、特別の取扱を受けるものとする。

（通信教育の廃止）

第五十五条　認定を受けた通信教育を廃止しようとするとき、又はその条件を変更しようとするときは、文部科学大臣の定めるところにより、その許可を受けなければならない。

2　前項の許可に関しては、第五十一条第三項の規定を準用する。

（報告及び措置）

第五十六条　文部科学大臣は、認定を受けた者に対し、必要な報告を求め、又は必要な措置を命ずることができる。

（認定の取消）

第五十七条　認定を受けた者がこの法律若しくはこの法律に基く命令又はこれらに基いてした処分に違反したときは、文部科学大臣は、認定を取り消すことができる。

2　前項の認定の取消に関しては、第五十一条第三項の規定を準用する。

附　則（省略）

索　引

索引は、アルファベット順、五十音順に排列した。人名は、姓を先にして排列した。答申・報告名は、審議会名や副題を省略してある。ページ番号は、主要な解説箇所を示している。

【た】

【な】

引用・参考文献

本ハンドブックの作成に当たり参考とした資料の一覧を以下に挙げます。一覧では、各節ごとに和文・欧文の順とし、和文の場合は編著者名の五十音順、欧文の場合は編著者名のアルファベット順に掲載しています。

【第1章】

(第1節　生涯学習の現代的意義と生涯学習論の系譜)

○国立教育政策研究所社会教育実践研究センター編『二訂　生涯学習概論』ぎょうせい，2018.

○丸山英樹他編『教育学年報15　生涯学習』世織書房，2024.

○リンダ・グラットン、アンドリュー・スコット『LIFE SHIFT　100年時代の人生戦略』東洋経済新報社，2016.

○ Embracing a culture of lifelong learning: contribution to the Futures of Education initiative;report;a transdisciplinary expert consultation. UNESCO Institute for Lifelong Learning, 2020.

○ Making lifelong learning a reality: a handbook. UNESCO Institute for Lifelong Learning, 2022.

○ Reimagining our futures together: a new social contract for education. International Commission on the Futures of Education, 2022.

【第2章】

(第3節　日本における社会教育の歴史的展開)

○倉内史郎『明治末期社会教育観の研究』野間教育研究所，1961.

○国立教育研究所編『近代日本教育百年史』第7巻，教育研究振興会，1974.

○国立教育研究所編『近代日本教育百年史』第8巻，教育研究振興会，1974.

○鈴木眞理『新時代の社会教育』放送大学教育振興会，2015.

○鈴木眞理、永井健夫、梨本雄太郎編『生涯学習の基礎』新版，学文社，2011.

○千野陽一『近代日本婦人教育史ー体制内婦人団体の形成過程を中心にー』ドメス出版，1979.

○平山和彦『青年集団史研究序説』上巻，新泉社，1978.

○平山和彦『青年集団史研究序説』下巻，新泉社，1978.

○松田武雄『近代日本社会教育の成立』九州大学出版会，2004.

○宮坂広作『近代日本社会教育政策史』国土社，1966年.

○宮坂広作『近代日本社会教育史の研究』法政大学出版局，1968.

○宮原誠一「社会教育本質論」『教育と社会』第４巻10号，1949.
○宮原誠一「社会教育本質論」『教育と社会』第４巻12号，1949.
○山本悠三『近代日本社会教育史論』下田出版，2003.
○渡邊洋子『近代日本女子社会教育成立史―処女会の全国組織化と指導思想―』明石書店，1997.

(第４節　諸外国における社会教育の歴史的展開)

○公益社団法人日本 WHO 協会「ウェルビーイング社会への道筋を憲章化」2021.
https://japan-who.or.jp/news-releases/2112-43/
○太田美幸、丸山英樹編『ノンフォーマル教育の可能性　リアルな生活に根ざす教育へ』増補改訂版，明石書店，2025.

(第５節　社会教育の基本法令と施策の動向)

○今村武俊編著『新訂社会教育行政入門』第一法規，1975.
○生涯学習・社会教育行政研究会編『生涯学習・社会教育行政必携』令和６年版，第一法規，2023.

(第６節　社会教育行政の組織と役割)

○国立教育政策研究所社会教育実践研究センター編『二訂　生涯学習概論』ぎょうせい，2018.
○鈴木眞理、馬場祐次朗、薬袋秀樹編著『生涯学習概論』樹村房，2014.

(第７節　社会教育に関係する財政、予算)

○小笠原春夫『予算の見方・つくり方』平成29年版，学陽書房，2017.
○武田正孝『スッキリわかる！自治体財政のきほん』学陽書房，2016.

(第８節　社会教育行政における委員)

○井内慶次郎、山本恒夫、浅井経子『社会教育法解説』第３版，財団法人全日本社会教育連合会，2008.

(第９節　社会教育主事と社会教育士)

○国立教育研究所編『日本近代教育百年史』第７巻，国立教育研究所，1974.
○社会教育行政研究会編『社会教育行政読本―「協働」時代の道しるべ―』第一法規，2013.

（第12節　公民館の機能と役割）
○寺中作雄『公民館の建設』公民館協会，1946.
○文部科学省『学制百五十年史』ぎょうせい，2022.

（第13節　図書館の機能と役割）
○糸賀雅児、薬袋秀樹編『図書館制度・経営論』現代図書館情報学シリーズ，樹村房，2013.
○片山善博、糸賀雅児『地方自治と図書館　地方再生の切り札「知の地域づくり」』勁草書房，2017.
○塩見昇編著『図書館概論』5訂版，JLA図書館情報学テキストシリーズ3-1，日本図書館協会，2019.
○長倉美恵子、永田治樹、日本図書館協会国際交流事業委員会訳「ユネスコ公共図書館宣言2022」図書館雑誌，第117巻6号，pp. 347-349，2023.
○西崎恵『図書館法』羽田書店，1950.
○日本図書館協会編『図書館年鑑』日本図書館協会，1982～.
○日本図書館協会図書館調査事業委員会編『日本の図書館』社団法人日本図書館協会，1966.
○日本図書館協会図書館調査事業委員会編『日本の図書館　統計と名簿』公益社団法人日本図書館協会，2016.

（第14節　博物館の機能と役割）
○岩渕潤子『美術館の誕生　美は誰のものか』中公新書，1995.
○国立科学博物館編『国立科学博物館百年史』第一法規，1977.
○関秀夫『博物館の誕生』岩波新書，2005.
○独立行政法人国立科学博物館中期目標第5期（令和3年度～7年度）
https://www.kahaku.go.jp/disclosure/duties/index.html
○日本博物館協会「令和元年度日本の博物館総合調査報告書」
https://www.j-muse.or.jp/02program/pdf/R2sougoutyousa.pdf，2020.
○文化庁「博物館制度の今後の在り方について（答申）」文化審議会，
https://www.bunka.go.jp/seisaku/bunkashingikai/hakubutsukan/pdf/93654601_03.pdf，2021.
○文部科学省「新しい時代の博物館制度の在り方について」これからの博物館の在り方に関する検討協力者会議，https://www.mext.go.jp/b_menu/shingi/chousa/shougai/014/toushin/07061901.pdf，2007.
○文部科学省「学芸員養成の充実方策について」『これからの博物館の在り方に関する検討

協力者会議　第2次報告書』これからの博物館の在り方に関する検討協力者会議，https://www.mext.go.jp/component/b_menu/shingi/toushin/__icsFiles/afieldfile/2009/02/18/1246189_2_1.pdf，2009.
○ OECD、ICOM『文化と地域発展：最大限の成果を求めて―地方政府、コミュニティ、ミュージアム向けガイド』https://icomjapan.org/wp/wp-content/uploads/2020/03/OECD-ICOMguide.pdf，2019.
○ UNESCO（ICOM日本員会訳）「ミュージアムとコレクションの保存活用、その多様性と社会における役割に関する勧告」公益財団法人日本博物館協会，https://www.j-muse.or.jp/02program/pdf/UNESCO_RECOMMENDATION_JPN.pdf，2015.

【第3章】

（第1節　生涯学習社会と家庭教育）

○伊藤めぐみ「文部（文部科学）省による家庭教育『奨励』施策の歴史的変遷と問題点：婦人教育との関連を中心に」家政学原論研究，第36巻，pp. 50-56，2002.
○柏女霊峰『子ども家庭福祉論』第8版，誠信書房，2024.
○厚生労働省『令和5年版厚生労働白書―つながり・支え合いのある地域共生社会―』https://www.mhlw.go.jp/wp/hakusyo/kousei/22/dl/zentai.pdf，2023.
○こども家庭庁「令和4年度児童相談所における児童虐待相談対応件数（速報値）」https://www.cfa.go.jp/assets/contents/node/basic_page/field_ref_resources/a176de99-390e-4065-a7fb-fe569ab2450c/12d7a89f/20230401_policies_jidougyakutai_19.pdf，2023.
○総務省統計局『令和3年社会生活基本調査』https://www.stat.go.jp/data/shakai/2021/pdf/gaiyoua.pdf，2022.
○中央教育審議会「チームとしての学校の在り方と今後の改善方策について（答申）」https://www.mext.go.jp/b_menu/shingi/chukyo/chukyo0/toushin/__icsFiles/afieldfile/2016/02/05/1365657_00.pdf，2015.
○内閣府『満足度・生活の質に関する調査報告書2024～我が国のWell-beingの動向～』https://www5.cao.go.jp/keizai2/wellbeing/manzoku/pdf/report08.pdf，2024.
○文部科学省「『家庭教育支援チーム』の手引書」https://www.mext.go.jp/content/1410457_010.pdf，2018.
○文部科学省『家庭教育支援の具体的な推進方策について』家庭教育支援の推進方策に関する検討委員会，https://www.mext.go.jp/component/a_menu/education/detail/__icsFiles/afieldfile/2017/04/03/1383700_01.pdf，2017.
○文部科学省「つながりが創る豊かな家庭教育～親子が元気になる家庭教育支援を目指して

～」，家庭教育支援の推進に関する検討委員会，2012.
○文部科学省「令和５年度児童生徒の問題行動・不登校等生徒指導上の諸課題に関する調査結果」 https://www.mext.go.jp/content/20241031-mxt_jidou02-100002753_1_2.pdf，2024.

（第２節　生涯学習社会と学校教育）

○伊藤俊夫編『生涯学習概論』文憲堂，2006.
○Ａ・Ｓ・Ｍ・ヒーリー著，諸岡和房訳『現代の成人教育』日本放送出版協会，1972.

（第３節　学校・家庭・地域の連携・協働と社会教育の役割）

○熊谷愼之輔、志々田まなみ、天野かおり、佐々木保孝『地域学校協働のデザインとマネジメント　コミュニティ・スクールと地域学校協働本部による学びあい・育ちあい』学文社，2021.
○文部科学省「学校と地域の新たな協働体制の構築のための実証研究 実施報告書 第Ⅱ部～コミュニティ・スクールの運営・意識・取組等に関する基礎的調査 報告書」令和２年度文部科学省委託調査，三菱 UFJ リサーチ＆コンサルティング株式会社，2021.
○文部科学省「学校と地域の新たな協働体制の構築のための実証研究～地域学校協働活動推進員等の配置や活動に係る効果検証～実施報告書」令和５年度文部科学省委託調査，三菱 UFJ リサーチ＆コンサルティング株式会社，2023.

執筆者一覧

（執筆順・令和7年3月現在）

澤野　由紀子	聖心女子大学教授	第１章第１節	生涯学習の現代的意義と生涯学習論の系譜
		第２章第４節	諸外国における社会教育の歴史的展開
清國　祐二	国立大学法人大分大学教授	第１章第２節	生涯学習振興施策の動向
◎原　義彦	東北学院大学教授	第２章第１節	社会教育の概念
		第２章第２節	社会教育の内容・方法・形態
○久井　英輔	法政大学教授	第２章第３節	日本における社会教育の歴史的展開
山本　裕一	台東区教育委員会社会教育委員	第２章第５節	社会教育の基本法令と施策の動向
馬場　祐次朗	全国視聴覚教育連盟会長	第２章第６節	社会教育行政の組織と役割
佐久間　章	札幌国際大学教授	第２章第７節	社会教育に関係する財政、予算
松田　道雄	尚絅学院大学教授	第２章第８節	社会教育行政における委員
○山田　智章	伊達市教育委員会教育部参与	第２章第９節	社会教育主事と社会教育士
青山　鉄兵	文教大学准教授	第２章第10節	社会教育に関する団体と指導者
山本　珠美	青山学院大学教授	第２章第11節	社会教育施設の意義と役割
		第２章第15節	その他の社会教育施設の機能と役割
井上　伸良	創価大学准教授	第２章第12節	公民館の機能と役割
田村　俊作	石川県立図書館館長	第２章第13節	図書館の機能と役割
小川　義和	立正大学教授	第２章第14節	博物館の機能と役割
入江　優子	国立大学法人東京学芸大学准教授	第３章第１節	生涯学習社会と家庭教育
○熊谷　愼之輔	国立大学法人岡山大学教授	第３章第２節	生涯学習社会と学校教育
○志々田まなみ	国立教育政策研究所 生涯学習政策研究部総括研究官	第３章第３節	学校・家庭・地域の連携・協働と社会教育の役割

※○印は、「社会教育主事講習の充実に資する教材等の開発に関する調査研究委員会」委員（◎は委員長）

なお、このハンドブックの作成に当たって、国立教育政策研究所社会教育実践研究センターからは、主に次の者が編集を行った。

佐藤　貴大	国立教育政策研究所社会教育実践研究センター長
佐藤　喜代恵	国立教育政策研究所社会教育実践研究センター企画課長
白井　淳子	国立教育政策研究所社会教育実践研究センター社会教育調査官
川田　貴之	国立教育政策研究所社会教育実践研究センター専門調査員
石川　賀一	国立教育政策研究所社会教育実践研究センター社会教育調査専門職
谷中　茉美	国立教育政策研究所社会教育実践研究センター研究補助者

三訂　生涯学習概論

令和７年４月30日　第１刷発行

執筆・編集代表　原　義彦
著作権所有　国立教育政策研究所社会教育実践研究センター
発　行　株式会社ぎょうせい
〒136-8575　東京都江東区新木場1-18-11
URL：https://gyosei.jp

フリーコール　0120-953-431
ぎょうせい　お問い合わせ　検索　https://gyosei.jp/inquiry/

〈検印省略〉

印刷　ぎょうせいデジタル株式会社
乱丁・落丁本は、送料小社負担にてお取り替えいたします。

ISBN978-4-324-11499-5（5108989-00-000）［略号：生涯概論（三訂）］